任继愈谈汉唐佛教思想 上卷

任继愈 ◎ 著

石油工业出版社

图书在版编目（CIP）数据

任继愈谈汉唐佛教思想 / 任继愈著. —北京：石油工业出版社，2018.3

ISBN 978-7-5183-2348-7

Ⅰ.①任… Ⅱ.①任… Ⅲ.①佛教-研究-中国-汉代 ②佛教-研究-中国-唐代 Ⅳ.① B948

中国版本图书馆 CIP 数据核字（2017）第 305287 号

任继愈谈汉唐佛教思想
任继愈　著

出版发行：石油工业出版社
　　　　（北京安定门外安华里 2 区 1 号楼　100011）
网　　址：www.petropub.com
编辑部：（010）64523783
图书营销中心：（010）64523633
经　　销：全国新华书店
印　　刷：北京晨旭印刷厂

2018 年 3 月第 1 版　2018 年 3 月第 1 次印刷
880×1230 毫米　开本：1/32　印张：17.25
字数：370 千字

定价：68.00 元（全二册）
（如发现印装质量问题，我社图书营销中心负责调换）
版权所有，翻印必究

目录

佛教与中国思想文化 / 1

辑一 汉唐佛教思想·上卷

中国佛教的特点 / 002

汉唐时期佛教哲学思想在中国的传播和发展 / 022

南朝晋宋间佛教"般若""涅槃"学说的政治作用 / 047

隋唐时期的佛教文化 / 074

唐代三教中的佛教 / 087

武则天与宗教 / 096

天台宗哲学思想略论 / 119

法相宗哲学思想略论 / 166

华严宗哲学思想略论 / 220

禅宗哲学思想略论 / 267

辑二　汉唐佛教思想·下卷

敦煌《坛经》写本跋 / 318

神秀北宗禅法 / 329

从佛教到儒教——唐宋思潮的变迁 / 351

从佛教经典的翻译看上层建筑与基础的关系 / 363

编辑《中华大藏经》（汉文部分）的意义 / 393

关于《物不迁论》——一篇形而上学的佛学论文 / 405

关于《不真空论》/ 420

关于《般若无知论》/ 434

关于《神灭论》/ 457

关于《杜阳杂编》/ 475

汉—唐佛教简明年表 / 480

后　记 / 505

再版附言 / 507

三版附记 / 508

四版附记 / 511

附录　《汉唐佛教思想论集》日译本序 / 514

佛教与中国思想文化[*]

---

[*]《中国佛教史》第 1 卷序（代序）。

任继愈谈汉唐佛教思想

佛教的创始人是悉达多（Siddhārtha），族姓为乔达磨（Gautama），中国古译为瞿昙，相传为净饭王太子，生于迦毗罗卫（Kapilavastu），该地现在尼泊尔王国境内。他一生传教活动在印度北部、中部恒河流域一带。释迦牟尼（śākyamuni）是佛教徒对他的尊号。关于他的生卒年，根据文献史料的推断，约生于公元前565年，死于公元前480年至公元前490年之间，略早于中国孔子（孔子的生卒年为公元前551至公元前479年）。[1]

佛教在印度开始传播时期，正是印度奴隶社会比较发达的时期。印度封建化的过程历时较长，大约从公元前1世纪到公元6世纪，印度的封建经济才逐渐巩固下来。进入封建社会后，印度奴隶制残余曾延续了很长时期。早期佛教是为当时

---

[1] 参看汤用彤：《印度哲学史略》，中华书局，1960年版，第59页。

的印度奴隶主阶级服务的，后期的佛教大乘则为封建地主阶级服务。

佛教开始传播于尼泊尔、印度、巴基斯坦一带，以后南到斯里兰卡、印度支那半岛，北到中亚，随着中国与中亚各国经济、文化的交流，佛教于两汉之际传入中国，在中国的社会历史条件下，开始生根、发展，形成中国封建社会上层建筑的组成部分。

佛教在中国的传播和发展，经历了近两千年的漫长岁月，它在中国封建社会各阶层中曾有过广泛影响。自从它传入中国那一天起，一直是适应当时封建地主阶级的需要来宣传解释其宗教学说的。不少中外学者认为中国的佛教背离了印度佛教原旨，使印度佛教走了样。这种看法不是没有一定的道理，但这种看法是不太妥当的。

思想意识是一定社会的产物，各种社会有它的成长和衰落的过程。印度佛教也有它生长和衰落的过程，总在不停顿地发展、变化着。印度的佛教，不但在一两千年间有很大的变化，即使拿释氏一生的宗教活动来说，据后人的研究，他早期传教和后期传教，其侧重点也不同。究竟什么是佛教的原样？释氏逝后约百年时间，佛教徒中间对教义教规的理解已发生了严重的分歧，形成上座部、大众部两大部派，随后，这两部派又不断发生分化，形成了十八部（或二十部）。接着又出现了佛教大乘教派。大乘教派中先有龙树、提婆倡导的中观学派，后来又有无著、世亲倡导的唯识学派。大乘自称得到释氏的

"了义",而小乘许多学派并不服输,与大乘并存,各立门户,都继续流传。由此可见,在印度事实上并不存在一个标准的佛教样板。如果要把印度佛教的各种教派分化、兴衰变迁的道理讲清楚,就不能只在佛教内部去寻找佛教变迁的原因,而应当从印度的社会历史中去寻找佛教兴衰变迁的原因。这属于另外的题目,不属于中国佛教史的范围。我们的任务是考察中国佛教的历史,揭示出它的发展变化的规律,从而有助于加深认识东汉以后中国的古代封建文化,更好地认识中国的哲学史、文学史以及整个历史。

社会实践表明,一切事物都在发展变化,古人所信奉的"天不变,道亦不变"的观点只能表达取得政权的地主阶级的主观愿望。哲学和宗教看起来高入云霄,好像不食人间烟火,实际上它们仍然是一定的社会的经济生活和政治生活的反映,只是有时是直接的反映,有时是间接的反映,有时是曲折的反映罢了。社会经济生活和政治生活总在不断地发展变化,从而反映经济生活和政治生活的哲学、宗教也相应地改变。我们应当通过考察佛教在中国这块土地上初传、滋长、兴盛、衰微的全部过程,从中找出规律性的东西。

封建社会与近代社会不同,敬天法古,几乎是一切封建社会的共同信条。哲学有许多学派,宗教有许多教派,往往打出不同标志的旗帜以广招徕,但旗帜并不真正代表它的实质。以人们所熟悉的中国儒家为例:从春秋时期儒家创立,经过汉代的儒,宋明的儒,一直到清末五四运动以前的"孔家店",

大家习惯于把孔子所创立的儒家看作一个一成不变,影响中国文化历史达两千年之久的学派。其实汉代所信奉的儒学已经不是孔、孟、荀为代表的儒学。汉代的儒把燕、齐方士推演阴阳五行、占星变、言灾异、信机祥、迎神送鬼、求雨止雨那一套都算作儒家的内容。这是儒、道(道术、道士)合流的儒。宋代程朱理学自命为得到尧舜禹相传的十六字真传[1],自称为洙泗正宗。其实宋儒是以孔子为招牌,大量吸收了佛教和道教宗教世界观和宗教实践。如提倡涵养静坐,以观喜怒哀乐未发气象,致力于"天理人欲之辨",要人们"存天理、去人欲"。"存天理、去人欲"不是一个哲学问题,而是一个神学问题,是教人如何消灭罪恶、拯救灵魂、进入天国(理想的精神境界)的问题。近代的康有为也曾抬出孔子的招牌,托古改制。中国历代儒家各派都自称自己的教派得到了教主的真传。中国佛教史的发展,也表明各个时代的佛教学派、学说与释氏的关系甚少,而与它所处的社会制度、阶级利益的关系甚深。"我们不把世俗问题化为神学问题,我们要把神学问题化为世俗问题。"[2]这是我们研究各种宗教史的态度,也是我们研究佛教史的方法。

东汉时中国人知道西方有佛,一般是通过西方僧人的翻

---

[1]《尚书·大禹谟》:"人心唯危,道心唯微,唯精唯一,允执厥中。"
[2]《马克思恩格斯全集》第1卷,人民出版社,1956年版,第425页。后文中出现引自此书的引文均只标书名、卷数、页码。

译介绍的。隋唐以后，由于译述介绍的佛教经典的增多，逐渐有了中国人自己的著述，其中包括对佛经的注解和阐明佛教的专著。今存的汉译佛教经典，绝大部分是在东汉到唐中期（前后历时约八百年）这一段时期翻译过来的。唐以后，也有些零星译述，约五百卷，其内容多为旧译佛经的补充，且多为零星小品，在社会上起的影响也不大。唐以后，还有大量的佛经译为西藏文字被保存下来，这也是我国佛典文献中一大财富。藏文佛经中，大部分是译自梵文，也有一小部分是由汉译转译成藏文的。可见，西藏地区自古与中原地区文化交流的频繁。

东汉及三国时期汉译佛经都是来自天竺、大月氏、安息、康居等地，也有我国西部地区的僧人介绍过来的。当时所根据的是天竺文字还是西域文字，现在还不甚清楚，其中可能有不少是西域当地的语言。到南北朝时，中国人讲到佛教的翻译时还常说"译胡为秦"（秦指苻秦、姚秦）。现存的《四十二章经》，据说为摄摩腾译，从内容看可能是《阿含经》中的某些章节的节译或编译，但今天已难以确指它是《阿含经》中的哪些章节了。"译所不解，则阙不传，故有脱失，多不出者。"[1]译者不懂的就不译，其中缺失是不可避免的。何况，在佛教传入初期，为传教需要只选译某佛经的一部分，也是十分自然的。事实上，即使译者自以为懂得的，其译文也未必符合佛书的原

---

[1]《法句经序》，见《出三藏记集》卷七。

意，因为当时的佛教信徒，都是用当时当地的中国流行的宗教观念和文化思想来认识佛教的。一种新的宗教思想信仰，初到一个陌生的民族中间，并要求取得当地群众的信任，不是一件容易的事。传教者要善于迎合当地群众的思想和要求，并且采取一些办法以满足他们的要求。理论在一个民族中实现的程度，决定于理论满足于这个民族需要的程度。

东汉继承了西汉以来的宗教神学目的论的传统，谶纬迷信比西汉更盛行，经王莽、刘秀的利用和提倡，已遍及朝野。东汉社会上流行的宗教迷信有占星、望气、风角、卜筮等。《后汉书·方术列传》序说：

> 自武帝颇好方术，天下怀协道艺之士，莫不负策抵掌，顺风而屈焉。后王莽矫用符命，及光武尤信谶言，士之赴趣时宜者，皆骋驰穿凿，争谈之也。

在两汉当时迷信盛行的风气下，佛教也被中国人看成社会上迷信宗教的一种，这完全是可以理解的。袁宏《后汉纪》说：

> 沙门者，汉言息心，盖息意去欲，而欲归于无为也。

旧译"涅槃"为"无为"，汉人所理解的佛教，是黄老之术的道教。汉代神仙方术，往往通过符咒、治病、占星、禳灾、祈福、预言祸福来吸引信徒群众。汉代佛教徒也往往迎合当时社会上神仙方术之士、道士们的传教手法，也兼用占验、预卜吉凶、看病等方术以接近群众。据佛教史籍记载，东来的有名的高僧，都会一些方术。如安世高，"博学多识，综贯神模，七正[1]盈缩，风气吉凶，山崩地动，针脉诸术，观色知病，鸟兽鸣啼，无音不照"[2]。《高僧传》也说安世高通晓"外国典籍及七曜五行，医方异术"。汉末三国时，康僧会"明解三藏，博览六经，天文图纬，多所综涉"[3]。昙柯迦罗"善学四韦陀，风云星宿，图谶运变，莫不该综"[4]。此外，后来的外国僧人求那跋陀罗，"天文书算，医方咒术，靡不该博"[5]，求那毗地"明阴阳，占时验事，征兆非一"[6]。佛教传入中国之所以能被接受，首先不一定是他们那一套"安般守意"的禅法及般若学，看来他们的方术更能吸引一部分群众。

《后汉书·乌桓传》："……使〔犬〕[7]护死者神灵归赤山……如中国死者魂归岱山也。"《水经注·汶水注》引《开山

---

[1] 七正，即七政，日月五星运行有规律，可用运算推知其变化。
[2] 《安般守意经序》，《出三藏记集》卷六。
[3] 《高僧传》卷一。
[4] 《高僧传》卷一。
[5] 《高僧传》卷三。
[6] 《高僧传》卷三。
[7] 本书〔 〕中为补阙字。余同，不另注。

图》曰:"太山在左,亢父在右,亢父主生,梁父主死。"因此,三国时汉译佛经,有把"地狱"译为"太山"的。可见汉代人对佛教的态度,不论在理论方面还是在传教僧人的行动方面,都是以对待中国神仙方术、道教的眼光去迎接这一外来宗教的。神仙方士、道士的迷信宣传,很适合中国封建贵族们希望长生不死,永远过着他们剥削享乐生活的贪愚妄想。佛教的教义本来和这种中国方术、道士的一套很不接近,但事实上,中国人当时的确把佛教理解为方术的一种。甚至佛教徒和道教徒名称也很接近。道教徒称为道士,佛教徒称为"道人",这个称谓直到东晋南北朝时还流行。[1]

佛教传入中国的初期,为了在中国站住脚,先要与中国本土的宗教迷信特别是道教相融合,中国人也用看待道教的眼光来看待佛教,所以当时的人称赞佛教的主张是:

> 浮屠者,佛也。西域天竺有佛道焉。佛者,汉言觉,其教以修慈心为主,不杀生,专务清净。其精者号沙门。沙门者,汉言息心,盖息意去欲,而欲归于无为也。又以人死精神不灭,随复受形,生时所行善恶,皆有报应,所贵行善修道,以炼精神

---

[1] "愍度道人始欲渡江,与一伧道人为侣。"(《世说新语·假谲篇》)当时僧人自称"贫道"。僧人支孝龙多游朱门,时人讥之,支孝龙答曰:"君见其为朱门,贫道如游蓬户。"

而不已,以至无为而得为佛也。佛身长一丈六尺,黄金色,项中佩日月光,变化无方,无所不入,故能通百物而大济群生……有经数十万,以虚无为宗,包罗精粗,无所不统,善为宏阔胜大之言,所求在一体之内,而所明在视听之外,世俗之人以为虚诞,然归于玄微深远,难得而测。故王公大人,观死生报应之际,莫不矍然自失。[1]

东汉社会上一般人所理解的佛教,有神通,项中佩日月光,变化无方,无所不入,这是中国所熟悉的"神人""至人";"专务清净,息意去欲而欲归于无为",这是中国的黄老之学和原始道教的口号。

汉末、三国,社会上一般人心目中的佛教,不过如此。虽然佛教的教义在当时已有较系统的介绍,但还不能说在社会上已有广泛的影响。在中国哲学家及其思想文献中,如当时的嵇康、阮籍、王弼、何晏,以及西晋的其他重要思想家的文字及著作中,都尚未发现有受过佛教明显影响的迹象。相反,倒是从早期佛典译文中可以见到佛教迁就中原道教的迹象。这一时期的佛教虽说佛、道融合,实际上是佛教融于道教,佛教迎合了道教。南朝慧皎在评论三国魏地佛教时认为很不符合佛教

---

[1] (晋)袁宏《后汉纪》卷一〇《孝明皇帝纪》。

的规矩:

> 魏境虽有佛法,而道风讹替,亦有众僧未禀服戒,正以为剪落殊俗耳。设复斋忏,事法祠祀。[1]

用后来的僧众的清规戒律来衡量汉的僧人,当然认为不合佛教的标准,所以说"道风讹替"。其实中国佛教当时的面貌就是那个样子,和道教徒的修行方式相近,不能算"讹替"。当时"设复斋忏,事法祠祀",倒是完全真实的,因为当时的中国人士理解的佛教确是祠祀的一种,是用来祈福的。

中国佛教史的发展,主要是在中国封建社会的前期汉唐和封建社会的后期宋元明清历史时期进行的。因此,中国佛教历史与中国封建社会的经济发展、政治斗争的关系至为密切。中国封建社会历时甚久,佛教传入时,当在西汉末年、东汉初年,当时封建豪强地主当权,以后的察举制度为豪强地主相互援引,相互勾结,形成盘根错节的封建贵族世代拥有特权的权势集团。它是后来魏晋南北朝门阀士族地主阶级的前身。佛教传入时,所依靠的社会力量是汉代的皇室及贵族上层。东汉桓帝延熹九年(166)襄楷上书说:

---

[1]《昙柯迦罗传》,《高僧传》卷一。

> 又闻宫中立黄老浮屠之祠，此道清虚，贵尚无为，好生恶杀，省欲去奢……

在宫廷帝王及贵族们的特权垄断之下，神仙长生，祠祀求福，也是一种奢侈的精神享受特权，一般老百姓办不到。三国时，佛教传播得更为广泛，一般广大群众只是被作为特权贵族施舍的对象才接触到它。如《三国志》卷四九《吴志·刘繇传》记载：

> 笮融者，丹杨人……大起浮屠祠，以铜为人，黄金涂身……下为重楼阁道，可容三千余人，悉课读佛经，令界内及旁郡人有好佛者听受道，复其他役以招致之，由此远近前后至者五千余人户。每浴佛，多设酒饭，布席于路，经数十里，民人来观及就食且万人，费以巨亿计。

像笮融这样的贪残的官吏，信佛是为了他个人祈福，下令他管辖下的老百姓，凡信佛诵经的，免其徭役，还多设酒饭，招引来观者及就食者。可见这一带地方已有不少信徒，佛教的影响逐渐扩大。自然也有些群众虽未必真心信佛，只是为了逃避繁重的徭役，才来为他诵经拜佛的。

中国哲学史，以魏晋南北朝作为一个历史断代来划分，因为这一时期的封建社会有它的某些特点，和它以前以后的封建社会都不相同。佛教史接触涉及的问题和中国哲学史有许多共同或相关的地方，因而对佛教史的分期和我们编写的中国哲学史的分期力求一致。哲学史、佛教史所讲的内容分属两个领域，但它们都是从不同的角度反映同一个中国社会。其中也有许多共同相关的问题。我们撰写的佛教史与中国哲学史相互呼应，此略则彼详，此详则彼略，以期相互配合，避免重复。

佛教资料十分丰富，而建国三十年来，还没有一部中国佛教的通史，我们这部佛教史力求取材广泛，叙述详尽。佛教经典有些特殊名词、概念，为一般古籍所罕见，佛经翻译的文体也别具一格，不易为一般读者所理解，我们力求用现代科学的语言，把它本来的意义介绍给读者，并提出我们自己的看法，给以评论。《中国佛教史》以东汉到三国为第一卷。晋、南北朝的佛教内容丰富，印度各派佛教已基本介绍到中国来，并在中国已有所滋长发展，拟把这个时期分为上、下两卷。

隋唐时期，是中国封建社会第二次大一统王朝的重建，国力强盛，文化繁荣，在当时对世界文化有过积极贡献。佛教在这样的社会历史条件下，由南北朝时期的滋长发展到盛大，形成了具有国际影响的许多宗派。对这一时期，我们也拟分为上、下两卷来论述。

宋元明清，是中国封建社会的后期，由于社会政治条件的改变，中国的封建主义从思想意识的各方面都在加强，中央集权的统治也更趋强化。经过隋唐时期三教鼎立，走向宋明以后的三教会同，形成了以儒家为中心的儒教。佛、道两教形式上走向衰微，实际上佛、道两教的宗教精神已渗透到儒教内部。儒教之成为宗教，多得力于佛、道两教为其支柱，而在两教中，佛教则起着主要的作用。从唐中期历宋元明清，我们还要论述西藏佛教，因为它也是中国佛教史的一部分，有它的特色和意义。宋元明清这一时期，也拟分上、下两卷来论述。

清末民初，中国封建社会解体，中国沦为半殖民地半封建的社会。反映中国封建社会的意识形态也起了相应的变化。这一时期的佛教在社会上仍有相当影响，某些佛教宗派又有所抬头，但这时西方现代思潮涌进中国，佛教所服务的对象及其社会作用也与古代佛教有所不同，它是欧亚现代思潮汇合时期的佛教。我们拟把这个时期单独作为一卷，其时间段限于中华人民共和国成立以前。

佛教全书总称三藏。三藏浩如烟海，按内容来说，大致可分为四类：

第一类，关于佛教基本知识入门的书，如名词概念的解释，不论大乘小乘，只要是佛教徒都要具备的佛教常识，即古人所说的事数，如"五蕴""四谛""十二缘生"等，属于"佛教手册"之类的。

第二类，关于佛教戒律，这是用来维持僧众集体生活规范的。

第三类，关于佛的传记、故事的宣传，对佛教信徒来说，是用来坚定佛教徒的信念，树立榜样以资遵循，也是为了普及的。

第四类,关于佛教宗教理论方面的,其中包括宗教修养方法。

前两类多属于佛教徒内部学习的经典,对社会影响不很大。第三类,既是对佛教徒内部的宣传材料,也是面向社会的。第四类影响所及,不限于佛教徒内部,它与当时的主要社会思潮相激荡、交融,息息相关,思想、文学、艺术、哲学,往往与佛经中的这一类著作发生多种联系。因此,本书的重点放在佛教的哲学思想的介绍与批判方面。佛教为了达到宗教宣传的目的,曾充分利用文学、艺术、音乐、壁画与雕塑等各种形式,对中国文化艺术产生过巨大影响。这方面论述也是本书南北朝、隋唐各卷的一个重点。随着佛教在中国的传播,因明学也曾为中国学者所关注,特别在西藏地区有所发展,由于长期缺乏整理,这一部分学问行将湮没,本书在隋唐部分也将给以介绍和评论。既然是中国佛教史,我们还要结合中国社会的特点,对寺院经济的形成及其作用,对佛教寺院组织,也给以适当的论述。

佛经翻译先后历千年之久,由分散到有组织有计划,其分工合作的制度并取得有成效的经验,今天仍有参考价值,本书也将在隋唐时期列为专章,给以介绍。

佛教在中国的传播和发展,与中国的社会经济、政治情况是不可分的;同时也应看到,中国封建社会经济结构和政治结构有它的特殊性,以封建宗法制度为核心,宣扬三纲五常的封建专制主义统治了中国两千多年,而支持这一社会制度的主要思想支柱，是儒家和后来转化成的儒教。佛教对中国的纲常名教起着夹辅作用。在思想方面它是为封建统治者征服人心的一个方面军，但不是主力军。只有在局部地区，如新中国成立前的西藏，它取得过政教合一的绝对统治地位。在广大汉族地区，它和统治者配合得很好，虽也有时遭到过打击，随即又受到重视。中国佛教的命运与中国封建地主阶级的命运共休戚，相终始。如果只看到佛教的活动，而没看到佛教是在一种什么样的更大范围内的全局之下所起的作用，那就会对中国佛教的历史地位和影响难以做出适当的评价。

我们这本书，从佛教开始传入，就把它放在中国本土传统文化的附属地位。东汉三国时期的佛教，属于佛、道融合时期，它依附于方术、道士；晋、南北朝时期的佛教，属于佛、玄融合时期，它依附于玄学，并在依附的情形下逐渐得到滋长。隋唐时期佛教势力比过去有了更大的增长，寺院经济力量也逐渐雄厚，建立宗派，完成体系，并向国际化方向发展，属于三教鼎立时期，它虽然势力比过去盛大，也只是三教（儒释道）中之一支，并未能凌驾于儒教之上。进入封建社会后期的宋元明清时代，随着封建社会的停滞和衰退，佛教势力已趋于衰微，因为儒教已形成，并包容了佛教中对当时封建地主阶级有用的东西。佛教是依靠中国封建地主阶级的成长而起家的，也随着封建地主的没落而没落。对佛教有所偏爱的人们，虽惋惜它的衰败，却不能挽救它的衰颓。一种社会有兴衰，伴随着某种社会的一些宗教也有兴衰，我们不信佛教经典中所说的有什么"末法时期",我们只相信社会历史发展规律;这个规律对任何伟大人物、伟大历史事件都是无情的,它是不可改变的。

宗教的存在除了思想认识的原因外,还有它的阶级土壤和社会土壤。只要有阶级、有贫富、有压迫,人们不能自己掌握自己命运,就为宗教提供了存在的条件。即使社会制度改变了,旧社会遗留下来的旧思想作为一种社会现象,它不会很快在生活中消逝,看不到它存在的顽固性和相当大的社会影响,也是不对的。

从事中国佛教史的研究工作,前辈学者做过不少努力,也有很大的贡献,如杨仁山、蒋维乔、黄忏华、欧阳竟无、梁启超诸人都有过开创的功劳。稍后,如吕澂、熊十力、汤用彤、陈寅恪、陈垣诸先生的著作,对研究佛教史及佛教思想提供了极为重要的思想资料和发展线索,特别是汤用彤、陈寅恪先生对佛教史研究的贡献,至今仍为国内外学者所称道和尊重。

事物是发展的,社会在前进,人类的智慧也随着社会历史的前进而前进。1949年新中国成立后,中华书局要重印汤用彤先生的《两汉魏晋南北朝佛教史》,汤先生很不满意他的旧作,多次和我谈起,要我协助他重新写一部中国佛教史。只是多年来,政治运动接连不断,广大知识分子不遑宁处,这个愿望竟未能实现。这十几年我国已有一些断代史的研究,和作为文化史的部分,较详尽的关于佛教史的论著,这是可喜的现象。但这些著作毕竟不能代替中国佛教通史。值得庆幸的是我国经过浩劫，终于走上了光明大道，中国佛教史的研究也获得新的生机。我们自知才力和学识有限，要写出有高度科学水平的中国佛教史还有不少困难有待于克服，但是我们有机会见到前人所没有见过的材料；我们有可能吸收近年国际学者研究的新成果；我们比前人更幸运，因为我们开始运用辩证唯物主义和历史唯物主义这个最新最犀利的工具来解剖中国佛教史，有了这个工具，就可以透过历史的迷雾，比前人看到更多的历史真相。历史发展总有它的前因后果，但因果之间的联系，有时是内在的必然的，有时是表面的偶然的，各种社会现象纷纭复杂，弄不好很容易使人上当受骗。历史上重要的人物对历史的发展往往起着极关键性的作用，这是古今历史学家都注意到的。但个人与社会的关系，个人在社会中的地位，以及个人最终被时代和阶级关系所制约，这样一条真理，只有马克思主义才能给人以正确的答案，而这一条也正是我们的前辈学者所不能认识的。

今人叙述古人，往往有两种毛病，一是站在古人的立场来重述古人的话头，所谓以经解经。这种转手贩运的办法，看起来没有走样，却并不能真正把古人的精神表达出来，使今人看不懂。一是任意发挥，或者把古人所没有的思想说成古已有之，也有人用现代西洋哲学某一学派来比附。这样做，看起来条理清晰，可是由于发挥过多，把不属于古人的思想说成古人的思想，缺少科学性。用这两种办法研究历史都是有害的。如何用科学的语言，把佛教思想中不科学的、但又结构严密的宗教哲学体系讲清楚，这是一个很艰巨的任务，我们力图使我们所介绍的佛教思想尽可能准确、可信，符合历史实际。

我们不信仰佛教，也不认为佛教所宣传的是真理，但是我们认为佛教的产生和发展，有它的社会根源、思想根源。它的产生和发展不是偶然的，而是必然的。它所指出的解脱道路是假的，它所反映的当时的社会苦难却是真的。这就要求我们对它认真对待，不能掉以轻心。几千年来的广大佛教信奉者是受害者。他们信仰虔诚，态度严肃，真心相信佛教可以帮助摆脱现实苦难。他们的行为虽不足效法，但他们成为宗教的俘虏是值得同情的，放在一定的社会历史条件来看待这一现象，是完全可以理解的。我们也还要指出宣传佛教的人们中间确有一些利用佛教作为工具谋取私利的，历代封建统治者确曾利用佛教麻痹人民的反抗意志。看不到这一点，也是不对的。因此，我们只讲清楚道理，对佛教作为宗教，我们批判的锋芒所向是佛教的宗教世界观，而不是当前信奉佛教的群众；揭露的是佛教麻痹人民的宗教本质，而不是针对虔诚的善男信女。这样既尊重曾经存在的历史事实，也尊重千百万宗教信徒的宗教感情。不用讳言，马克思主义的世界观与宗教的世界观是根本对立的，但宗教信仰是个人的自由，我们反对任何人把自己的观点强加于人。信宗教有自由，不信宗教也有自由。宗教问题是可以讨论的，而且也应该讨论的。我们对佛教史上的许多理论问题，采取说理的态度，以理服人。

佛教属于唯心主义宗教体系，它通过唯心主义的理论的论证，把人们引进信仰主义的大门。它的逻辑分析、心理分析相当细致，辩证法思想也相当丰富。佛教哲学比起欧洲中世纪的神学和中国的封建主义哲学都更精密。正是由于佛教的输入，才使得中国的宋明理学改变了它的面貌，完整地构造了儒教的思想体系。也正是由于佛教的传播，才使得中国的道教在某些方面吸收了佛教的内容，形成了佛教道教交互影响的局面。中国佛教是在中国发展成长的，它已成为中国的传统思想的组成部分。它的哲学的解答虽然是错误的，但是它提出了问题，迫使人们进一步寻求正确的答案，它对我国文化有过积极作用。

伴随着佛教的宗教活动，同时丰富了我国的音乐、舞蹈、绘画、建筑、文学等各个领域。伴随着佛教的传播，推进了我国与邻国的文化交流，加深了邻国友谊与了解。如果我们善于总结历史经验，不仅对古代历史研究有意义，对今后的国际文化发展也有积极意义。

最后应当说明，马克思主义的历史唯物主义的原理虽只有简单的几条，但如何正确运用于研究中国佛教史，却是一个艰难的有待于通过科研实践不断解决的问题。就我们来说还是刚刚开始摸索经验，理论水平确实不高，缺点错误一定不少，深望读者指正，以便今后改进。

辑一

汉唐佛教思想·上卷

中国佛教的特点

任继愈谈汉唐佛教思想

佛教起源于古天竺，但佛教传入中国以后，即成为中国传统文化的一部分，成为中华民族文化支柱之一。现在分四部分来阐明中国佛教[1]的特点。

---

[1] 过去讲中国佛教仅限于汉地佛教，我们所指的"中国佛教"，包括中原地区汉地佛教以及藏传佛教和云南地区的傣族小乘佛教。

一 中国佛教随着历史前进而前进

佛教传入中国后,与汉代神仙方术相结合,成为汉代道术的一种。桓帝在宫中"立黄老浮屠之祠",与当时流行的祠祀同样看待。到了魏晋南北朝时期,佛教与玄学配合,使当时士大夫为之倾倒。以后,随着中国社会历史的不断前进,佛教也密切配合不同社会时代的需要,不断充实,改变着它的形式和内容,发展了自己,充实了中国文化、哲学的内容。如果说,中国佛教的特点是什么,它第一个特点是不停顿[1]。

---

[1] 这一点,在我们的《中国佛教史》第1、第2卷中已有比较详细的论述,这里不再重复。

二　中国佛教的协调性

中华民族是在秦汉开始即形成了多民族的封建专制的大一统的国家。几千年来，中国人认为大一统的形势是正常的，分裂割据是不正常的，形成了中华民族的共同心理。各民族之间长期合作，频繁交往，给民族文化的融合创造了条件。秦汉以前且不说，秦汉以后，中华民族的大融合，约有四次[1]，这四次的民族大融合的意义不限于血统上，主要是在文化上。多次融合，形成了中华民族的共同意识——文化共同体。汉族及其他少数民族，都以儒家三纲五常为治国治家的唯一合法思想，纲常名教已被各族所接受。

除了多民族的文化融合以外，还有广大地区性的文化融合。中国地域辽阔，长江流域与黄河流域是中国文化的摇篮，这两大地区的文化都有自己的传统，长期形成各自的特色。在统一的中央政权领导下，南北各地有了经济的、文化的、人才的交流，互相吸收，互相影响，不断地促进着中华民族文化的

---

[1]　第一次晋五胡十六国到南北朝，南北方各民族的大融合；第二次是唐末五代，北方各民族的融合；第三次是宋、西夏、辽、金、元的大融合；第四次是清朝的民族融合。

发展。在总的趋势下,佛教文化、佛教思想也受到这种协调发展的影响,并有所反映。

印度佛教的大小乘,不同的学派,都先后传入后,出现内部矛盾。译者的偏好不同,教派的宗旨各异,中国佛教则以判教的方法去调和佛教内部教义的分歧,认为各种经典都是佛说,只是由于时间、地点、听众理解水平不齐,才有针对性地宣讲不同的道理。佛教宗派本来门户之见很深,古代印度教派的争论有时以生命为注(失败者,斩首相谢),中国的佛教派别间有争辩,但不像印度那样激烈,有时一个人同时信奉两个宗派。[1]

中国佛教与它同时并存的教化思想流派及不同宗教信仰,也随时采取容纳、吸收、协调的态度。这种协调不是表面的敷衍,而是认真的吸收。比如汉地佛教对社会上影响最大的儒家和道教,有争辩,但更多的情况下,采取吸收的手段。儒家的纲常名教是儒家的核心思想,敬君主、敬祖先是儒家悠久传统,佛教对此予以合理的吸收。从牟子《理惑论》开始,千余年来,不断有攻击佛教不忠不孝的说法,中国佛教徒的辩论中总是一再强调,儒以治身,佛以治心,或者说佛与周(公)孔(子)之道殊途同归。《中庸》"万物并育而不相害,道并行而不相悖,小德川流,大德敦化,此天地之所以为大也"。

---

[1] 宗密信华严,同时又是禅宗的大师,此例不鲜。社会上甚至佛教、道教之间的界限更不分明。

藏传佛教也是尽量与西藏当地宗教取得协调，吸收了西藏地区的民族宗教（苯教），形成了独特形式的藏传佛教体系，它既不同于印度佛教，也不同于西藏当地的原始宗教，建成了俗称"喇嘛教"的藏佛教。它流行的地区已不限于西藏一域。[1]

---

[1] 它还传播到甘肃、青海、云南、内蒙古，以及尼泊尔、锡金、不丹、原苏联远东一带地区。近二十年来，还传播到欧、美、日本各国。

三　中国佛教的创造性

佛教传入中国两千年间，大致可分为三个阶段，第一阶段为译述介绍阶段，这是从汉代到南北朝，历时约五百年。这一时期佛教的主要代表人物是外国译经僧人，他们是主译者，也是所译经典教派的宣传者。

中华民族有优良文化传统，深厚文化素养，对外来文化经过消化、吸收，继而创造，即使在介绍阶段也有创造。佛教般若学在西晋时期广泛流行，"六家七宗"应时而起。这些流派都是对般若"空"义提出的不同的理解和阐释。僧肇曾指示这些流派对般若性空义的理解都有片面性，这种指摘是有根据的。但是，我们结合当时流行的社会思潮来考查"六家七宗"的出现，是中国佛教学者企图摆脱依傍，提出自己见解的首次尝试。

隋唐时期，中国佛教进入第二阶段，我们称为创造发展阶段，历时约三百年。第一阶段的佛教代表人物几乎都是外国僧人。第二阶段的代表人物几乎全是中国僧人。如果说隋唐以前介绍佛典原著要借重外国僧人，隋唐以后，介绍翻译工作，中国僧人也占了很重要的地位。这一阶段翻译外国典籍的比重减少，中国人自己著作的比重增加。这一时期佛教传播的重心已转移到中国。印度大乘小乘各流派在中国均有传承，但中国佛教更着重离开佛教词句发挥佛教的微言大义。有些发挥，可以在印度佛教某一流派的著作中找到依据，赋予新义；也有的完全阐发自己的体系。隋唐以后的几个大的佛教宗派，都在印度树立自己的开山远祖，有的自称远绍龙树，有的自称秉承迦叶，有的宗派撰出历历可数的谱系，其实都没有根据。南北朝中期以后，到隋唐，不断出现所谓"伪经"。这些"伪经"反映了当时的时代思潮，有很重要的思想史料价值。

最能代表中国佛教的创造性的，是中国佛教中许多宗派开创人的著作。如智𫖮、惠能、法藏、澄观，以及后来各派涌现的中兴祖师，如宗密、湛然、知礼等人的著作，都以注释或讲解佛典的方式[1]建立各自的佛教理论体系。这些著述都以述为作，直抒胸臆。这些著作（经、论、疏、抄）少的几卷，多的几十卷、几百卷，它们丰富了中国佛教内容，开创了佛教理论研究的新局面。这些佛教论著，从出世的立场反映了当时人们的认识水平，也反映了时代思潮的一个侧面。从世俗立场，从人类认识史、文化史的角度来看，中国佛教史等于中国文化史、中国思想史。

---

[1] 对佛经阐释的，如《华严》《法华》《涅槃》《维摩》等经，《大智度》《摄大乘》《起信》《唯识》等论。

四　中国佛教的"三教合一"

（一）

隋唐初期，中国思想界即有了"三教"的名称。三教即以孔子为代表的儒教，以老子为代表的道教与外来的佛教。孔子和老子都是先秦时期公元前5世纪的哲学家、思想家、学者，不是宗教的领袖。孔子、老子被神化，被说成宗教的创始人，是后来人们塑造出来的。

隋唐时期，中国佛教、道教都得到中央封建政府的提倡，与儒教并列，形成三教鼎立的局面。儒教主张维护中国封建君权的"三纲"说，即君臣、父子、夫妇的绝对服从关系永恒不变。三教从不同的方面为同一个封建皇权服务。它们为了发展自己的势力，也有过矛盾斗争。在矛盾中，佛教、道教都分别遭到政治上的打击。而儒教也认识到，佛教和道教的一些宗教思想可以辅助儒教世俗说教的不足。在唐朝后期，三教的重要思想家都主张三教会同，主张在理论上互相包容，有时候只是在政治上互相排斥。唐宋以后，直到鸦片战争（1840），这种儒、佛、道三教融合的总格局没有改变。这种思潮，对于中国后期封建社会起了稳定作用,从而延缓了中国封建社会向近代资本主义社会过渡的速度。三教合一思潮,构成了近千年来中国宗教史、中国思想史的总画面。

(二)

佛教的三教合一思潮。隋朝李士谦论三教,说,"佛日也,道月也,儒五星也。"(《佛祖历代通载》卷十)隋唐以后,中国出现了大批"伪经",所谓"伪",是指它不是来自西方,是中国人自己编造的。伪经名目繁多,各有特点,有所偏重。但它们都强调中国封建伦理、忠君、孝父母等儒教思想。唐代僧人宗密《原人论》中说:"孔、老、释迦皆是至圣,随时应物,设教殊途。内外相资,共利群庶。"五代时僧延寿,主张三教融合,"儒道仙家,皆是菩萨,示助扬化,同赞佛乘"(《万善同归集》卷六)。北宋元祐年间,四川大足县石篆山石窟造像,即将儒、佛、道镌刻于一处。北宋的三教合一,反映了代表中央政权的儒教为中心的势力的增强,佛、道两教均主动向儒教接近的趋势。宋代的孤山智圆自称"宗儒述孟轲,好道注《阴符》,虚堂踞高台,往往谈浮图"(《闲居编》卷四十八《潜夫咏》)。他主张"修身以儒,治心以释"(《中庸子传》上),以佛教徒的身份,而自号"中庸子",还认为没有儒教的支持,国家不得安宁,佛教也不能推行。他为了宣扬"中庸之道",不惜违反佛教教义,他说:"释之言中庸者,龙树所谓中道义也。"(《中庸子传》)龙树"中道"为不执着有无、真假,儒家的"中庸"指的是处世对人要无过无不及,两者本不相干。

宋赞宁也说:"三教循环,终而复始。一人在上,高而不危。有一人故,奉三教之兴;有三教故,助一人之理。"

僧人契嵩著《辅教编》中有《孝论》凡十二章,具论忠孝,"拟儒《孝经》,发明佛意"。还说,"夫孝,诸教皆尊之,而佛教殊尊也"(《孝论·叙》,见《镡津文集》卷三)。佛教本来号召出家,脱离家庭的父子伦理关系的,而佛教的代表人物却高唱佛教比儒教、道教更看重孝道。

明朝袾宏继承了这个方向,也主张三教"同归一理""三教一家"。僧真可《题三教图》,又有《释毗舍浮佛偈》,认为"仁""义""礼""智""信"都是值得敬礼的佛(如来)。德清有《大学纲目决疑》以说明儒教与佛的一致性;又作《道德经解发题》《观老庄影响论》以说明道教与佛教的一致性,认为"孔老即佛之化身"。智旭(1599—1635)以儒教的十六字诀融通佛教,并著有《周易禅解》《四书蕅益解》,主张孝道,"儒以孝为百行之本,佛以孝为至道之宗"(《题至孝回春传》)。"以真释心行,作真儒事业"(《广孝序》)。"非真释不足以治世,是以一切三宝常能拥护世间,而真儒亦足以出世。"(《玄素开士结茅修止观助缘疏》)

（三）

道教开创之初，即提倡佐助君王的方略。南北朝时期，道教经过官方的改造，更加充实了支持封建社会的忠君爱国的内容。宣扬孝慈的如：

> 与人君言，则惠于国；与人父言，则慈于子；与人师言，则爱于众；与人兄言，则悌于行；与人臣言，则忠于君；与人子言，则孝于亲。（《太上洞玄灵宝智慧罪根上品大戒经》二卷，《道藏》二〇二册，洞玄部戒律类，陶）

宣扬"三教归一"的如：

> 《三教归一图说》：三教殊途同归，妄者自生分别。彼谓释、道虚无，不可与吾儒并论。是固然也。自立人极，应世变言之，则不侔。至于修真养性与正心诚意之道，未易畦畛也。（《黄帝阴符经讲义》四卷，南宋夏元鼎撰。《道藏》五十四册，洞真部玉诀类，藏下）

宣扬报父母恩，出家道士超度其亡亲的，如：

> 三纲五常乃立人之大本，孝道之大，至于日月为之明，王道为之成……是故净明之法，本忠君孝亲以存心；盟真之斋，以报祖荐亲而立教。以此见学仙之士，曷尝不笃意于亲……
>
> 资事父以事君，则忠孝之义尽，取于治身而治国，则清净之化成。其在栖真者流，尤以报君为重。(《玄门报孝追荐仪》,《道藏》二八五册，洞玄部威仪类)

道教还将儒教纲常名教的规矩应用到道教的师徒关系上。如：

> 以传度法箓者为度师，度师之师为籍师，籍师之师为经师。
>
> 先序三师，然后行道。凡厥读经、讲诵、行道、烧香、入室、登坛，皆先礼师存念……此法不遵，真灵靡降。(《洞玄灵宝三师名讳形状居观方所文》，张万福撰。《道藏》一九八册，洞玄部谱录类，有二)

南宗道士张伯端说"教虽分三，道乃归一"(《悟真篇》序)，致力会同儒、佛、道。

金元间，道教三教合一说十分流行。王嚞在山东建立三教金莲会、三教平等会，"劝人诵《般若心经》《道德》《清静经》及《孝经》。"（《甘水仙源录》）丘处机云："儒释道源三教祖，由来千圣古今同。"（《磻溪集》）赵缘督（友钦）有《仙佛同源》，主张三教一家、三教合一，是全真教的中心思想。后来假托吕洞宾的许多著作（多数应出在明代）也都是三教合一的基调。道士谭处端说："为官清政同修道，忠孝仁慈胜出家。"（《水云集》）

（四）

唐宋以后，历元、明、清各朝，儒教配合中央集权的要求，也极力加强思想统治的集中。儒教本身直接提倡的是维护封建专制制度的"三纲说"。儒教的许多学者，没有不受过佛教和道教的影响的。周敦颐的《太极图说》，本来是道教先天图的翻版。以后张载、二程以及南宋的朱熹、陆九渊也都是深受佛、道两教的影响的。由此上推，如白居易身为儒者，同时又是佛教和道教的忠实信徒。[1]宋代理学家们如朱熹对《黄帝阴符经集解》以及《参同契》都进行过认真的研究。前人论述已多，这里从略。朱熹借用佛教常用"月印万川"的比喻来说

---

[1] 陈寅恪:《白乐天之思想行为与佛道之关系》,《岭南学报》1949年。

明他的"理一分殊"的道理。朱熹说:"释氏云,'一月普现一切水,一切水月一月摄',这是那释氏也窥见得这些道理。"(《朱子语类》卷一八)朱熹既继承了禅宗思想,也继承了华严宗思想,因为华严宗发挥"一即一切"这个神秘主义观点,朱熹也说:"万个是一个,一个是万个。"(《朱子语类》卷九四)朱熹好像在说佛教的某些观点近儒,实际上倒是朱熹的思想符合了佛教观点。明清之际的王夫之曾指出:"贞生死以尽人道,乃张子之绝学,发前圣之蕴,以辟佛、老而正人心者也。朱子以其言既聚而散,散而复聚,讥其为大轮回。而愚以为朱子之说反近于释氏灭尽之言,而与圣人之言异。"(《张子正蒙注·太和篇》)再以明代学者王守仁为例,也能看出明代儒者所持鲜明的三教合一的立场。王守仁说:

> 仙家说到虚,圣人岂能虚上加得一毫实?佛氏说到无,圣人岂能无上加得一毫有?但仙家说虚,从养生上来,佛家说无,从出离生死苦海上来。却于本体上加却这些子意思在,便不是他虚无的本色了。(《传习录》下)

> 佛氏不着相,其实着了相。吾儒着相,其实不着相。请问。曰:佛怕父子累,却逃了父子,怕君臣累,却逃了君臣,怕夫妇累,却逃了夫妇。都是为个君臣、父子、夫妇着了相,便须逃避。如吾儒,有个父子,还他以仁,有个君臣,还他以义,有个

夫妇，还他以别。何曾着父子、君臣、夫妇的相。（《传习录》下）

王守仁还把儒教的修养与道教的宗教修炼等同类比。他说：

只念念要存天理，即是立志。能不忘乎此，久则自然心中凝聚，犹道家所谓结圣胎。（《传习录》上）

他还把佛教、道教说成与儒教差不多少，极为接近：

二氏之学，其妙与吾人只有毫厘之间。（《传习录》上）

大抵养德养身，只是一事。元静所云真我者，果能戒谨不睹，恐惧不闻，而专志于是，则神住、气住、精住，而仙家所谓长生久视之说，亦在其中矣。神仙之学与圣人异，然其造端托始，亦惟欲引人入于道。《悟真篇》后序中所谓"黄老悲其贪著"，乃以神仙之术渐次导之者。元静试取而观之，其微旨亦自可识。（《年谱》）

王守仁故意把道教的神秘主义内丹修炼方法说成儒教的

道德修养过程。陆元静问王阳明关于道教的精气神的部位与作用，信中问：

> 元神、元气、元精必各有寄藏发生之处，又有真阴之精，真阳之气，云云。

王守仁回答说：

> 夫良知一也，以其妙用而言，谓之神，以其流行而言，谓之气，以其凝聚而言，谓之精，安可以形象方所求哉？真阴之精即真阳之气之母，真阳之气即真阴之精之父。阴根阳，阳根阴，亦非有二也。苟吾良知之说明，则凡若此类，皆可以不言而喻。不然，则来书所云三关、七返、九还之属，尚有无穷可疑者也。（《传习录》中《答陆元静书》）

三教关系是中国思想史、中国宗教史上的头等大事。三教合一，则是中国思想史、中国宗教史的发展过程和最终归宿。"三教合一"的趋势形成后，三教的地位是不平等的。北宋以后，佛、道两教屈从儒教。儒教吸收了佛、道两教的宗教修养方法，及不计较世俗利害、不贪图物质要求的禁欲主义以加强封建社会的统治秩序。安贫乐道，口不言利，温驯和平，与人无争，成了儒教为人处世的基本教义。

（五）

唐宋以后的这种三教合一思潮反映了中国封建社会后期阶段的政治经济结构，适应了维护这种政治经济结构的需要，不是一个偶然的现象。

中国封建社会的大一统的政治局面从秦汉时期确立以来，经过魏晋南北朝时期三百多年的分裂，到了唐宋时期，又重新巩固下来。但是，这种大一统的政治局面是建立在以一家一户为单位的小农经济的基础之上的。这种小农经济是一种自然经济，生产的产品首先要交纳赋税租债，剩下的农民自己消费掉了，产品主要不是供商业流通的。因而具有停滞、闭塞、分散的特性。历代封建帝王的政策多重农抑商，以农为本，叫作"重本抑末"，采取各种措施来保护这种自然经济。

这种自然经济有两重性，一方面，小生产者落后、软弱，希望在他们上面有一个集中强大的权威来保护他们，使他们免于土地兼并，这就给专制主义提供了社会基础；另一方面，庄园式的生产、生活方式，又是分散的，彼此独立的，这又为地方分裂割据势力创造了有利条件，形成一种离心倾向。

因此，政治上的高度集中和经济上的高度分散这一对矛盾，长期不得解决。分散的个体农民好像一盘散沙，缺少联系，需要有一个强大的中央政府统率他们，保护他们，把他们统摄在一起。克服他们的离心倾向，保持国家的集中统一，就必须强化上层建筑的力量来进行控制。这种控制包括两个方面，一是用政权的力量，二是用精神的力量。

中国历代统治者，不断总结经验，加强中央集权，他们以极大的努力，进行了艰巨的工作。政治上，秦、汉、隋、唐集权于中央政府，宋朝则进一步削弱地方政府的权力，把一切财力、兵力集中于中央。明、清废宰相，置内阁。内阁只供皇帝咨询，没有行政权力。于是中央集权又进一步发展为皇帝个人的专制独裁。

至于从精神力量来加强中央政府和皇帝的权力，主要依赖三教合一的宗教和哲学思想。

三教合一，表面上仍维持着三教的门户，儒、佛、道各成体系，三教都力图吸收另外二教，把它们当作自己体系的一部分，实际上，三教的力量不是平衡的。儒教是主流，佛、道两教处在依附的地位，起配合作用。

儒教的思想核心是三纲五常。这种思想强调君权、父权、夫权。君权是直接维护大一统的政治局面的，父权和夫权有利于树立自然经济中男性家长的权威地位。因而这种思想特别适合中国封建社会的政治经济结构的需要，受到历代封建统治者的重视。佛教是一种外来的宗教，它必须接受封建宗法传统思想，即纲常名教思想，才能在中国这块土地上生根。道教是中国土生土长的宗教，除了它的宗教修养以外，它也是以维护纲常名教为基本内容的，不得不与儒教合流。另一方面，佛、道二教有一套追求彼岸世界的系统的宗教理论和修养方法，为儒教所不及。儒教也必须从佛、道二教那里吸取营养来弥补自己的不足。

由于儒、释、道三教都是封建上层建筑的重要组成部分，进行精神控制的有效工具，所以都受到历代封建统治阶级的重视。这又反过来促进了三教合一思潮的发展，成为中国封建社会后期占主导地位的思潮。

任何社会都是有生命的，都有其形成、壮大、衰亡的过程。中国的封建社会，虽曾长期处于停滞状态，它仍然在缓慢地发展、前进。封建的自然经济中也孕育着突破封建束缚的内在因素。工商业者、手工业者，如果得到充分的条件，也可能首先在某些地区产生资本主义萌芽。越是到了封建社会后期，这种要求突破旧传统的自发力量也越强烈。在思想上，则反映为对封建宗法制度的核心——君权的怀疑。如南宋末年的邓牧（1247—1306）主张无君，稍后的黄宗羲（1610—1695）也提出过君主为天下之大患的思想。由于传统的三教合一思想太强大了，它加强了封建宗法制度。被强化了的封建宗法制度又扼杀了自然经济已经孕育着的资本主义萌芽，从而造成中国封建制度的长期稳定以至停滞状态，因而像邓牧、黄宗羲等人的民主思想都没有发生大的影响。

汉唐时期佛教哲学思想在中国的传播和发展

任继愈谈汉唐佛教思想

一 在中国流行的佛教本是外来的宗教

佛教的创始人是悉达多（Siddhārtha），族姓为乔达磨（Gautama），相传为净饭王太子，生于迦毗罗卫（Kapilavastu）（现在尼泊尔王国境内），他一生活动在印度北部、中部恒河流域一带。释迦牟尼（śākyamuni）是佛教徒对他的尊号。关于他的生卒年，我们剥除宗教的无稽传说，大致可推定卒年为公元前480年至公元前490年之间。[1]在489年（南朝齐武帝永明七年）中国译出《善见毗婆沙律》，这是一部佛教的戒律。相传佛死后每年七月十五日，印度佛教徒的这一派的信仰者把这一部律捧出，香花供养，于书后记一点，师师相传，年年不断。到齐永明七年在这部律的原本上共有975个点。由此上推975年，则佛逝世时相当于中国周敬王三十五年（鲁哀公十年，公元前485年），较中国的孔子早死六年。[2]还有一个说法，据锡兰（今斯里兰卡）的记载，阿育王灌顶受佛教的洗礼之年在佛死后218年之后，由此上推，佛逝世在公元前483年，相当于中国周敬王三十七年。据各种佛书记载，佛活了八十岁。照中国的史

---

[1] 关于释迦牟尼的介绍亦见于本书《佛教与中国思想文化》一篇。
[2] 《历代三宝记》卷一一，《善见毗婆沙律》之《出律前记》。

料推算，佛应生于公元前565年（相当于中国周灵王七年）；按照印度史料，佛生于公元前563年（相当于中国周灵王九年），比孔子大十二岁。[1]

佛教在印度开始传播时期，正是印度奴隶制比较发达的时期。印度封建化的过渡时期比较长，从公元前1世纪到6世纪，印度的封建经济才巩固。进入封建社会后，印度的奴隶制残余曾延续了很长时期。佛教一开始是为当时的奴隶主阶级服务的宗教哲学体系；后期的佛教大乘又为封建地主阶级服务。

东汉明帝永平十年（67），有佛经介绍到中国来。汉明帝时佛教传入中国有不同的记载，这些记载有互相出入的地方，因而有人认为有几种说法不一致，断定汉明帝时佛教没有传入中国。但是我们从当时整个佛教传布的形势，中国和当时西域诸国的交通，以及当时佛教传播的状况，可以断定佛教思想大量传入中国在公元60年到70年之间是不成问题的，开始传入当在东汉初年。[2]

---

[1] 汤用彤：《印度哲学史略》，中华书局，1960年版，第59页。
[2] 参考汤用彤：《汉魏两晋南北朝佛教史》第二、三、四章，中华书局，1955年版。

二 汉代佛教与中国道术方士思想的结合

佛教在东汉初年虽已传入中国,但它只在皇族及上层贵族地主阶级少数人物中有些影响,而在广大人民群众中还看不出影响的迹象。当时的信奉者认为佛和中国黄老之术差不多。认为造祠奉祀可以祈福永命。汉光武的儿子楚王刘英,史书说他"诵黄老之微言,尚浮屠(即佛)之仁祠"[1]。祠即修建祠坛以祭祀,后人不了解汉代的祠祀的意义,如司马光《通鉴》,作"尚浮屠之仁慈",只从句法结构上来推测,以"微言"与"仁慈"对文,这是错的。这里是说,刘英把黄老的学说和佛(浮屠)的学说等量齐观。到了桓帝(147—167)时期,宫中设华盖以祠浮图老子。当时他的铺张浪费的宗教祠祀遭到正直的大臣的反对。延熹九年(166)襄楷上书说:

> 又闻宫中立黄老浮屠之祠。此道清虚,贵尚无为,好生恶杀,省欲去奢。今陛下嗜欲不去,杀罚过理。既乖其道,岂获其祚哉?[2]

---

[1] 《后汉书·楚王英传》。
[2] 《后汉书·襄楷传》。

襄楷认为"此道清虚",这是说佛教和黄老的清静无为的思想都是主张清虚的。在他看来,桓帝"既乖其道"(与佛道二教的清虚无为之道不合),所以不会得到佛的保佑。当时中国的佛教信奉者,把它当作方术中的一种,他们是以对待中国旧宗教的眼光来迎接这个外来宗教的。

汉代也有少量的佛寺。主要是为了满足西域来华胡商的宗教信仰,法律上不允许中国人出家做和尚[1]。佛教在广大群众中还没有引起注意,在哲学理论上也没有表现出它独特的思想体系。南齐尚书王俭说"汉魏佛法未兴,不见其记传",王俭是当时博学的学者,他这里说的不见其记传是正史上没有专文记载,并不是所有文献都没有记载这回事。据佛经翻译史的记录,东汉从明帝永平十年(67)到汉献帝延康元年(220),这一百五十四年间译经者有十二人[2],译出佛经(包括佛教教律等一切著作)共二百九十二部,合三百九十五卷。汉朝译出的这些佛教经典,到了唐朝开元间,还保存有九十七部一百三十一卷,有一百九十五部二百六十四卷缺。曹魏从文

---

[1] 后赵石勒时,王度上书说汉代"唯听(允许)西域人得立寺都邑,以奉其神,其汉人皆不得出家(按:个别出家的还是有的,如朱士行、严佛调等)。魏承汉制,亦循前轨"。见《高僧传》卷十《竺佛图澄传》。

[2] 译经人数,是指译经的主要负责人,即"译主"。当时实际参加者,连同文字加工的助手,人数是相当多的。

帝黄初元年（220）到元帝咸熙二年（265）四十六年间，译者五人，译经十二部十八卷。其中四部五卷存，八部十三卷缺。[1]

东汉末年，牟子《理惑论》[2]第二十章中说：

> 昔孝明皇帝梦见神人，身有日光，飞在殿前。欣然悦之。明日博问群臣，此为何神？有通人傅毅曰：臣闻天竺有得道者，号之曰"佛"，飞行虚空，身有日光，殆将其神也。[3]

修炼成神，白日飞升，这本来是汉代神仙方士道术传统的迷信说法。汉武帝求不死之术，《淮南子》也讲"全生保真"。都是主张炼形炼神，可以肉体飞升。但是佛教从来就反对炼形炼神可以长生不死的说法，释迦牟尼在鹿野苑初次说法，就从分析物质世界变灭无常入手，提出四谛、十二缘生的宗教学说。教人不要相信有无常不变的事物，更不用说有长生不死的人可以飞升了。而当时中国人对佛教的了解，和佛教原

---

[1] 见《开元释教录》卷一，这里所说的"存""缺"，都是断自唐开元间，下仿此。

[2] 《理惑论》，牟融作。全书共 37 章，是较早的记载佛教宗教原理的书，近人疑其伪。据考证，此书可信。本文从汤用彤说。

[3] 《弘明集》卷一，《四部丛刊》本。

来的意思很不相同。当时的中国人以汉代宗教精灵不灭的观点理解佛教。因此,他们说:

> 浮屠者,佛也。西域天竺,有佛道焉。佛者,汉言觉,其教以修慈心为主,不杀生,专务清净。其精者号为沙门。沙门者,汉言息心,盖息意去欲,而欲归于无为也。又以人死精神不灭,随复受形,生时所行善恶,皆有报应,故所贵行善修道,以炼精神而不已,以至无为而得为佛也。佛身长一丈六尺,黄金色,项中佩日月光,变化无方,无所不入,故能通百物而大济群生……

> 有经数十万,以虚无为宗,苞罗精粗,无所不统,善为宏阔胜大之言,所求在一体之内,而所明在视听之外,世俗之人以为虚诞,然归于玄微深远,难得而测。故王公大人,观死生报应之际,莫不瞿然自失。[1]

在牟子《理惑论》中也有类似的记载:

> 佛者谥号也,犹名三皇"神"、五帝"圣"也。

---

[1] (晋)袁宏:《后汉纪》。

> 佛乃道德之元祖，神明之宗绪。佛之言，觉也。恍惚变化，分身散体，或存或亡。能小能大，能圆能方。能老能少，能隐能彰。蹈火不烧，履刃不伤。在污不染，在祸无殃。欲行则飞，坐则扬光。故号为佛也。[1]

可见汉代人所理解的佛教，可以说就是道术。佛能飞腾变化，"能隐能彰"，"履刃不伤"，"欲行则飞"，不死，不伤，变化无方，无所不入。和《庄子》书中所说的"神人""至人"入水不溺，入火不热，长生久视的本领差不多。佛是"道德之元祖，神明之宗绪"；它的宗教理论主张"息意去欲，而欲归于无为"，"专务清净"。汉代人所理解的佛教理论与当时社会上流传的黄老之学没有什么差别。

汉代传译的《四十二章经》是佛经最早的中译本，今天已无从与原文查对，这部书严格说来与其说它是"译"的，不如说它是"编译"，或"改写"的更恰当一些。古人早已指出过"与《太易》《老》《庄》相表里"，这种看法与实际情况是符合的。这部书不是汉人伪造的，但编译者用当时中国黄老之学和道术的理论去理解它，因此它不可避免地涂上了汉代道术思想和黄老思想的色彩。只有"因果报应"之说是印度传入的，

---

[1]《弘明集》卷一，《四部丛刊》本。

而不是中国固有的。但汉人对佛教因果报应的理解，也不符合印度佛教的本来的意义。印度佛教的因果报应，是从业（行为）引起的果的内在联系讲因果报应的，而汉代当时流行的宗教迷信则认为"祭祀者必有福，不祭祀者必有祸"[1]，有鬼神可以降祸福于人世，和佛教的反对鬼神的因果报应说迥不相同。

汉代，《四十二章经》以外，佛经翻译有以安息国的安世高[2]为代表的外国僧人介绍了佛教小乘一切有部毗昙学和禅定的理论。译出的有《安般守意经》《阴持入经》《人本欲生经》《大十二门经》《小十二门经》《道地经》等。安玄、严佛调等也相继介绍了这一方面的佛教思想。又有以月支国的支娄迦谶[3]为代表的外国僧人介绍了《道行般若波罗蜜经》和《无量清净平等觉经》（按：即《大阿弥陀经》）、《般舟三昧经》等；这一派佛教徒还有竺佛朔、支亮、支谦、支曜等人。他们开始介绍了佛教大乘中观学派的理论（即大乘空宗）。但是，安世高等介绍过来的佛教小乘一切有部的毗昙学和支娄迦谶等大乘空宗的般若学都没有在当时发生影响。社会上所认识的佛教不过是成神学道的道术。一直到三国时，仍是如此：

魏境虽有佛法，而道风讹替，亦有众僧未禀饭

---

[1] （汉）王充：《论衡·祀义篇》。
[2] 《高僧传》卷一。
[3] 《高僧传》卷一。

戒。正以剪落殊俗耳。设复斋忏，事法祠祀。[1]

《高僧传》作者慧皎用后来僧众的清规戒律来衡量汉代的僧人，当然认为不合佛教的标准，所以说"道风讹替"。事实上当时的出家人也只能过着中国的道术之士的宗教生活，说不上"讹替"。他指出"设复斋忏，事法祠祀"，倒是完全真实的，因为当时中国人士理解的佛教的确是祠祀的一种。

佛教在印度先有小乘，然后有大乘。无论小乘和大乘，都是在当时印度的社会历史条件下产生的。它是印度的上层建筑，为印度的奴隶主阶级和印度的封建地主阶级服务的。他们的一切有部毗昙学和般若空宗的理论是用来麻痹印度广大人民，消灭他们的反抗意志的思想武器。当时中国的情况和印度不同。东汉以来，豪强地主占统治地位，土地兼并日益严重。农民革命的时机尚未成熟。封建贵族统治者为了进一步加强剥削，长期统治，他们妄想学得长生的方术，或者取媚于鬼神，为子孙祈福。他们一方面过着荒淫无耻的生活，一方面又在宫廷营造黄老浮屠之祠。三国时笮融是一个贪暴残忍的地方官吏，他却是个虔诚的佛教信奉者。史书记载：

> 笮融者，丹杨人，初聚众数百，往依徐州牧

---

[1]《昙柯迦罗传》，《高僧传》卷一。

陶谦。谦使督广陵、彭城运漕，遂放纵擅杀，坐断三郡委输以自入。乃大起浮屠祠，以铜为人，黄金涂身，衣以锦采，垂铜槃九重，下为重楼阁道，可容三千余人，悉课读佛经，令界内及旁郡人有好佛者听受道，复其他役以招致之，由此远近前后至者五千余人户。每浴佛，多设酒饭，布席于路，经数十里，民人来观及就食且万人。费以巨亿计。[1]

从以上的事例中可以看出当时佛教传入中国后，中国当时宗教占统治势力的祠祀。佛教也被改造为祠祀的一种。封建军阀把杀戮劫掠来的财物用于布施，为个人祈福。他们不懂得佛教的理论。无论佛教的大乘、小乘理论，在当时并没有被人们接受。

---

[1]《吴书·刘繇传》，《三国志》卷四九。

三　魏晋南北朝时期佛教与
中国哲学唯心主义的结合

东汉后期，阶级矛盾日趋尖锐，终于爆发了全国性的农民大起义——黄巾起义。这一伟大的革命运动震撼了东汉封建帝国的基础。在全国地主武装残酷镇压下，农民起义失败了，成千上万的农民遭到地主武装的杀戮。农民起义失败后，阶级力量对比形势有了改变。农民对封建地主的人身依附关系加强了，各地豪强地主集中了地方的军权、财权，形成军阀割据的局面。经过连年混战、兼并，最后成为分立的三个国家。农民被束缚在固定的土地上。当时各地豪强地主控制了大批的农民，出现了坞堡经济。曹魏的屯田制用军事编制把农民束缚在固定的土地上，西晋的剥削比曹魏时期更加严重，剥削的对象不限于成年的男丁，连妇女、十三四岁的儿童、六十以上老翁都成了剥削榨取的对象。[1]在农民起义失败后，产生了为当时门阀士族地主阶级服务的魏晋玄学的唯心主义流派与唯物主义

---

[1]《晋书·食货志》："男女年十六已上至六十为正丁。十五已下至十三，六十一已上至六十五为次丁。"都有纳税和徭役的负担。

流派。

　　佛教的理论在魏晋时期在玄学唯心主义流行的社会基础上，也得到了统治者的关心和提倡。本来东汉以来就已有了佛教大乘空宗经典的翻译，但是没有引起注意。直到魏晋以后才开始引起注意，中间隔了一百五十多年。这一时期，佛教翻译的数量也有所增加。东汉一百五十四年间共译出佛经二百九十二部，三百九十五卷，不但部数不多，而且也是小部的，平均每一部佛经还不到两卷，一卷一部及零星散见的居多。从魏到东晋，共二百六十一年，共译出佛教典籍七百零二部，一千四百九十三卷[1]，不论部数和卷数都有所增加。

　　值得注意的是这时的佛教哲学思想得到重视和佛教得到广泛的传播有不可分的关系。当时正当农民革命失败后，正如斯大林所指出的，当劳动者起义反抗失败后，"他们……不得不退却，不得不把委屈和耻辱、愤怒和绝望埋在心里，仰望茫茫的苍天，希望在那里找到救星"。（《悼列宁》，《斯大林全集》第 6 卷）

　　列宁对于宗教得以滋长的原因，也做了全面的指示。他说：

> 被剥削阶级由于没有力量同剥削者进行斗争，

---

[1]　参看《开元释教录》卷一、卷二、卷三。

必然会产生对死后的幸福生活的憧憬,正如野蛮人由于没有力量同大自然搏斗而产生对上帝、魔鬼、奇迹等的信仰一样。对于工作一生而贫困一生的人,宗教教导他们在人间要顺从和忍耐,劝他们把希望寄托在天国的恩赐上。对于依靠他人劳动而过活的人,宗教教导他们要在人间行善,廉价地为他们的整个剥削生活辩护,廉价地售给他们享受天国幸福的门票。(《社会主义和宗教》,《列宁全集》第10卷)

列宁和斯大林指出了宗教滋生、传播的根本原因。佛教在中国的进一步传播也是这样的。它们在农民起义失败后,才得到广大的信徒的。农民起义前中国已有了道教,农民利用道教作为起义的组织形式。起义失败后,道教也同样有所发展。这都说明宗教的发展必须要有它的社会条件,脱离了使它发展的社会条件,就不会起作用。

这时佛教的经典有千卷的翻译,但在哲学界引起注意、发生影响的是大乘空宗的"般若"学。

般若学说是佛教大乘的宗教哲学,它是印度小乘佛教进一步向彻底唯心主义的发展。这种学说用否定的思辨方法(所谓负的方法)以论证现实世界虚幻不实。它不但认为一切物质现象和精神现象是虚幻不实的,连关于物质现象或精神现象的某些原则、原理的确实性,也认为是虚幻的。这一派的学说介绍到中国后,当时的中国学者和僧众并没有完全按照印度原来的般若空宗的理论去理解它，而是用魏晋玄学唯心主义的观点去迎接般若学说的。如当时的佛教重要领袖道安、慧远等人，就是用王弼、何晏等人"贵无"学派的思想体系去解释般若的。他们把般若理解为玄学唯心主义学派的"以无为本"。因此，道安一派的般若学被认为是"本无宗"。道安自己说，以前翻经，是西方来华僧人带来什么经就翻什么经，"随天竺沙门所持来经，遇而便出"，但翻译的经中以大乘空宗的最多，原因是"以斯邦人老庄教行，与方等经兼忘相似，故因风易行也"[1]。

当时中国佛教徒认为般若学的基本含义是阐明"本无"的原理，"无在万化之先，空为众形之始"[2]。道安对于佛教般若原理的描述有：

> 其为象也，含弘静泊，绵绵若存。寂寥无言，辨之者几矣。恍忽无形，求矣漭乎其难测，圣人有以见因华可以成实，睹末可以达本，乃为布不言之教，陈无辙之轨。[3]

又说：

---

[1]《鼻奈耶序》，见《大正藏》卷四二。
[2]《昙济传》，《名僧传抄》引。
[3]（晋）道安：《道地经序》，《出三藏记集》卷十。

>寄息,故有六阶之差;寓骸,故有四级之别。阶差者,损之又损之,以至于无为;级别者,忘之又忘之,以至于无欲也。[1]

从道安《经序》中可以看出他对这些佛经的理解并没有真正超出魏晋玄学唯心主义思想体系。无论他们所用的名词和他们对佛经的解释,都是在发挥魏晋玄学的唯心主义。道安是个操行谨严、志向虔诚的佛教徒,在佛教徒中有很高的威信,他并不是故意与佛教哲学本来的意义相违背,但是由于时代的局限,他所理解的佛学只能是玄学化的佛教哲学。道安在主观上未尝没有感到中国的哲学概念、范畴不能和印度的佛教哲学的概念、范畴生搬硬套,他认为"先旧格义,于理多违"。但就他所理解的佛教哲学仍然没有超出魏晋唯心主义玄学家对于老庄的理解。当然他对老庄的理解并非老庄的本来面目。道安还曾特别允许他的得意弟子慧远讲佛书时可以借助"俗书"(佛经以外的书)以阐明佛教哲学:

>远……年二十四,便就讲说。尝有客听讲,难实相义,往复移时,弥增疑昧。远乃引《庄子》义

---

[1] (晋)道安:《道地经序》,《出三藏记集》卷六。

为连类,于是惑者晓然。是后安公特听慧远不废俗书。"[1]

道安反对"格义"(用中国流行的非佛教的哲学名词、概念去比附解释佛教哲学的名词、概念),他自己也还是格义。由于他用了当时魏晋玄学唯心主义的观点以解释佛教的哲学思想,所以他的学派得到上层统治者的大力支持,并扩大了佛教的影响。

南北朝时期门阀士族的力量有了进一步的发展。他们世世代代掌握政治、经济、文化各方面的特权。当时,决定一个人的政治地位、社会地位,并不靠他们的能力,而是靠他们的门第出身。门阀士族占有巩固的统治地位,尽管改朝换代,但是它们不会倒,他们占有广大的田园,有的跨州、连县。

社会上长期存在着极严重的不平等。南朝孙恩、田流等农民起义的领袖曾领导农民以革命行动企图打破这种不平等。这时佛教从维护门阀士族地主阶级的立场来解释这一不平等的现象。中国固有的儒家封建观念,一贯宣扬被统治者要无条件地为统治者效忠,宣传"贫而无怨""富而不骄""生死有命,富贵在天"。这些话对于要求改变现状的受苦受难的人民大众来说,是消极的解释、安抚,至于社会上为什么有不平等的现

---

[1]《释慧远传》,《高僧传》卷六。

象,则缺乏系统的解释。涅槃佛性学说所讲的是人死后能不能成佛的问题。成佛,当然是骗人的假话。我们用不着回答可能或不可能。因为"佛"的天国本来是虚构出来的精神世界。但是被灾难痛苦折磨着的广大人民群众,要求摆脱苦难、向往幸福,这个真切的愿望可不是假的。这个不切实际的幻想是实际现实生活的深刻反映。当时佛教关于成佛的可能和成佛的途径有各种不同的说法。有人以为成佛要累世修行,积累功德。安世高的小乘禅法就是这样主张的。有人主张可以逐渐修行,到了一定的程度,即可飞跃一个阶段,然后再继续修行,即可成佛,如支道林等即是这样主张的。也有人主张修行到一定的阶段,只要一经顿悟,即可成佛。

他们引经据典地辩论、宣扬这个实际不存在的谎言,正如马克思说的,宗教把"对一切已使人受害的弊端的补偿搬到天上,从而为这些弊端继续在地上存在进行辩护"(《莱茵观察家的共产主义》,《马克思恩格斯全集》第 4 卷,第 218 页)。西方基督教把另一个精神世界叫作"天国",佛教把宗教精神世界叫作"涅槃",意思是差不多的。据佛教描述这个涅槃精神世界和我们现实的、充满了矛盾、痛苦、压迫的社会完全相反。这个世界的特点是"常、乐、我、净",只有快乐,没有痛苦。他们出售"平等"的廉价佛国入门券,这种精神三国的"平等"正是为了加强、巩固现实社会的不平等。他们宣称,真正的幸福,在地上并不存在。佛教还故意地把剥削者和被剥削者的"苦"平列起来,按照佛教的说法,饥饿的人饿得难受,有痛苦;那些吃得过饱,胃里油腻过多的人,也有痛苦。抬轿子的人肩肿背驼,有痛苦;坐轿子的人,坐久了腰背酸痛,也有痛苦。不论什么阶级,贫民和贵族,都有痛苦。这就是他们一切人皆苦的逻辑!他们故意把现实社会的压迫者和被压迫者都说成是一样的痛苦,故意把幸福和痛苦说得无足轻重。他们说目前的一切苦乐都不过是暂时的,可以完全不必计较它,到另外的佛国可以使人得到充分的补偿。"一切众生皆有佛性",在南朝,成为最有毒素的、麻痹广大人民的反抗意志的口号。

《涅槃经》在南北朝得到广泛的传布,宣传涅槃佛性学说、主张顿悟成佛的竺道生得到社会的普遍重视,与它的现实作用有不可分的关系。

四　隋唐时期佛教的传播和宗派的建立

由于佛教的理论对门阀士族有用、有利，自然得到统治阶级的大力支持。寺院经济在南北朝有所发展。僧侣地主阶级也过着世俗封建地主一样的剥削生活，靠收租过活。

在隋唐时期，寺院有了自己的产业，必须保持它，于是发生了庙产继承权的问题。佛教徒也发生了像世俗地主封建宗法制度的传法关系。这样，一个庙的师父传授的佛教学说观点，只能连同庙产一并传给他的嫡系的弟子们，而不能传给另外学派的弟子。南北朝时，还不是一个寺院只讲一派的理论，一个寺的主要主持者死了，可以请另外一个学派的僧人来主持。这个寺院就属于另一个学派。由于寺院主持人的变更，该寺院所属的学派并不是固定的。所以说，南北朝时中国的佛教只有学派，还没有宗派。到了南朝末期，陈隋之际，才出现了佛教的宗派。

佛教经过南北朝的广泛传播，寺院经济有所发展，有的寺院由皇帝指定一个县的租税的一部分归寺院支配[1]。

有了独立的雄厚的寺院经济，佛教宗教哲学有条件进行

---

[1]　陈宣帝太建九年（577），令"割始丰县调以充众费"。《唐高僧传》卷二一。

创造性的发挥。隋唐以后,中国佛教已基本上走向独立发展的道路,而不再靠翻译外来的经典了。开始有了大量的中国和尚自己对佛经的注释和关于阐发佛教宗教学说的著作。这是佛教传入中国广泛发展后的最繁荣的一个阶段。

这时的佛教哲学思想,仍然和中国当时封建统治者有密切的联系,成为中国的宗教哲学上层建筑的一部分,积极为它的基础服务。

隋唐时期的中国佛教哲学思想又有它的历史特点。

唐代农民革命,就推翻旧王朝(隋)来说是成功的。胜利的果实却被封建地主阶级篡夺了去。农民起义的成功或失败,直接影响了起义以后下一个封建王朝的政策和政治思想,也间接影响了下一个封建王朝的哲学思想的精神面貌。比如,刘邦参加了农民起义,推翻了秦王朝,他们从地主阶级立场总结了经验,采取了轻徭薄赋的政策。在哲学思想上才出现了汉初黄老无为的哲学思想,它反映了小农经济发展的要求。魏晋王朝是在镇压黄巾起义,在农民的骸骨堆上建立的。在哲学上表现为不管人民死活、专做抽象思维的清谈,有为大臣专政找理论的王弼,有为当权派门阀士族的腐化享乐思想进行辩护的郭象,有在政治斗争中悲观厌世的颓废派——《列子·杨朱篇》。这些流派更多地反映了统治集团内部的政治矛盾和思想矛盾。

唐王朝的统治者亲眼看到农民是怎么起来把隋朝打垮的。唐太宗懂得人民造反是由于"赋繁役重,官吏贪求,饥寒切身,故不暇顾廉耻耳"[1]。他们懂得对待农民的起义,光压镇压是不行的,于是特别注意加强思想意识方面的统治。唐代对儒、释、道三教都很重视。遇到国家重要的庆典、节日,经常诏三教讲论于殿庭,也经常利用佛、道在街道上做通俗讲演。唐太宗尽管自己不信佛,"至于佛法,非意所遵"[2],但是他还是拉拢利用新从印度回国的僧人玄奘,调用国家的人力物力,支持、帮助他翻译佛经,到处建寺、度僧。

唐朝的几个主要宗派的建立、发展,与当时统治者支持有关。在统治者大力支持下,出了不少有学问的和尚,建立了几派不同的思想体系。

唐朝地主阶级的历史任务在于消灭南北朝以来的门阀士族的残余势力。团结全国更广大范围的封建地主阶级知识分子,不断选拔、吸收他们中间有文武才干的人参加中央政权。佛教在唐朝对广大人民群众宣传成佛的道理。这些成佛的途径,一般说来,比过去南北朝时简易、易懂。当时各家各派都从不同的角度论证成佛的可能,而且一般都做了"保证"的。

成佛是在当世,还是要经过累世修行,在隋末唐初是个久悬未决的大问题。唐玄奘西行求法,在印度十五年(路上用了两年,共十七年)就是为了解决这个问题。最后,算是解决了:他的结论是当世,死后就可以成佛。这时,各派为了扩大

---

[1]《资治通鉴》卷一九二。
[2]《贬萧瑀手诏》,《全唐文》卷八。

影响，争取更多的宗教俘虏，有的宗派提出，成佛不需要等到死后，就在当下，当时即可成佛。有所谓"放下屠刀，立地成佛"的动人的口号。这当然是出售进入天堂的门票中最廉价的了，这一派就是禅宗。

* * *

东汉到隋唐，将近一千年的漫长的时期，我们从佛教在中国的传播可以看到，佛教虽有它自己的思想体系，但它自从传到中国那一天起，一直是按照中国当时封建地主阶级社会的解释和需要来传播其宗教学说的。汉代的佛教在中国被理解为道术的一种；魏晋的佛教被理解为魏晋玄学的一派；隋唐时期佛教经典已有大量的翻译和介绍，应该不会被"误解"了，但是在中国广泛流布的不是生搬硬套印度经院哲学的法相宗，而是经过中国自己引申发挥，甚至在印度佛教学说中很少有根据的一些宗派（如天台、华严，特别是禅宗）。

如果说这是规律，我们应该说这就是历史唯物主义的基础决定上层建筑的规律在中国佛教发展史上的体现。

也正是由于中国佛教哲学有这种特点，它便构成了中国哲学史的有机组成部分。研究中国佛教哲学思想史，也就是研究中国哲学史。

五　今天研究佛教哲学思想的现实意义

（一）佛教是唯心主义的宗教体系。它是通过唯心主义理论的论证以达到信仰的目的。它中间的逻辑分析、辩证法观点也相当丰富。作为思想资料的仓库，还大有可以发掘之处。比如佛教一开始，就用分析感觉、概念、物质属性来论证他的宗教唯心主义体系，它的论证方法有些地方也很精致。佛教哲学比起古代中国和欧洲的哲学来，在这一方面是讲得比较充分的。当然它是从唯心主义立场来讲的。通过对佛教唯心主义的批判，促进了中国唯物主义的深化。它起了反面教员的作用。

（二）佛教起源于印度，但发展是在中国，佛教的许多理论、学派是结合中国社会具体情况提出的，它是中国的上层建筑的一部分，也是中国哲学史中古时期的主要思潮。佛教哲学不搞清楚，对于中国哲学史中间（魏、晋、南北朝、隋、唐）近八百年的思想斗争也会讲不清楚。而且佛教哲学对宋、明理学有直接的影响。

（三）中国唯物主义与无神论经常并肩前进，它与唯心主义、宗教迷信思想做过长期斗争。中国古代唯物主义正是在这种斗争中成长起来的。为了正确地阐明中国唯物主义、无神论思想的发展，作为它的对立面的佛教哲学思想也要摸透。不了解唯心主义,对于唯物主义的发展也不会有深刻的了解。

（四）佛教是相当长时期积累的、自成体系的唯心主义,有些唯心主义的一些手法,从论证方法到论据,有许多与西方现代资产阶级唯心主义相似或相同之处。回顾一下一两千年前他们用过的手法,对于批判现代资产阶级唯心主义会有启发。有些现代资产阶级唯心主义讲的一些歪道理,在古老的神殿中都可以找到它的原型。有些所谓"新"体系,并不是什么新货色。

（五）有些副产品,佛教的文学、艺术、音乐、逻辑（因明）,可以扩大知识领域。

（六）学习历史唯物主义,进一步明确上层建筑与基础的关系。不但可以认识基础决定上层建筑,也可看出上层建筑对基础的反作用。我们从佛教的输入和传播,可以看到光靠外来思想本身不会对当时的社会发生重大的作用,只有当它（思想）与当时社会的历史具体情况相结合,才能引起深刻而广泛的影响。与中国的社会条件相适应的宗派（如天台、华严、禅宗）,它就得到发展,生搬硬套的外来学说（如法相宗）即使得到统治者一度大力支持,仍旧生不了根,终归枯萎。

南朝晋宋间佛教"般若""涅槃"学说的政治作用

任继愈谈汉唐佛教思想

任何宗教的滋长、蔓延都有它的社会基础，谁也不能强把"神"的意志灌输到人民群众的头脑中去。18世纪的法国启蒙运动者非常简单地肯定说，"宗教是由于傻子和骗子相遇中产生的"。这只是看到了统治阶级使用宗教以麻醉尚未觉醒的人民群众这一方面，他们没有指出宗教产生的社会根源。

在阶级社会里每一时代的宗教在实际上都是为它当时的统治阶级服务的。剥削者与被剥削者、压迫者与被压迫者尽管"平等地"站在"佛"（或"上帝"）的面前，而"佛"（或"上帝"）对他们的待遇却是不平等的。这种观念上的"平等"正是为了加强巩固现实社会的不平等。

南朝佛教以它的特殊的思想面貌出现在中国思想界。它曾以唯物论的敌人的立场坚决反对过唯物论的思想；它曾严重地影响到隋唐以后的佛教和理学思想的内容；作为封建统治阶级使用的宗教观念形态，它曾与儒家封建伦理思想密切结合，渗透到人民群众中，在较长时期内成为人民群众思想生活中的组成部分，因此，我们必须对它给以足够的注意。本文只涉及晋宋间佛教思想中的两个问题，正如本文的题目中所规定的。

一 佛教在南朝的滋长和蔓延

佛教本是外来的宗教,东汉时,被当时的贵族认作方术的一种而信奉它。东汉时,中国已有佛寺,但主要的是为了满足西域胡商的宗教信仰,法律上不允许中国人出家做和尚。后赵石勒时,王度上书说汉代"唯听西域人得立寺都邑,以奉其神,其汉人皆不得出家(按:个别出家的还是有的,如朱士行、严佛调)。魏承汉制,亦循前轨"[1]。

汉末经三国以至西晋,中间已有些比较简短的佛经译本。在西晋以前,佛教在上层统治阶级中间并没有引起广泛的注意。南齐尚书王俭,讲到关于沙门见帝王的礼节的问题时,说:"汉魏佛法未兴,不见其记传。"[2] 在西晋玄学家的著作中还看不出受过佛教的影响。东晋以后佛教才正式以宗教哲学的姿态出现,它才与玄学密切结合,也就是在另一种形式下与儒家的封建伦理思想密切结合,统治着人民的思想。魏晋时僧众多出身寒微,只有道潜(王敦的从弟)等少数人出身世族。直到西晋倾覆,北方中国在石勒等统治的时期才出现大批的僧

---

[1]《竺佛图澄传》,《高僧传》卷十。
[2]《高僧传》卷五。

人，这些僧人得以享受免役的待遇。[1]这时期，封建统治阶级才逐渐发现佛教可以用作统治的工具，因而大力扶持它，使它得到发展。它得到发展后又反转来积极为封建统治阶级服务。

在少数民族统治下的北方中国，佛教也曾被用来作为进行民族压迫的工具。所以石勒等认为"佛是戎神，正所应奉"。但民族压迫也还是阶级压迫的一种表现形式，所以佛教在中国的危害性，主要在于它实际上起了模糊阶级界限，和削弱被压迫阶级反抗意志的作用。

汉末及三国时，已有佛经的译本流通，当时佛经的内容可分为两类：第一类是安世高、严佛调、韩林、皮业、陈慧以及康僧会等所介绍的小乘禅学；第二类是支谶、支亮、支谦等所介绍的大乘"般若"学。东晋时只有"般若"学得到广泛的传布，小乘禅学被搁置在一边。大乘"般若"学主要流布于当时的上层封建治阶层。在东晋时，封建统治阶层盛行的是玄学。在当时玄学的空气下，偷安享乐的封建统治者有意地提倡"般若"空宗这一派接近玄学的宗教理论。所以，"般若"空宗这一学派在东晋初期曾产生了不同的流派[2]，表面上虽是佛教中的流派，实际上，这些流派乃是玄学中不同的学说对佛经不同的解释。东晋孙绰作《道贤论》，以七个和尚和"竹林

---

[1] "沙门甚众，或有奸宄避役，多非其人。"见《竺佛图澄传》，《高僧传》卷十。

[2] 如六家、七宗。

七贤"相比拟。当时地主阶级的学者把玄学作为他们所主要信仰的学说，佛教的宗教哲学为了利用当时的客观情况，找寻它自己的出路，它必须与当时的封建地主阶级的上层统治者的思想取得一致。像东晋时，表面清高，实际上与封建统治者联系最密的僧人慧远即宣传："苟会之有宗，则百家同致。"[1]又说："如今合内外之道以弘教之情，则知理会之必同。"[2]佛教徒把自己信奉的宗教思想信仰叫作"内学"，一切非佛教的思想信仰叫作"外道"。宗教对于一切异教的思想信仰是采取极端排斥态度的。从中国的佛教历史上所表现的事实看来，佛教对于佛教以外的儒家孔子的伦理学说不但不互相排斥，反而可以互相补充，他们认为有益于"教化"，有助于"治道"。当东晋时，正统的儒家封建伦理思想，是通过玄学的方式表现出来的。所以佛教思想与玄学思想的互相结合，正是说明佛教的宗教思想与儒家的封建伦理思想的结合。这是东晋佛教滋长蔓延的第一阶段。

晋、宋以来南朝的豪门士族经过几代的剥削的积累，他们在经济、政治以及其他方面拥有极强大的力量。他们更进一步封固山泽，强行土地兼并，门阀制度日益强化，阶级压迫更加严重。这时人们不免要追问：阶级有高下，门第有贵贱，人性是否也有高下贵贱？门第贵贱，既然是命定，圣贤才智是否

---

[1]《与刘遗民书》，《广弘明集》卷二七。
[2]《三报论》，《弘明集》卷五。

也出于天生？这些问题虽是先秦两汉以来的旧问题，但在南朝阶级对立趋向两极化的情况下，富者、贵者几乎已不可能贫贱，贫者、贱者也几乎不可能富贵。这一问题的提出，就特别有它的现实意义。而这时《涅槃经》已开始流传，从佛教的立场来解释这一问题，是封建地主阶级所最需要的，也是"及时"的。因此，"涅槃佛性"的问题，成为晋、宋时代佛教的宗教哲学的中心问题。于是由"般若"学转到"涅槃"学，这一转变，是佛教滋长蔓延的第二阶段。

　　齐、梁时代，南朝的封建统治阶级更加腐化、堕落。梁武帝曾宣布佛教为"国教"，使儒家的社会伦理观点与佛教的迷信思想密切结合。这一时期佛教的宗教哲学更进一步加深了神秘主义与反理性主义的内容。这是南朝佛教发展的第三阶段。

二 寺院经济的形成和南朝佛教的特点

东晋初期佛教已有初步发展，但寺院还没有独立的经济力量，南北朝时，佛教中有名的宣传者和组织者释道安，在襄阳讲经时，师生三百多人的生活要靠大官僚的捐助来维持[1]，有许多名僧讲经都要靠贵族的供养。宋齐时代，寺院已逐渐采取了一般地主阶级剥削方式，开始占有土地、经营土地。土地多半是由帝王及贵族捐助来的。梁武帝时曾强买王导的子孙王骞的田八十顷捐赠佛寺。[2] 因为他强买的是江南头等的豪门士族的田产，史书上特别记下来，至于强占人民的田产，那是极平常的事。

在封建社会制度下的中国佛教采取占有土地的剥削方式乃是必然的。但寺院经济在晋代还仅仅是一个开始，还不能从土地的剥削中全部解决僧众的生活问题。他们的生活要从多方面想办法。有的参加农业生产，有的做小生意，有的开赌博场，有的当医生给人看病，有的招摇撞骗，有的看相算命，有

---

[1]《世说新语·雅量篇》及《高僧传》卷五，载道安答习凿齿赠米事。
[2]《南史》卷二二。

的交结权贵，有的放高利贷。[1]

当时寺院若单靠土地剥削是不够的。南朝早期的寺院中一部分的僧人也参加劳动生产，还没有大量的避役人民躲进寺院。晋代名僧翻译家和旅行家法显，未出国前，曾与同学数十人参加寺院的割稻的劳动。[2]

晋、宋以后，寺院经济力量逐渐强大，除了采取土地剥削作为主要剥削方式以外，也还经营高利贷、招纳佃客，与当时一般门阀地主所采取的剥削方式完全相同。寺院享有免役免税等特权。宋代已有许多资累数百万的僧人，[3] 宋以后的僧众已成为南朝封建地主阶级中新兴的阶层。寺院以内可蓄养"白徒"（没有出家的为寺僧服役的男人），尼姑可蓄"养女"（没有出家的为寺院服役的女人）。僧、尼、白徒、养女这批人不列入一般人民的户籍以内。据说梁代这些寺院管辖之下的人口竟占去国家的"户口之半"（这里要注意，梁代的户口之半应当是梁代的皇帝所能控制的人口数字。绝大部分的户口荫蔽在门阀士族及豪强地主的势力下，政府不能干涉。在豪强的包庇

---

[1]《弘明集》晋释道恒释驳论："今观沙门……或垦殖田圃，与农夫齐流；或商旅博易，与众人竞利；或矜持医道，轻作寒暑；或机巧异端，以济生产；或占相孤虚，妄论吉凶；或诡道假权，要射时意；或聚畜委积，颐养有余；或指掌空谈，坐食百姓。"

[2]《法显传》，《高僧传》卷三及《出三藏记集》卷一五。

[3]《宋书·王僧达传》："吴郡西台寺多富沙门，僧达求须，不称意，乃遣主簿顾旷率门义劫寺内沙门法瑶，得数百万。"

下,政府明知"百户合室,千丁共籍",也不敢过问)。

南朝的佛寺在中国首先创立了以救济为名,以高利贷为实的"长生库",即"质库"。从贵重的黄金到一束苎麻都可以送到佛寺的质库中押款。[1]

佛教广泛流行以后,一般人民往往"竭财以赴僧,破产以趋佛"[2]。寺院经济已达到巩固的地步,人民群众的"卖儿贴妇钱"[3],和帝王舍身佛寺赎身钱都源源不绝地向佛寺输送。刘宋以后佛教得到很快的发展,与寺院经济力量的壮大有分不开的关系。

佛教在南朝能够得到很大的发展,首先由于它掌握着大量的土地,有独立的寺院经济,并利用白徒及养女,做无偿劳动,以增加其财富。这些都是它得以发展的物质条件。但不能因此过高地估计寺院经济的力量。实际上,佛教寺院经济的力量还远远赶不上根深蒂固的门阀士族的经济力量。僧侣,这一新兴的地主阶级中一个阶层对于世俗地主阶级有极大程度的依赖性。道安早已说过,"不依国主则法事难立"[4]。这种经济的依赖关系反映在宗教理论上,即表现为对儒家封建伦理观念的依

---

[1]《南史·甄法崇传》:甄彬"尝以一束苎就州长沙寺库质钱。后赎苎还,于苎中得五两金,以手巾裹之。彬得,送还寺库。道人惊云,近有人以此金质钱,时有事,不举而失。檀越乃能见还"。

[2]（南朝齐梁）范缜:《神灭论》。

[3]《虞愿传》,《南史》卷七〇。

[4]《道安传》,《高僧传》卷五。

赖性。

南朝佛教始终是封建统治阶级使用的工具。历史上曾有过个别的僧人参加一些政治活动,如慧琳[1]被称为"黑衣宰相",尼姑妙音权倾中外,"门有车马日百余乘"[2]。但佛教并不能像欧洲中古时期的教会那样直接支配中国的政治。中国的佛教的势力远不能与欧洲中古时期基督教的权力相比,因而"佛"在中国中古时期人民群众思想中所占的地位也远不能与欧洲中古时期的"上帝"在欧洲人民群众思想中所占的地位相比。

与南朝佛教发展的同时,还有道教。道教也是中国封建统治阶级压迫人民的工具。佛教与道教曾有过长期的斗争,双方互相争取国君,争取群众,佛教在中国不是唯一的宗教。因此,它的宗教影响也有一定的限度,而不是独一无二的。

当佛教寺院的经济力量过分扩张时,会妨害皇帝和世俗的地主阶级的经济利益。这种矛盾首先表现在土地占有和劳力占有的关系上面。但"僧""俗"地主之间的矛盾并不能激烈化而演变为对抗的力量,因为寺院的经济的力量比起一般封建地主的力量来还薄弱得多。如462年政府曾迫使僧人对皇帝行跪拜礼,有些僧人企图反抗,不遵守,马上遭到封建统治者

---

[1]《慧琳传》,《高僧传》卷七及《宋书·文帝纪》。
[2]《比丘尼传》卷一。

的"刳斮之虐"和"鞭颜皴面而斩"[1]的镇压，佛教徒立刻屈服了。

南朝佛教最初以玄学的附庸资格出现，而玄学本身就是儒家的封建伦理思想的另一种表现方式。也可以说玄学是以老庄思想为外衣而骨子里是儒家封建伦理道德的积极支持者。佛教与玄学的亲密联系，也正说明了佛教与封建社会的地主阶级利益的密切联系，其后逐渐成长，但仍保留着玄学的尚清谈、重义解这些特点，与北朝的佛教注重戒行的风习不同。南朝佛教虽然有宗教的组织，而由于学派分歧，没有全国统一的组织，虽有些分散的小的学派组织，但不严密。它是在共同讲说辩论某些佛教问题的关系下维持着的。当时的佛教还没有形成宗派的条件。

在不同的时期，南朝佛教有不同的宗教学说作为它的宣传的重点。这些学说都是在原则上不违背儒家的封建伦理观点下，并配合这一观点为封建统治阶级的政治及思想统治的要求的。

南朝的佛教，不同于欧洲中古时期具有绝对权力并能支配政治的基督教；不同于东汉以及魏晋时期附属在道术之下的佛教；不同于北朝注重修行坐禅的佛教；不同于后来隋唐时期封建宗法制度化的法嗣相传学说世袭的佛教。

---

[1]《弘明集》卷六。

三　在玄学思想支配下，"般若"学说的建立和发展

玄学是中国魏晋时代客观唯心主义的哲学流派。[1]它替当时的统治阶级的利益服务，并在儒家封建伦理观念的支配下得到了发展。魏晋时代，主要的唯心主义玄学家有王弼、何晏、向秀、郭象等。这一学派对于哲学的根本问题上，思维与存在的问题，精神与物质的问题，提出了"本""末"的说法。它形而上学地企图割裂客观世界，把具体的感官所及的客观世界的变化，新事物的不断出现，事物之间的相互关联，叫作"末"。"末"又叫作"有"，因为它是有形象的。"末"，在玄学家看来，就是表面的、无关重要的现象。与"末"相对的另一概念，他们叫作"本"，"本"是超乎现象的，非感官所及的，抽象的、"永恒的真理"。"本"又叫作"宗"，因为他们把抽象的"本"奉作一切的主宰。"本"又叫作"极"，因为他们企图在客观世界以外，寻找所谓最后不变的最高标准。"本"又叫作"无"，因为他们认为有所谓最后、最高的看不见的无形无

---

[1]　参看1954年《历史研究》第3期，《魏晋玄学思想和它的政治背景》一文。

象的精神实体。

玄学家从这种唯心主义的、形而上学的世界观出发,来观察世界,他们要在客观世界的背后寻求所谓永恒不变的本体,这种唯心主义的、形而上学的结论正是玄学家所企图证明的。他们认为这是用来反对唯物主义的最方便的武器。

玄学家利用当时的科学知识和一般常识,把事物具有发展和变化的"规律"这一事实给以绝对化、观念化。他们不把规律看作是事物的发生和变化的规律,而相反地认为有超乎物质之上并支配物质运动的"本",从而倒转来把这样的"本"看作客观世界存在的根据。

这种观点表现在社会政治方面,必然构成他反动的社会政治理论。社会上人压迫人的不合理的制度,他们看来无非都是"末",而这个"末"的背后,还有合理的、永恒的"本"。"末"本来就不值得注意;值得追求、仰慕的是"本"、是"无"、是"理"、是"宗"、是"极"。

虽然玄学家还没有正式提出像后来中国哲学家惯用的"体用"的范畴,但"体用"的基本含义是魏晋玄学家首先发明的。唯心主义的玄学家深知物质世界的客观存在这一事实难以简单地否认,于是他们第一步,先把物质世界的地位贬抑到从属的地位。他们在文字上虽然承认有所谓客观世界,但他们说物质世界不过是"末"。这种手法也是一切唯心主义者最惯于使用的一种欺骗手法。

作为玄学的唯心主义,如果只是简单地否认客观世界的存在和发展、变化是办不到的。玄学家所以从各方面进行不正确的论证,无非为了达到歪曲现实的企图。佛教的经典,如《般若经》恰好在"玄"风盛行的基础上,继续发挥了玄学理论,它用佛经的"出世"(不过问社会政治问题)的理论,忠诚地为世间的封建统治阶级服务。它实际上是用退出政治来参加政治的。

《般若经》本是印度佛教中一个学派所收集的一部大丛书。其中的各部分,在魏晋以后,有许多不同的译本。其基本意义都是企图证明客观世界为虚幻的,是不真实的。当时佛教既建立在玄学理论的基础上,因此,佛教中流行的有关"般若"的学说,实际上都是有意地发展玄学的观点,[1]"般若"学派中的"六家七宗"乃是东晋时代玄学家的流派在佛教思想中的反映。就其基本观点来分,只有三派:一是"本无"派,二是"即色"派,三是"心无"派。其余各家都可分别属于这三派。所谓"本无""即色"这些派别,都是指的他们对于佛教《般若经》所谓"空"的意义所做出的不同的解释而说的。

《般若经》从客观唯心主义的观点企图否认精神作用及自然现象的真实性。[2] 东晋时般若学派中像"即色"派只顾到曲解自

---

[1] 参看道安的《道行经序》《合放光光赞随略解序》以及僧叡、僧肇诸人所作经序。

[2] 各种不同的般若经,总的精神都是宣扬一切物质现象和精神现象都是虚幻不实在的,按它的实质来说,是属于客观唯心论的哲学流派的。

然现象的"不真实"这一意义，而忽略了作为客观唯心主义的"般若"学派的基本任务在于描绘一个抽象的本体世界，引导人们出家；像"本无"派只强调了抽象真理的"真实性"，而忽略了如何曲解物质世界的变化的现象这一事实；像"心无"派只注重否认精神作用，有肯定物质世界的存在的倾向。[1] 在佛教徒看来，认为最后一派（心无）只否认精神作用是不够的，这还不足以建立宗教的阵地，所以有些佛教徒认为这是丧失了唯心主义的宗教立场，认为这是"邪说"，非"破之"不可。当时的佛教徒为了保持宗教的彻底唯心主义，为了歪曲现实，他们不惜用最大的力量来向这一派斗争。[2]

在物质世界客观存在这个事实的面前，佛教"般若"学派的歪曲理论不得不陷入左右支绌的狼狈境地，他们自己的阵营内部的步调显得很混乱。针对这些佛教思想中的混乱现象，佛教中的唯心主义首领之一僧肇提出了他的彻底的、佛教"般若"学派的客观唯心主义的主张——"物不迁论"和"不真空论"。

僧肇[3]是鸠摩罗什的弟子，他的活动范围在北方关中（陕西）一带，但他的学说的影响，以及他的著作中所抨击的佛教中的各派学说是南方的。当时南方与北方的佛教徒往来很频

---

[1] 支愍度的"心无"义有唯物主义的倾向。
[2] 《竺法汰传》，《高僧传》卷五。
[3] 《高僧传》卷六。

繁,思想学说有极多交流的机会。约在后秦弘始十年(408)夏末,道生南归,把僧肇的著作带给刘遗民,遗民转给慧远,曾使慧远叹为"未尝有";僧肇的学说曾通过当时南方最有名的和尚慧远而得到传布。409年他和刘遗民有往返回答,并且把所注的《维摩经》赠刘遗民。罗什死后不久,关中大乱,关中的佛教学说反而在南方得到流行。

以僧肇为代表的般若学派,以歪曲事实的唯心主义的世界观来否认客观物质世界的真实性。他们明明知道事物的客观存在绝不是简单地不承认,或装作不看见就能发生骗人的作用的,因此他们说出了一套歪理。

僧肇在他的《不真空论》一文中集中地宣扬他这种荒谬的说法。他说,世界上的万物虽然看起来是多种多样的,有差别的,但这种差别不过是一种虚假的现象,而不是事物本身存在着差别。[1]

他们以诡辩的方式,先肯定世界上有种种千差万别的现象,但他们却说,世界的实际情况和这些现象完全不同。现象不过是"幻相"。僧肇曾说,并不是说世界上没有现象,而是

---

[1]《不真空论》:"万物虽殊,而不能自异;不能自异,故知象非真象;象非真象,故虽象而非象。"

说任何现象都不反映客观真实。[1]

僧肇利用佛教空宗一贯使用彻底否认物质世界存在的手法，狡猾地躲避了玄学家常用的"本""末"这些旧范畴，提出了他的反对变化、反对发展的说法，从而替他的超世间，永恒不变的神学理论找根据。他毫不顾事实地硬说世界上没有发展，没有新的东西产生，[2]"真实"的世界只能存在于现实世界的时间之外。正如他在《不真空论》中玩弄"有""无"的概念的手法一样，他在《物不迁论》中同样使用非动非静、又动又静的玩弄概念的手法，利用动与静的相互依赖的对立的关系，做出诡辩式的结论，说动也不是动，静也不是静。在表面上暂不正面反对事物有变化，[3]而实际上，他恰恰要把世界说成没有发展变化。[4]他从否认事物有发展变化，企图达到他否认客观世界的真实性的目的。

佛教"般若"的学说，帮助僧肇避开了玄学家只从概念上纷争"有"或"无"的种种说法，他建立了违反科学、脱离

---

[1]《不真空论》："如此则非无物也，物非真物。物非真物，故于何而可物？故经云：色（按：色即物质）之性（按：性即本质）空，非色败空。""譬如幻化人，非无幻化人，幻化人非真人也。"

[2]《放光般若经》："法无去来，无动静。"

[3]《物不迁论》："寻夫不动之作，岂释动以求静，必求静于诸动。必求静于诸动，故虽动而常静。不释动以求静，故虽静而不离动。然则动静未始异，而惑者不同。"

[4]《物不迁论》："旋岚偃岳而常静，江河竞注而不流，野马飘鼓而不动，日月历天而不周。"

实践的客观唯心主义的观点。他摆脱了玄学的束缚，为了更便于宣扬佛教出世的宗教世界观。他们说：世界本来是假的，又何必对这个假的世界坚持什么分别呢？真理是有的，但是在这个世界以内找不到，必须到另外的世界去找，当前的一切现象都是假的。佛教的"般若"学以这样的"理论"来使人们避开一切具有现实性的斗争，从而在客观上巩固了当时封建统治阶级的利益。照他们的见解，现实世界既是"假号不真"，在政治上，势必把人民引向脱离现实斗争的战场，向精神世界去寻求解脱。这乃是当时的封建统治阶级需要佛教这样做的。佛教"般若"学说正是这样，以"慈悲"众生的姿态向一切企图正视现实的人展开思想攻势。

四 门阀制度强化、严重的阶级压迫制度下"涅槃"佛性学说的流行

西晋政权虽然操在门阀士族的手中,但并没有完全切断寒门上进的道路,[1]东晋初年,门第壁垒还不致过于森严,[2]东晋末年,门阀的界限就趋于绝对化。西晋时还有人指责"九品选举"太重门第,不能得人才。东晋末,及刘宋以后,很少听到这种指责;相反地,倒有人指责那些不能坚持门阀"原则"的人,称赞那些完全按门第来决定官职高低清浊的吏部尚书。门第的界限极严格,成为社会上的风气。[3]

区别"士""庶"是南朝用人的原则,这是地主阶级内部的区别,一般平民与士庶更有云泥之隔。统治者与被统治者的上下之序,从当时的地主阶级观点看来,那是"天经地义",不能混淆。统治集团内部的士与士、庶与庶之间也有等级。有

---

[1] 石苞从车夫提拔为功曹,见《晋书》卷三三。李含从亭长升为别驾,见《晋书》卷六〇。

[2] 贺循曾提拔仆人杨方为太守,见《晋书》卷六八;汝南周浚娶寒门之女,见《晋书》卷六一。

[3]《南史》卷二三《王球传》:宋文帝令王球跟殷景仁做朋友,王球拒绝说:"士庶区别,国之章也。臣不敢奉诏。"帝改容谢之。

些是第一等士族,有些是第二等士族。同一家族中,支派不同,地位也有高低。[1] 按照族谱作为选举人才的标准,这是南朝晋、宋以后门阀制度的特征。[2]

南朝也有寒族出身的皇帝和他的亲信,[3] 皇帝是在门阀士族的拥戴下,出来替门阀士族办事的。门阀士族并没有把皇帝放在眼里。至于那些参与机要的人物,官位不过七品,没有社会地位。尽管他们在政治上的势力炙手可热,而他们的子孙依然是寒门庶族。

中国古代早已有人怀疑过:何以安分守己的贤知之士反而贫贱夭死?何以欺压良善的恶人反而富贵寿考?人们所遭受的痛苦是否有解脱的日子?这时佛教的理论从反动的立场来回答这一问题。

佛教为了模糊人民反压迫的意志,它替封建统治者歪曲地解答了当时人压迫人这一不平等的事实。他们宣称真正的平等和幸福在地上根本不存在。佛教有意地把剥削者的苦和被

---

[1] 同是琅邪王氏,门第有高低。《南齐书》卷四四《沈文季传》:尚书令王晏尝戏沈文季为"吴兴仆射",文季答曰:"琅邪执法似不出卿门。"

[2] 《南史》卷七二《贾希镜传》:"先是谱学未有名家……希镜三世传学,凡十八州士族谱。合百帙,七百余卷……建元初,希镜迁长水校尉,伧人王泰宝买袭琅邪谱。尚书令王晏以启明帝,希镜坐被收,当极法。"一个修谱专家由于出卖王氏的族谱,竟因此犯了死罪,可见刘宋以后门阀制度成了当时封建贵族的政治地位和社会地位的唯一保障。

[3] 宋孝武帝时有戴法兴、巢尚之,南齐时有纪僧真、茹法亮,梁有朱异。

剥削者的苦平列起来。他们说,被剥削者固然有饥寒贫困的痛苦,而剥削者过分的饱暖富贵也有他的烦恼,不论富贵或贫贱的人都有痛苦。

佛教更进而把现实社会上所能发生的痛苦和幸福说成无足轻重。他们把西方"极乐世界"的幸福渲染得千百倍于现实世界的幸福,又把"地狱"的痛苦描绘得比现实世界可能遭到的痛苦夸大到千百倍。他们告诉人们,当前所受的苦难和无数旷劫的长期苦难相比,根本算不了什么,能安心忍受一切苦,就可以换取将来百倍的幸福。佛教就是这样教人对现实的阶级压迫忍耐着。

"涅槃"佛性学说是佛教宗教哲学中的客观唯心主义的另一种流派。这一流派以佛教的《涅槃经》(按:《涅槃经》也有许多不同的译本在中国流传)为根据,来宣传在一个理想的世界中有完全的"自由""平等"的幸福。这个理想的世界完全跟现实世界中的一切现象相反。

佛教廉价地预售给人们走进极乐世界的入门券。这就是南朝佛教的"涅槃"佛性学说的实际意义。当时南朝的佛教徒,利用《涅槃经》,并借此机会提出了"人皆可成佛"的宗教学说。

儒家的封建伦理观念,教人替统治阶级效忠、尽死、"贫而无怨""富而不骄"。对于不平等的社会问题,他们不敢回答,并避免回答。他们只能说些"求仁而得仁""不怨天,不尤人"这些消极安慰的空话。

佛教恰好对于儒家伦理观念中所不敢触到的问题，做了详尽的补充。这些补充，对于缓和封建社会的阶级矛盾，麻痹人民的斗争意志，在客观上起了极大的作用。

南朝的门阀制度这时已成了僵化的制度，人的社会地位、经济地位、政治地位，都要由家族出身和门第决定。不但在社会地位上由贫贱到富贵不能有所改变，即使在精神领域内，想做一个合乎封建统治阶级要求的"圣人"也办不到。孟子还说过"人皆可以为尧舜"，而南朝的地主阶级的学者已公认为"圣人"不可学了。当时社会上所发生的圣人不可学的问题，圣人与普通人有根本差异的问题，都是当时阶级压迫的事实在封建伦理学说方面的表现。一切都由当时阶级出身安排定了。佛教这时提出了"人人都有佛性"的说法，正是对于一切被压迫阶层的人们的鸦片烟。它使那些痛苦的人们，相信在另外的世界中有所谓公道，它教人们放弃现世的斗争，忍耐地等待着。

南朝"涅槃"佛性的学说和争论，虽然有不少派别，但归根到底，他们所争的焦点只在于成佛是否可能，成佛要经过一些什么阶段和手续；这本来是一个虚构的问题，这种宗教的幻想，却正是以歪曲的形态反映着当时的真实的社会问题。因为宗教问题，不是别的，只是世间的力量采取了超世间的形态。"成佛"是假的，我们用不着回答可能，或不可能。但是摆脱苦难，向往幸福，这是人民的愿望，这个真切的愿望却不是假的。当时对于成佛有各种不同的说法。有人以为成佛要累世修行，积累功德，这是小乘佛教一般的主张，像安世高以来的小乘禅法就是这样主张的；有人主张可以逐渐修行，到了一定阶段，即可得到飞跃，然后再继续修行，即可成佛，像支道林、道安等就是这样主张的；又有一派主张只要顿悟，真正充分体会佛说的道理，即可以成佛，像竺道生等就是这样主张的。这些说法，都是毫无意义的佛教内部的争吵，这里不去为他们分疏。

替封建统治阶级服务的佛教，用"成佛"的号召来引导人民走向另一条"解脱苦难"的道路。佛教提出，用忍受苦难和忍受侮辱的不抵抗主义的方法，可得"成佛"（"安忍波罗蜜多"）；用极度降低物质生活水平的方法，可以"成佛"（"净戒波罗蜜多"）；用捐助大量财产给寺院的方法，也可以"成佛"（"布施波罗蜜多"）；此外还有所谓"精进波罗蜜多""静虑波罗蜜多""般若波罗蜜多"等方法。他们所提出的六种方法都是对佛教或僧人有利的，基本目的在于从思想上销毁人们反抗压迫、不满现实的意志，企图使人民在希望"成佛"的幻想前面，在"天国"的门前受尽一切敲骨取髓的剥削，使他们变成温驯的，毫无"危害性"的忠实的奴隶。

马克思对于欧洲宗教的反动本质的揭露也同样适用于中国南朝的佛教。马克思指出，"基督教的社会原则曾为古代奴隶制进行过辩护，也曾把中世纪的农奴制吹得天花乱坠"，宗教既然教人"把国教顾问答应对一切已使人受害的弊端的补偿搬到天上，从而为这些弊端继续在地上存在进行辩护"。宗教"认为压迫者对待被压迫者的各种卑鄙龌龊的行为，不是对生就的罪恶和其他罪恶的公正惩罚,就是无限英明的上帝对人们赎罪的考验"。宗教"颂扬怯懦、自卑、自甘屈辱、顺从驯服,总之,颂扬愚民的各种特点……"(《莱茵观察家的共产主义》,《马克思恩格斯全集》第 4 卷,第 218 页)。

六卷《泥洹》("泥洹",梵语作 Nirvāna。旧译作泥洹,新译作涅槃)译于东晋义熙十三年(417)。这部佛经译出后解决了"一切众生皆有佛性"的问题,正式说出众生有成佛的可能性。《泥洹经》比般若空宗的理论更能表现出佛教的宗教特点,因为它更加明确地划分了现实世界和"极乐世界"的界限,也更加肯定了佛教极乐世界和现实世界完全相反。把现实世界中阶级压迫所造成的痛苦,曲解为"无常""无我""苦""染污"。他们企图使人仍相信社会上的不合理是现实世界的本质,从而虚构出所谓"常""乐""我""净"的永恒世界。

人人都有佛性,都能成佛的理论,本来不是南朝时才开始知道的道理,也不是在《泥洹经》翻译后才有的理论,像早期的《维摩》《法华》以及一部分小乘经典,都已透露了这种思想。[1]在阶级压迫极端严重的南朝,对社会上的不平等现象和由这种不平等现象给人民造成的痛苦,统治者力图寻找一种有效的欺骗性的理论给以解释。恰在这时,《泥洹经》有了译本。于是"佛性"问题,获得急转直下新的解决。因此,与其说《泥

---

[1] 见(晋)道生:《法华经疏》及《维摩注》。

洹经》解决了"佛性"问题,毋宁说晋末宋初的封建统治阶级有此需要,《泥洹经》及时地起了它的作用。"佛性"问题本身就是一个假的问题。但通过这个问题反映出当时阶级压迫的严重,也反映了被侮辱和被损害的广大人民要求摆脱苦难的真诚愿望。南朝的统治者在儒家封建伦理学说的武库中所找不到的思想武器,却在佛教中找到了。一方面宣布所有的人(不论阶级和种族、门第)在佛法面前一律平等;另一方面又力图在现实世界内保持当时极端不平等的阶级压迫的现状。因此,"一切众生,皆有佛性"这一消极平等的宗教口号的反动性,却远远超过了它文字上的含义。它是具有实际反动的政治作用的。

当时最有名的佛性论者,首推竺道生。竺道生为了发挥人人都有佛性这一宗教口号,曾遭到当时佛教内部的反对。当时佛教中的保守分子还不能了解道生的佛性学说深刻的政治作用。道生的学说首先与当时一切皆空的"般若"学表面上不相容,反而与汉以来以中国人相信的神明不灭的旧义相似。[1]这样,等于肯定了个人的灵魂是最后的真实,而否定了作为最后永恒真理的化身——佛的至高无上的地位。道生从佛教唯心主义的立场,反复说明佛性是"本性"、是"理"、是"自然"、是"本有"。

"一阐提人皆得成佛",这是道生进一步提出的又一个为

---

[1] (晋)僧叡:《维摩经序》。

封建统治阶级所欣赏的宗教口号。

"一阐提人",按照佛教的意义,是善性灭尽的人,不可救药的人。[1]经有明文,这种人不能成佛。竺道生体会佛教的宗教精神在于满足人们在现实世界所不能达到目的的要求。[2]他"孤明先发",提出了"一阐提人皆得成佛"的学说。后来北凉昙无谶所译的四十卷《涅槃经》传到南方,证明道生的话是有根据的。我们已很清楚,问题并不在于他的学说是否有佛经的根据。一切宗教体系本身就是一个实际上的大骗局。如果一定要找出它的根据,它的根据就是违反科学的唯心主义。我们只要看当时的地主阶级知识分子对道生的一阐提人皆有佛性的"证明"(当然是唯心主义的论证)是那样地欣喜若狂,顶礼赞叹,就知道这种"学说"正是他们所需要的。那些骑在人民头上的信佛者,希望永世过着剥削享乐的生活。既然"一阐提人",只要改过自新,还可成佛,何况其他恶人?道生在"贱价出售升入天堂享乐的门票",统治阶级是非常欢迎的。

此外,根据"涅槃"的学说,道生又发挥了"顿悟成佛"

---

[1] 梵语为 Iechantika(即作恶多端,贪求欲乐,不悔改的人)。《泥洹经》:"一阐提者","病即请佛世尊所不能治,何以故?各世死尸,医不能治","阐提如烧焦之种,已钻之核,即使有无上甘雨,犹亦不生"。"如一阐提,懈怠懒惰,尸卧终日,言当成佛。若成佛者,无有是处"。

[2] 《出三藏记集》卷一五;《高僧传》卷七。道生叹曰:"象以尽意,得意则象忘;言以诠理,入理则言息。自经典东流,译人重阻,多守滞文,鲜见圆义。若忘筌取鱼,始可与言道矣。"

的宗教理论。这种学说很快得到广泛的传播。他认为只要有了符合宗教要求的"觉悟",即可不必经过若干阶段,可以一直"成佛"("径登十地")。当时享乐腐化的封建统治阶级,世世代代都是不劳而获的,"顿悟"可以成佛,既省时又省力,颇为适合那些寄生虫的阶级性格,所以他们非常欢迎这个学说。对于过着地狱般的被压迫阶级来说,他们亟欲摆脱现世的痛苦,"顿悟"既然不要累世修行,也是他们乐于接受的,于是道生这一派的"涅槃"佛性的学说得到很快的发展。

佛教在当时曾丰富了中国的文学、艺术、音乐,也曾帮助了中国的医学、历法的发展。佛教的著作中也带来了"因明"(逻辑)和一些比较细致的分析方法,从而刺激了中国说理的散文进一步发展。这些功绩,都有它的历史的意义,我们一点也不愿抹杀它,相反地,我们今天也还要肯定它。但是作为唯心主义体系的佛教的宗教哲学,它是荒谬的,无论在当时和现在,都是唯心主义的反科学的,所以对它应当加以彻底的批判。

中国古代也曾有些进步的思想在宗教的外衣下得到了传播;也有一些农民的革命运动利用宗教组织得以开展。但这并不能因此而认为宗教的唯心主义体系,或宗教迷信起了什么进步作用。本文并不全面地评价佛教在中国文化上的作用和价值;只是指出南朝晋宋间佛教宗教哲学如何配合当时统治阶级的需要,而起着它的反动作用的。

隋唐时期的佛教文化

任继愈谈汉唐佛教思想

一　佛教经学的建立

　　汉代佛教传入内地，与中国传统宗教相结合，表现为祠祀，成为黄老、神仙信仰的附庸。魏晋时期，《老》《庄》学说流行，佛教般若学依附玄学，遂有般若学的"六家七宗"。"六家七宗"是佛教理论中国化的开始，也是中国僧人系统地发挥佛教理论的开始。此后，中国佛教界有越来越多的理论家由中国僧人充当，西方来的译经大师逐渐退居第二位，中国僧人经历了自己长期的创作和研究，形成了佛教经学与儒家经学争衡的局面。

　　经典注疏。南北朝译经，由主译者随译随讲。经典译出后，随着流布地区不断扩大，讲解者根据自己的理论水平，理论修养进行注解。南北朝时期，南方学术风气尚文采、重思辨，注疏较多。北方社会风气尚质朴，重宗教实践，石窟造像较多，注疏较少。

　　佛教经学传授方法深受两汉儒家经学传授方法影响，两者采用方式大致相同。中国知识僧人出家前多受儒教熏陶，出家后为了传教，为了扩大佛教影响，为了与佛教以外的"异教"辩论，佛教徒不得不学习佛教以外的典籍，僧传所载著名学僧"学通内外"。中国社会环境培养出来的佛教知识分子，大都先接受儒家经学的基本训练。汉儒的章句训诂之学，魏晋

玄学的"得意忘言"之教,都给魏晋隋唐佛教经学的建立提供了现成的模式。东晋道安在《安般注序》中说:

> 魏初康会为之注义,义或隐而未显者,安窃不自量,敢因前人为解其下。

《道地经序》说:

> 寻章察句,造此训传。

《人本欲生经序》说:

> 为之撮注,其义同而文别者,无所加训焉。

早期佛经注,大致如道安所说,逐文释义,不做发挥,这对于佛经初学者有辅导作用。南北朝时期,长江南北有许多成实论师。他们一生讲解《成实论》若干遍,受到朝廷和社会的重视。《成实论》为小乘学的一派,出现时期较迟,佛教的基本概念,这部书里讲得比较清楚,是当时流行的一种"佛教哲学手册",学了《成实论》对佛教的一些基本概念有了一个大致了解,再读其他佛经就容易了。许多成实论师自己没有什么体系,他们所从事的是佛教的章句之学。

有了章句之学为基础,更进一步研究,他们要系统钻研基本思想，玄学方法被广泛采用，用"经序"来概括一部佛教的宗旨，用"目品"来概括经中某一章节的宗旨。[1]南北朝后期，佛经著述逐渐增多，学派林立，讲经的章句、口义（讲义）渐多，日趋详备，注疏日趋繁复，到隋唐时，佛经注疏及讲说著作比南北朝又有所发展，有似汉儒解经，广博、烦琐，兼而有之。

注疏不能离开经典原文，论著则可以离开原著，尽量发挥作者的见解，曾涌现过多种"经序"。经序本来是经的提要，但有的经序却不一定能代表原著宗旨，如鸠摩罗什译出《大智度论》后，请慧远作序，慧远的"序"，有的地方并不符合《大智度论》的看法。此外，还有专题论文的"论"[2]。此外有译著纂集，有全集节略本，有汇编本，有的具有辞书性质。此外尚有佛教史传的编辑，佛教经典目录学。

经过南北朝几百年的发展，佛教经学到了隋唐已有很大规模。

> 开皇元年（581），高祖普诏天下，任听出家，仍令计口出钱，营造经像。而京师及并州、相州、洛州等诸大都邑之处并官写一切经，置于寺内；而又别写藏于秘阁。天下之人，从风而靡，竞相景慕，民间佛经，多于六经数十百倍（《隋书·经籍志》）。

---

[1]（晋）僧叡：《中论序》称："予玩之味之，不能释手，遂复忘其鄙拙，托悟怀于一序，并目品义，题之于首。"道生在法华经疏中对《药草喻品》说："圣教沾神则烦恼病愈，故寄药草以目品焉。"

[2] 佛经的论文，保存在《弘明集》及《广弘明集》中，不具引。

二　佛教的普及与提高

任何宗教的传播都要注意吸收广大群众，有了群众基础，宗教才能扩大势力范围。根据群众的水平、社会地位，采取不同的传教内容。对上层知识阶层，用佛教哲学打动他们，并利用中国的儒家传统经籍知识，融通发挥，佛教理论已成为中国哲学的一部分，充实了中国哲学的内容。佛教的心性论，经过了南北朝近四百年的长期发掘，形成许多流派，构造了许多哲学体系。如影响较大的摄论学派和地论学派，把哲学心性论推向一个高峰。隋唐时期，由于国家的统一，经济、政治、文化的高度发达，佛教哲学理论也较南北朝时有所前进，佛教哲学与民族传统文化结合得更紧密。是理论的需要，也是社会的需要，它更加中国化，更具有中华民族的特色。表示佛性本有、始有的基本概念，已不再围绕着"阿黎耶识"转圈子，而是明确使用了"心性"等中国哲学范畴，经过了佛教理论洗礼的范畴，它不同于先秦两汉时期的"心性"的含义，而是有了更丰富的内容。

理论的阐发，只限于上层知识分子；更广大的信徒，则靠佛教的通俗宣传。各大寺院都有成系列的佛教故事画，壁画多出自名家手笔，如吴道子的作品中，有很多属于佛教故事，唐人记载，吴道子画佛教轮回的故事，致屠宰场的生意大量减少。唐代各大寺设有"俗讲"讲座。用佛教经典中的劝人为善的故事吸引听众，除了一般市民以外，宫廷贵妇也前往听讲。善于讲故事的僧人，用趣味性吸引群众，有时连续讲一两个月，听众听得入迷。还有用幻灯或图画吸引听众的。这种文娱方式，后来成为中国说书、说唱、皮影戏、评书的开端。

隋唐佛教的发达，不是孤立的现象，佛教已成为隋唐社会的上层建筑，它的政治作用不亚于儒教，影响的广泛甚至在儒教之上。佛教经历了魏晋南北朝的长期传播，积累了大量资料，并不断地修改得与中国封建宗法制度相适应。佛教信仰在中国，已不止是个人的事，它是协和王化的一种工具，不但不违背忠孝，而且成了维护忠孝的必要手段[1]。

在唐代，释迦、孔子、老子并列为圣人，都被看作人类的导航者，中国广大佛教徒已不把释迦当外国人看待。佛教寺庙与孔庙同受尊重。孔庙，一个城市只有一所，而佛寺在大小城市数目无法统计。佛教经典与儒教经典同样不可亵渎。佛教经学与儒教经学平分天下。道教也力图凭借皇家的支持，建立自己的经学体系，但根基不及儒佛两家深厚，也有广大信徒，三家之中，道家势力最小。

---

[1] 反对佛教的大臣贵族，为了给死后的父母修福，也开凿佛窟，表达孝思。姚崇在洛阳龙门极南洞有为父母造佛像的题记。

三 佛教与儒道两教的融合

中国封建社会的特点为封建宗法制，是以父系家长为本位构成的封建制度。这种制度用家族血缘关系为纽带，以保证自天子以至于平民的多等级的统治秩序。周民族统治中原后，即建立了奴隶宗法制。春秋战国时期，奴隶制转变为封建制，宗法血缘为纽带的统治经验被保持下来。这个特点在世界范围内也是很特殊的。

从周公相传下来的典章制度为孔孟所继承，孔孟建立了儒家。儒家的理论成为后来维持封建宗法制的指导思想。董仲舒开始把儒家思想与阴阳家思想相结合，造成神学体系，天子是人又是神，为君权神授建立了理论基础。经历了东汉白虎观会议，形成书面记录，《白虎通》神学经学正式建立。神学经学以儒家标榜的"三纲"为骨干，"君臣"关系又是"三纲"中的核心。治天下、为人、处世，都要服从"君臣"大义。君臣关系成为一对永恒的原则。推衍到极端，甚至认为天地日月所以能按规律运行、不出差错，就在于它符合、体现了"三纲"的原则。

只要有封建制，就离不开儒家的说教来维持其统治秩序。南北朝时期，中国处于分裂状态，儒家定于一尊的独霸地位受到削弱，玄学思想一度上升，以后又有了佛教和道教，于是出现了四种思想体系：儒家、玄学、佛教、道教。这四种体系中，玄学势力不久即衰，南北朝时期只剩下三种思想体系，即儒、佛、道。只要有封建制度存在，必然离不开儒家的思想。儒家在南北朝时期，失去独尊地位（与汉代比），但朝廷离不了它，它是稳定封建等级制的最有效的思想工具，门阀士族地主阶级为了更好地巩固其政治特权，把儒家经典中的礼制，尤以与继承权有关的丧服制受到更大重视。甚至有一部分有名望的僧人，也研究起丧服经来。

道教作为一种中国本土的宗教，在汉末已形成一股强大势力。道教的传播得到两股社会力量的支持。道教讲长生、黄白术，宣传兴国广嗣之术，对上层贵族、宫廷有吸引力，为帝王、贵族所信奉。道教同时用符水治病，它的某些互助互救的制度，为下层劳苦群众所欢迎。这样，上下结合，东汉末年发展得很快。在民生困苦、政治黑暗的东汉末年，造成了道教滋生蔓延的条件。黄巾起义以道教组织为号召，动摇了汉王朝的统治，从此国家无力进行中央集权，陷于地方军阀割据混战的局面。

南北朝时期，道教有了发展。道教作为一种宗教形态，更加完备。为了取得政府当权者的信任，南方和北方的道教领袖人物，对道教进行了改造，使道教更符合上层门阀士族及帝王的需要，切断了与下层农民的密切联系。南方有葛洪、陆修静、陶弘景，北方有寇谦之，他们编辑有关道教著作，形成系统[1]。他们的主要任务在于把道教贵族化，使它符合上层贵族们的要求，讲长生不死、成仙得道的理论多了，炼丹服食成了风尚。这种主张颇能满足贵族及帝王纵欲享乐的要求。道教还有一个理论上的重大变化：它力图与儒教思想融合，吸收"三纲"说，为封建宗法制服务。道教虽号称出世，实际上与政治十分接近。南朝的陶弘景，北朝的寇谦之都是政治道士，为朝廷所倚重。

唐朝李渊父子，是北方少数民族与汉族混血儿，社会地位不及门阀士族高贵，他们自称老子李耳之后，以抬高自己的社会地位。道教经过了南北朝的大力改造，已被改造得适合隋唐封建宗法制的要求，既讲长生，又讲忠孝。道教受到唐朝的支持、保护，因而发展得比较快。成为当时的中国三大宗教（儒、佛、道）之一。

佛教经历了南北朝的长期传播，进一步适应儒家封建宗法制度，佛教教义中尽力吸收中国传统的"三纲"思想，辅助政教。

《魏书·释老志》载："太宗践位……亦好黄老，又崇佛法，京邑四方建立图像，仍令沙门敷导居俗。"

唐朝时期，佛教经历了比南北朝更充分的发展，佛教已成为三大教中的重要势力，它配合儒教，维护封建社会秩序的功

---

[1] 按流派建立了"三洞""四辅"的道藏分类法，至今尚被沿用。

能表现得更加充分，国家重大庆典帝王诞辰，召三教（儒、佛、道）辩论于殿廷。[1]佛教寺院除了用宗教教义教人守清净、安贫富、遵循君臣大义等思想外，还利用寺院的雄厚财力培养知识分子，教育儿童。有不少家贫无力读书的青年人，在寺院中利用其图书设备，攻读科举考试的科目，后来做了大官的很多，直到宋代，此风未衰。[2]佛教经典中有一部分"伪经"，假托佛说，实际是中国僧人编造的，有一部分的主要内容是宣传忠孝的。这类伪经，从南北朝到隋唐不断出现。它调和佛教与儒教，为了取信于人，抬高经典的威信，于是假托佛说。把伪经当作佛所说的经典，可以认为是伪的，如果把它看作当时中国佛教适应儒教的社会思潮的反映，它不但不"伪"，而且是极可信的原始资料。

道教徒的知识结构，一般比佛教徒差一些，人数也远不如佛教信徒众多，道教寺院数目，也比佛教少，道教经典有不少抄袭佛经，如轮回报应思想，本来不是道教思想，可是道教不少劝善经典中宣扬轮回报应，其判断行为善恶的标准，完全靠儒家"三纲"封建宗法原则。

总之，三教的融合，是隋唐佛教的总趋势。融合的目的在于互相配合，更好地为当时封建宗法制度服务。三教既存在着分立，又有融合，构成了隋唐文化的一个特点。

---

[1] 通常在麟德殿。这是唐朝朝会大臣、接见外国使节的正殿，举行比较隆重典礼的场所。

[2] 宋代名臣范仲淹、吕端少年时在寺院读书。

四　佛教文化的国际化

隋唐时期中国佛教已完全独立，创造了适应中国本土的佛教系统。虽有著名僧人去印度求法（如玄奘、义净等），但印度佛教已处在衰落的边沿，缺少生气，他们的名僧、大寺，安享供养，治学方法陷于烦琐，经不起外道的冲击。[1]相反，中国佛教创立了不少宗派，这些宗派都是根据创始人的宗教哲学思想构成独特的体系的。由于当时中国在亚洲是政治、经济、文化的中心，中国佛教也凭借其政治、经济的优势，向外传播，影响到一些邻近地区。

天台宗大师智者，其弟子有波若，是高句丽人。法相宗玄奘的弟子有两派，一派为窥基，是于阗人；另一派为圆测，其弟子为新罗人。华严宗法藏，为华严宗的实际创始人（他以前的杜顺、智俨是华严宗蔚为大宗以后，才跟着显赫起来的），华严宗传到朝鲜的有义湘，号称海东华严初祖。

东邻诸国求法僧人，并不一定去印度，而是来中国。西

---

[1] 印度佛教中心那烂陀寺，遇有外道挑战要求辩论，寺中僧众近万人，无人敢出应战。多亏了中国留学僧人玄奘出来应战，才给这个寺院解脱困境。（见《慈恩传》）

域各地佛教著作，在汉末到两晋，曾经是印度传入中国的中转站，中国早期佛经，胡本（西域本）多于梵本（印度本），唐代由于国力强大，对西域有统治权或有决定性的政治影响，西域佛教所用经典不少是中国内地反馈回去的。西藏地区的佛教一部分出自本土，也有一部分由汉地传入，由汉文转译为藏文的。

朝鲜新罗的佛教体系，几乎是从中国搬去的，其中有天台、华严、法相、禅宗等。日本所谓"古京六宗"，也是中国传去的唐代的佛教宗派。日本来华留学的最著名的僧人，传法大师最澄、弘法大师空海所传授的都是中国佛教宗派。据圆珍撰《诸家教相同异集》：

> 常途所云，我大日本国总有八宗，其八宗者何？答：南京有六宗，上都有二宗，是为八宗也。南京六宗者，一华严宗，二律宗，三法相宗，四三论宗，五成实宗，六俱舍宗也。
>
> 上都二宗者，一天台宗，二真言宗。（《大正藏》卷七四）

空海、最澄约于805年来华。空海（774—835）为日本密宗开创者，最澄（767—822）为日本天台宗的开创者。上都二宗的创立，是海空、最澄的贡献。9世纪，安然（841年生）作《教时诤》（《大正藏》卷七五），加上禅宗，日本九宗都是中国佛教的学说流派。

佛教除向日本、朝鲜传播外，越南佛教也受中国佛教影响。中国藏传佛教与汉地佛教也曾发生影响，但主要为国内民族间的思想交流，与国际文化交流有所区别，这里不多说。

佛教的国际交流，不限于宗教教义、宗教思想，事实上，随着宗教的交往，沟通了文化，如唐朝鉴真（688—763）带到日本的，不只是他的戒律、仪式，还带去中国的医药知识、建筑技术、夹纻造像技术。日本的黄檗宗，还带去了中国佛教汉语读音的诵经方法，在语言学方面也起了文化交流的作用。

唐代三教中的佛教

在南北朝末期，北周时佛教已与儒、道并称三教。隋唐时期，佛儒道分立，成为唐朝三百年来安定社会的主要思想支柱。

佛教在三教中的社会影响最大，道教次之，儒家最弱[1]。佛教的因果报应、天堂地狱的学说深为广大群众所接受。佛教宣传方式比其他二教都深入、广泛。佛教通过绘画、雕塑、音乐、俗讲、通俗文学等各种形象宣传，上自皇帝、公主、贵

---

[1] 天尊化于天上，主宰万物，若世人之父也。世尊化于世上，劝人以善，若世人之母也。儒典行于世间，若世人之兄也。举世人如婴儿焉，但识其母，不知其父兄之尊，故知道者少，重儒者寡，不足怪也。[见《体道通鉴后集》（卷三），《云笈七籖》（卷一一六，王奉仙条）]

族，[1] 下至平民百姓、不识字的男女老少都有接受佛教教义的机会，抓住了广大群众。[2]

佛教寺院经济发达，有固定产业，收租过活，与世俗地

---

[1] 唐武则天开始敕使臣往凤翔法门寺迎佛骨。长安四年（704），迎佛骨置京都明堂供养。信徒"顶缸指炬"，"舍财投宝"，盛况空前。

宪宗元和十三年（818年）：

功德使上言："凤翔法门寺塔有佛指骨，相传三十年一开，开则岁丰人安。来年应开，请迎之。"十二月，庚戌朔，上遣中使帅僧众迎之。（《资治通鉴》卷二四〇）

懿宗十四年（873年）：

春三月，癸巳，上遣敕使诣法门寺迎佛骨，群臣谏者甚众，至有言宪宗迎佛骨寻晏驾者。上曰："朕得生见之，死亦无恨。"广造浮图、宝帐、香舆、幡花、幢盖以迎之，皆饰以金玉、锦绣、珠翠，自京城至寺三百里间，道路车马，昼夜不绝。夏四月，壬寅，佛骨至京师，导以禁军兵仗，公私音乐，沸天烛地，绵亘数十里，仪卫之盛，过于郊祀，元和之时，不及远矣。富室夹道为彩楼及无遮会，竞为侈靡。上御安福门，降楼膜拜，流涕沾臆，赐僧及京城耆老尝见元和事者金帛。迎佛骨入禁中，三日，出置安国崇化寺。宰相以下，竞施金帛，不可胜纪。因下德音，降中外系囚。（《资治通鉴》卷二五二）

[2] 见向达《唐代俗讲考》。（《唐代长安与西域文明》，三联书店）

主有同等的特权。[1]寺院掌握经济,提供信贷,经营典当抵押、货栈租赁,起着银行的作用,是经济中心。

寺院有丰富的图书设备,除佛书外,还藏有丰富的世俗典籍。寺院同时又是一个文化中心。佛教鼓励抄写佛经做功德,在印刷术发明以前,手写佛教典籍数量超过儒家六经数十或百倍。[2]

佛教对上层知识分子、文化人,充分利用其抽象理论思维影响,发挥其宗教哲学理论优势,建立理论体系,在理论上丰富了中国哲学史的内容。佛教理论学说与中国哲学史的发展

---

[1] 参看《中国佛教史》第3卷。
陈文帝为天台国清寺指定始丰县租税供给该寺。(《佛祖统纪》)
唐太宗在天下交兵处为阵亡将士立寺,令寺院附近州为所立寺提供劳力和生产工具,牛、车、田庄。(《广弘明集》卷二八《于行阵所立七寺诏》)
寺院除国家颁赐财产外,还有个人捐献的寺产。还有寺院专营的在水渠上建立的碾硙为粮仓加工。(《唐会要》卷八九《碾硙》)
唐武宗下令,毁寺四千六百余所,兰若招提四万余所,还僧尼二十六万五百人,检出奴婢十五万人,均收充两税户,更收膏腴上田数十万顷。(《旧唐书·武宗纪》)
寺院吸收信徒捐助钱物及个人劳动力,创建无尽藏。见敦煌文书,伦敦藏S213,S100,S712号。

[2] 隋开皇元年(581)高祖普诏天下,听任出家,仍令计口出钱,营造经像,而京师及并州、洛州等诸大都邑之处,并官写一切经,置于寺内,而又别写藏于秘阁。天下之人从风而靡,竞相景慕。民间佛经多于六经数十百倍。(《隋书·经籍志·道佛经类》)

相呼应，发展了本体论、心性论[1]，深化了中国哲学。

唐承隋制，佛教有更大的发展，写经造像，风靡全国。据敦煌千佛洞所出手写佛经题记，可以看出，上层贵族、下层平民都捐资抄写佛经，有的为祖先祈福，有的为家人保平安，为皇帝祈福（洛阳龙门石窟造像），也有为老年耕牛敬写《金刚经》一卷，"愿此牛领受功德往生净土，再莫受畜生身"（王重民《记敦煌写本的佛经》，《敦煌吐鲁番文献研究集》第二辑，北京大学出版社1983年版）。

唐朝经济力量雄厚，文化发达，其影响不仅及于内地，也达到偏远地区。佛教代表人物与文化界名流交往，参与政治活动，有的僧人参加了宫廷政治斗争。唐代诗人著作没有不涉及寺院和僧人的。佛教的影响不但在国内，也成为国际文化交往的纽带，如朝鲜、日本的佛教的重要流派，都与唐代佛教宗派有关。[2]

道教的发展与佛教差不多同时。因道教曾与东汉末年的农民起义有牵连（中国东部的黄巾，西部的张陵、张鲁），受到中央政府和上层统治者的疑忌，限制其活动，因而道教的发展比佛教迟了一步。佛教已占有了广大群众的信仰市场，道教

---

[1] 佛教关心的"佛性论"，即中国哲学的"心性论"，这是由本体论演化、发展而来的新课题。从南北朝已提出。（见《中国佛教史》第3卷；《中国佛教史》第4卷，有关天台、华严、禅宗部分）

[2] 参看汤用彤《隋唐佛教史稿》。

不得不受到限制。[1]

但道教为本国宗教,更适合中国国情,它还有自己的优势。道教对上层统治者、帝王、贵族宣传养生、长寿、祛病、延年的知识,[2] 对下层平民宣传宗教信仰,配合符水治病结合利用中草药,也得到了广大农村信徒。唐朝帝王自称为老子的后裔,在政治上予以支持,[3] 使道教成为国内仅次于佛教的第二大宗教。

道教吸取佛教成功的经验,结交上层,注重道教理论建设,除了养生长寿一些宗教实践外,还注意发展哲学的本体论

---

[1]《道藏提要序》,《世界宗教研究》1987年第4期。

[2] 上(宪宗)晚节好神仙,诏天下求方士……乃因皇甫镈荐山人柳泌,云能合长生药。甲戌,诏泌居兴店观炼药……柳泌言于上曰:"天台山神仙所聚,多灵草,臣虽知之,力不能致,诚得为彼长吏,庶几可求。"上信之。丁亥,以泌知台州刺史,仍赐服紫金。谏官多论奏,以为"人主喜方士,未有使之临赋政者"。上曰:"烦一州之力,而能为人主致长生,臣子亦何爱焉。"由是群臣莫敢言。(《资治通鉴》)

[3] 至如佛法之兴,基于西域,爰及东汉,方被中华。神变之理多方,报应之缘匪一。洎乎近世,崇信滋深。人冀当年之福,家惧来生之祸。由是滞俗者闻玄宗而大笑,好异者望真谛而争归。始波涌于闾里,终风靡于朝廷。遂使殊俗之典,郁为众妙之先,诸夏之教,翻居一乘之后。流遁忘返,于兹累代。朕夙夜兢畏,缅惟至道。思革前弊,纳诸轨物。况朕之本系,出自柱下。鼎祚克昌,既凭上德之庆,下下大定,亦赖无为之功。宜有改张,阐兹玄化。今自以后,斋供行法,至于称谓,道士女冠宜在僧尼之前,庶敦本系之化,畅于九有,尊祖宗之风,贻诸万叶。(唐彦琮《法琳别传》载贞观十年正月诏,《唐大诏令集》卷一一三)

和心性论。唐代道教的内丹学，就是道教的心性论，[1]不但有宗教意义，也有哲学理论意义。道教也学习佛教，编辑道教全书，与佛教全书互争高下。[2]

在唐朝，三教之中儒教势力最弱。[3]代表中国封建宗法制度思想体系，通过科举，培养政府各级官员，是现实政权的直接支持者。佛教、道教以出家相号召，只能站在政治外去参与政治，对封建政权起着间接支持的作用，不是直接去做官，管理国家大事。儒教是世俗地主阶级的直接代表，只要地主阶级存在，就有儒教的地盘，尽管它的社会影响不及佛、道二教广泛而深入，但它承担着中国古代封建宗法制的主要支柱，这种作用是佛、道二教无法代替的。

这里记载得不太具体，杂戏上表演娱乐节目，用以取笑，伶人扮演孔子，君臣们看过之后，认为侮渎古今之师，才驱出的。

唐诗人罗隐有《谒文宣庙》诗："晚来乘兴谒先师，松柏

---

[1] 唐朝道教重要代表人物司马承祯的《坐忘论》即道教心性论的推动、倡导者，为后来道教的内丹派开创者之一。

[2] 唐玄宗先命道士史崇玄搜求道书，编辑《一切道经音义》，约二千卷，后继续搜求，编成《三洞琼纲》，数量增至三千七百卷。(《道教提要序》，《世界宗教研究》1989年第4期)

[3] 唐代儒教地位远不及佛、道两教重要，孔子地位也不及佛教释迦牟尼、道教教主老子尊贵。《旧唐书·文宗纪》："大和六年，二月己丑，寒食节，上宴群臣于麟德殿。是日杂戏人弄孔子。帝曰：孔子古今之师，安得侮渎，亟命驱出。"

凄凄人不知。九仞萧墙堆瓦砾,三间茅殿走狐狸。雨淋状似悲麟泣,露滴还同叹凤悲。倘使小儒名稍立,岂教吾道受栖迟。"佛、道寺观建筑宏大、壮丽,文庙卑小("三间茅殿"),五代时这种情况没有什么改变,冯道镇同州,有酒务吏乞以家财修夫子庙。(参见《旧五代史》卷一二六)

唐朝儒教在抽象思维方面的造诣远远落后于佛、道二教。儒家代言人如韩愈,就提出消除佛、道二教的影响、建立儒教的思想体系的愿望,[1]由于条件不具备,当时未能实现,又过了一二百年,到了宋朝,吸取佛、道二教的合理成分,正式建成完整的儒教思想体系。[2]

三教鼎立,各成体系,在总体上都在为大一统的封建宗法制服务,但三教之间也有不协调的地方,各有各的利益。对于高度集中的大国来说,三教分立的形势不能满足社会的客观要求,有时三教之间发生严重分歧,引起内容混乱。[3]建立一个有效的中央集权政府,既要照顾到高度集中的中央政权,又要照顾到极端分散的自然经济。小农经济得到适当发展,失去了集中,出现唐末五代的军阀割据,使天下大乱,连年内战,

---

[1] 韩愈、李翱均有振兴儒教的愿望,提出恢复周孔道统,抵制佛、道二教。韩愈的《原道》,即是他建立儒教代替佛、道二教的宣言。

[2] 参看《朱熹与宗教》,见《中国社会科学》1982年第5期。

[3] 三教的共同目的是为唐王朝服务,但又有各自的价值标准,有时互相冲突。

民不聊生，既无力维持生产，也无力统筹治理水患，抵御外来侵略势力。中央政权过分集中，忽视了小农经济的利益，使生产停顿，遭到破坏，也会损害封建社会赖以存在的基础，个体农民不能安居乐业，则国无宁日。

世谓炀帝禀戒学慧，而弑父代立，何智者之不预鉴耶？然能借阇王之事以此决之，则此滞自消。故观经疏释之，则有二义：一者事属前因，由彼宿怨，来为父子。故阿阇世此云"未生怨"。二者大权现逆，非同俗间恶逆之比。故佛言："阇王昔于毗婆尸佛发善提心，未尝堕于地狱。"（《佛祖统纪》卷三九）儒家一致认为炀帝是个昏君，道德败坏，荒淫无道。佛教对炀帝另有评价，认为炀帝的罪过与世俗罪恶不同，是夙因造成的。炀帝的行为是佛教有意安排用来教化世人的，炀帝不但无罪，反而有功。炀帝在佛教中地位的尊贵，远远超过中国的任何帝王，连崇信佛教的梁武帝也不及炀帝的高贵。

如何使政治上的高度统一与经济上的极端分散这一对矛盾协调得好，就成为秦汉以后直到鸦片战争前中国政治、哲学、宗教关心的总课题。唐朝的三教鼎立，只是在漫长的历史过程中的一段历程。从三教鼎立，佛教为首，到三教融合，儒教为主，最后形成完整的儒教体系，是唐宋哲学发展的总脉络。

武则天与宗教

任继愈谈汉唐佛教思想

武则天是中国唯一的女皇帝。她雄才大略，英武过人，有政治才干，有极强烈的权力欲，但不是蓄谋已久，一进宫就想当皇帝的，而是随着她地位的变化，权力的增长，又加上客观形势等因素，才促成她当了皇帝。

一

唐继承隋朝,结束了南北朝的门阀士族统治特权社会结构,建成中央直接控制个体农民的政治体制。隋文帝曾下令清理全国户口,公开宣称要把荫庇在门阀士族之下的部曲、佃户清理出来,使他们变成向国家直接纳租税的农民。[1] 这一政策符合中国封建社会发展的规律,所以取得成功。

唐初开国,李渊父子凭借原来隋朝的旧贵族(唐朝李渊也是隋朝的贵族),杂有北方少数民族血统的贵族集团为核心力量,及时吸收了北方贵族以外的庶族人物,主要是山东(包括河南、山东、河北广大地区)地主阶级及江南地主阶级。

扩大地主阶级的统治基础,吸收更多地主阶级人士参加中央政权,增强中央政府的有效统治,增加全国地主阶级的向心力,是唐朝强大的社会基础。唐太宗一方面打击旧日门阀士族的势力,一方面又建立追随李氏王朝开国打天下的新兴的军

---

[1] 隋朝颁布百姓受田命令和赋役政策,有利于争取农民从门阀士族人身依附地位中解放出来,使人民感到:"为浮客(门阀士族的佃户)被强家收大半之赋;编氓(编入国家户籍的农民),奉公上,蒙轻减之征。"(《通典》卷七)

功贵族势力，提高他们的社会地位。唐太宗即位后，命大臣修《氏族志》。主持者以山东崔民幹为第一等，唐太宗很不满意，将崔置为三等。[1]重新颁布门第出身排列次序，不是一件小事，它是唐朝削弱门阀士族势力的政策措施。武则天聪慧过人，又通晓文史，十四岁入宫，二十二岁出宫，八年间有机会受到唐太宗的政治、作风的影响，她的作风和严酷的手段曾为唐太宗所赏识[2]。太宗的政策也为她所接受。这一段生活经历对武则天后来的政治路线有很大的关系。

唐朝继承隋朝的政策，打击门阀士族，使农民摆脱人身依附，提高农民发展生产的生产积极性。唐太宗即位后，贯彻这一政策很有成效，用人不论出身，不拘一格，限制门阀士族，提拔庶族地主中的人才。到了晚年，因皇位继承问题出现了波折，任用庶族地主阶级的政策有所后退。

唐太宗长孙皇后生三子，长子承乾被废黜，魏王泰及晋王治都有继位的资格。朝臣分为两派，一派拥护魏王泰，一派拥护晋王治。拥护魏王泰的大臣有岑文本、刘洎、崔仁师等，拥护晋王治的有长孙无忌、褚遂良等。长孙无忌与唐太宗共同起事，有开国功勋，又是皇后的长兄；拥护魏王泰的岑文本、

---

[1] 共分九等，上中下三类又分为三等。如上上为第一等，上中为二等，上下为三等。

[2] 唐太宗有烈马，不驯难制。武则天提出用铁鞭、铁楇、匕首三件工具可以制伏，深得太宗的赏识。

刘洎代表新兴的庶族地主阶级，不属于勋旧高门。魏王泰为人英武，有才干，曾与承乾争夺继承权，太宗发现了这个矛盾，曾说：

> 我若立泰，则是太子之位可经营而得。自今太子失道，藩王窥伺者，皆两弃之，传诸子孙，永为后法。且泰立，承乾与治皆不全；治立，则承乾与泰皆无恙矣。[1]

唐太宗觉得李治懦弱，守摊子还可以。唐太宗的勋旧功臣长孙无忌认为晋王治懦弱，便于操纵。李泰当了皇帝，对长孙无忌不利。唐太宗也深知朝廷内部的几股势力如不在生前处理好，将来要有后患。唐太宗去世前，全力扶植关陇旧日功臣，打击庶族地主的新贵族，已离开了他早年用人的路线。

李治继位后，长孙无忌为首相，利用高宗的懦弱，继续执行太宗晚年限制庶族地主阶级的政策。武则天立为皇后，也利用李治的懦弱，逐步取得权力，排斥褚遂良，罢黜长孙无忌，大量引用庶族地主阶级新人，用人不限于关陇集团，削弱贵族世袭特权，扭转了唐太宗晚年的保守政策，恢复了唐太宗早年广收人才的政策。武则天是唐太宗事业真正继承人。

---

[1]《资治通鉴》卷一九七。

历史人物的主观愿望与客观结局有时产生意想不到的效应。[1] 武则天为了满足其政治野心，尽力排斥异己，甚至残害自己亲生的子女，培植势力，大量引进庶族地主阶级人才，扩大了政府成员的社会基础，她先后用过的宰相如李昭德、魏元忠、杜景俭、狄仁杰、姚崇、宋璟、张柬之等，边将如唐休璟、娄师德、郭元振都是一时之选。《资治通鉴》说武则天"虽滥以禄位收天下人之心，然不称职者寻亦黜之，或加刑诛。夹刑赏之柄以驾驭天下，政由己出，明察善断，故当时英贤亦乐为之用"[2]。武则天重用庶族地主，打击门阀士族，解放农民的人身依附地位，符合社会发展的规律，顺应历史潮流，所以她取得了政治上的成功。

武则天为了做皇帝，她充分利用宗教为她服务。当高宗在世时，武则天奉行太宗尊崇道教的政策，赞助道教推行封禅活动。唐高宗病，她曾劝皇帝封中岳嵩山，以病重未行。高宗为玄奘新译佛经作序，唐初三教并重的政策没有明显的改变。

---

[1] 秦始皇为了传帝业于万世，废分封，实行天子直接统治全国的郡县制，后来开创了大一统的政治格局。他本想万世一系永远传下去，他的私心却办了一件好事。王夫之说："秦以私天下之心而罢侯置守，而天假其私以行其大公，存乎神者之不测，有如是夫！"(《船山全书·读通鉴论》卷一) 隋炀帝为了游玩享乐，兴修了南北水运的干渠，为后世建立了南北通航的基础。

[2] 司马光是一位思想保守的政治家，他在《资治通鉴》中对武则天的政绩还是说了一些公道话。

武则天当皇帝的野心是一步一步发展起来的，也是当时政治形势促成的。武则天推行的宗教政策也随着政治形势有所改变。

武则天立为皇后以后，开始清除反对她的大臣，先罢黜了褚遂良，又逐去长孙无忌，逐渐取得政权，当时号称"二圣"。武氏的掌权曾一度引起高宗的反感，曾有意废黜武后。但高宗懦弱，未能逃出武则天的掌握，只好听命于武氏。君主专制政体只有皇帝有最高权力，皇后以皇帝为傀儡，得以借皇帝名义发号施令，高宗去世，武则天当然地成了皇太后，皇太后不具有合法的行政地位。为了掌握行政权力，武则天发挥她的行政才干，逐步为她当皇帝铺设道路。

北方早有妇女参加社会活动的传统。据《颜氏家训》记载，北方妇女享有充分的社交自由：替儿子求官，替丈夫申冤，妇女乘车到处活动，衣服车马先尽妇女享用，妇女受封建礼教影响较少。[1] 武则天生长在北方，她父亲武士彠是当地土豪，不是士族。赶上隋炀帝大肆兴建宫殿、园林，他经营木材而发财致富，有机会结交上层人物。李渊起兵，曾得到武士彠的资助，他在唐初开国功臣中地位不高。[2] 北方妇女有参加社交的传统，武则天参加政治活动，以至当皇帝，在民间当不

---

[1] 见《颜氏家训·治家篇》。

[2] 高宗立武氏为皇后，大臣反对，理由是出身不高贵。骆宾王《讨武氏檄》中也指武氏出身微贱。

会遭到很大的阻力。但在上层社会，儒家经典中找不到对她有利的理论根据，相反，倒是有一系列的反对妇人干预政治的训诫。武则天为了摆脱对她当皇帝不利的因素，她不得不求助于宗教预言、神仙的启示，制造符瑞，充分利用宗教的功能。

武则天利用宗教为她的政治权力服务，随着政治形势的改变，大致可以为三个阶段。

武后入宫后，为了巩固她在宫中的地位，谋取宫内的最高地位，登上皇后的宝座，她要打击宫内妨碍她上进的人物，首先是王皇后，她不惜用扼杀生女以陷害王皇后，同时又打击有资格和她争宠的嫔妃，以做到固宠。

她还善于逢迎高宗，遵循祖训（表示奉行唐初政府的现行政策）。从显庆五年（660）起，高宗患风眩（可能属于高血压之类症状）[1]，政归武氏（660—674），到上元元年，高宗称天皇，武氏称天后，她还是奉行唐初宗教政策，请高宗令王公以下习《老子》。仪凤元年（676），上封事劝封中岳。[2] 调露元年（675），偃师人明崇俨以符咒、幻术为上（高宗）及天后所重。明崇俨为正谏大夫。后明崇俨为盗所杀，朝廷赠侍中（中央政府高级官爵）。永隆元年（680），幸道士潘师正居，

---

[1] 古代医疗方法对高血压采用放血手术，可以使病情暂时得到缓解。高宗曾请医生在头上放血，感觉良好（《资治通鉴》卷二〇三）。欧洲古代医术也多采用放血治疗。《黄帝内经》针刺疗法中，也有放血的记载。

[2] 中岳为道教圣地之一。

上及天后、太子都向这位道士礼拜致敬。永淳元年（682），上欲遍封五岳（这一举动应当得到武则天的鼓励），由于高宗身体不佳，未能实现，次年高宗逝世。这一阶段，武后用心计于揽取权力，加强政府的威信。立了新皇帝中宗，旋即废为庐陵王。她一方面安抚朝廷勋旧大臣，[1]一方面设置告密网络，排除不利于自己的力量。[2] 刘仁轨有战功，有众望，武后命仁轨"知西京留守事"。仁轨知武氏有野心，难以伺奉，请辞，武氏以书挽留。[3]

武则天对于那些老资格，有影响的人物，不便直接和他们发生冲突。对于她认为可以控制得了的朝臣，就不客气地

---

[1] 太后以泽州刺史韩王元嘉等，地尊望重，恐其为变，并加三公等官以慰其心……以刘仁轨为左仆射，裴炎为中书令。(见《资治通鉴》卷二〇三）

[2] 有飞骑十余人饮于坊曲，一人言："向知别无勋赏，不若奉庐陵。"一人起，出诣北门告之。座未散，皆捕得，系羽林狱。言者斩，余以知反不告皆绞；告者除五品官。(见《资治通鉴》卷二〇三）

[3] 太后与刘仁轨书曰："昔汉以关中事委萧何，今托公亦犹是矣。"仁轨上疏，辞以衰老不堪居守，因陈吕后祸败事以申规戒。太后使秘书监武承嗣赍玺书慰谕之曰："……'吕氏见嗤于后代，禄、产贻祸于汉朝'，引喻良深，愧慰交集。公忠贞之操，始终不渝，劲直之风，古今罕比。初闻此语，能不惘然；静而思之。是为龟镜。况公先朝旧德，迥迩具瞻，愿以匡救为怀，无以暮年致请。"（《资治通鉴》卷二〇三）

给以训斥。[1]当高宗在世时,武后掌握政权后,用心重点在于夺权、掌权,其宗教政策仍保持唐初立国时的规矩,三教并用,独尊道教。为了讨好高宗及李氏家族,上表令王公习《老子》,并用《老子》科目与儒家六经同等待遇,参与政府考试。

---

[1] 太后震怒,召群臣问曰:"朕于天下无负,群臣皆知之乎?"群臣曰:"唯。"太后曰:"朕事先帝二十余年,忧天下至矣!公卿富贵,皆朕与之;天下安乐,朕长养之。及先帝弃群臣,以天下托顾于朕,不爱身而爱百姓。今为戎首,皆出于将相,群臣何负朕之深也!且卿辈有受遗老臣,倔强难制过裴炎者乎?有将门贵种,能纠合亡命过徐敬业者乎?有握兵宿将,攻战必胜过程务挺者乎?此三人者,人望也,不利于朕,朕能戮之。卿等有能过此三者,当即为之;不然,须革心事朕,无为天下笑。"群臣顿首,不敢仰视,曰:"唯太后所使。"(《资治通鉴》卷二〇三)

《通鉴考异》认为,这段话太浅薄,不符合皇帝的身份。作者认为,这段话虽然有失皇帝的身份,却符合武后作为古代妇女的刻薄、峻急的性格,可信性较大。

二

高宗逝世，武后不甘心退居颐养当皇太后，她进一步制造舆论，为自己掌权创造更有利的条件，宗教便是她选用的一种思想工具。自从高宗逝世后，弘道元年（683）到永昌元年（689），她登上皇帝宝座，这六年间，她加强制造符命，以实现她的政治企图。

文明元年（684），武则天垂帘听政。有政治敏感的人已感到她还有取代李氏夺取政权的打算。洪州豫章县民邬元崇假托神命，传言于武后，说"我是太上老君，汝帝之主"受命传言于武后，"国家祚永而享太平，不宜有所僭也"。邬元崇至京师，传达了这条神的指示，武后不悦，邬元崇被"禁锢而死"（见《历代崇道记》）。本来武氏信奉道教的，在这一关键时刻，道教不但没有帮她的忙，反而起了相反的作用，她要下决心贬抑道教，利用其他宗教迷信思想为她的政治前途铺路。垂拱四年（688），也就是高宗逝世后五年，武则天示意武承嗣，进行了一次制造符命的行动。

> 武承嗣使凿白石为文，曰："圣母临人，永昌帝业。"末紫石杂药物填之。庚午，使雍州人唐同泰奉

表献之，称获之于洛水。太后喜，命其石曰"宝图"。擢同泰为游击将军。五月，戊辰，诏当亲拜洛，受宝图；有事南郊，告谢昊天；礼毕，御明堂，朝群臣……太后加尊号为"圣母神皇"。(《资治通鉴》)

秋，七月……赦天下。更命"宝图"为"天授圣图"；洛水为永昌洛水，封其神为显圣侯。(《资治通鉴》)

及太后称制，四方争言符瑞；嵩阳令樊文献瑞石，太后命于朝堂示百官，元常奏："状涉谄诈，不可诬罔天下。"太后不悦，出为陇州刺史。(《资治通鉴》)

"河出图，洛出书"，是史书记载新王朝统治天下而出现的祥瑞（神圣的启示）。武后有意取代唐朝，洛水给她提供了宝图，她对洛水有好感，后来她长期驻在洛阳，有经济的原因，也未尝没有图个吉祥兆头的意念。符瑞和谶纬图书，自秦汉以来，在民间不断传播，后来因为符命谶纬之书，可以为改朝换代制造舆论，但也有不利于政局的安定，从西晋经南北朝到隋朝，不断遭到限制，谶纬的势力受到致命的打击，从此退出历史舞台，[1] 武则天想要改朝换代，不得不另找工

---

[1]《隋书·经籍志》："至宋大明中，始禁图谶，梁天监以后，又重其制。及高祖受禅，禁之逾切。炀帝即位，乃发使四出，搜天下书籍与谶纬相涉者，皆焚之，为吏所纠者至死。自是无复其学。秘府之内亦多散亡。"

具。符瑞、图谶,人为痕迹很易被人拆穿,有时成为笑柄。[1]武后是个聪明人,而且博通经史,这类拙劣的手法,她不会满意的。她为达到当女皇的目的,必须另想办法,她选中了佛教。

---

[1] 太后好祥瑞,有献白石赤文者,执政诘其异,对曰:"以其赤心。"昭德怒曰:"此石赤心,他石尽反邪?"左右皆笑。襄州人胡庆以丹漆书龟腹曰:"天子万万年。"诣阙献之。昭德以刀刮尽,奏请付法。太后曰:"此心亦无恶。"命释之。(《资治通鉴》卷二○五)

三

　　隋唐时期三教中佛教的社会影响最大，道教第二，儒教第三。武则天制造符命，并未能收到预期的效果，反倒引起有识之士的非议。但武氏的举动却引起有政治敏感的佛教徒的注意。当时有法明等十名僧众向武则天奉献《大云经》，指出佛经中有女主"为转轮圣王"的预言。这一举动大大迎合了武则天的政治需求。对武氏以女主当皇帝有成见的封建正统史学家，认为《大云经》也像符命一样，是伪造的，[1]事实上《大云经》并非唐人伪造，在北凉时期，已有汉文译本。[2]佛教经典中的预言比洛水发现的"圣图"有更大的权威性。《大云经》的发现，帮了武则天的大忙。[3]

　　武则天登上皇帝的宝座得力于《大云经》，称帝以后，《大云经》就已成为陈之刍狗，为武氏政权存在寻找理论支柱，还得另外想办法。于是武则天从《大云经》转到了《华严经》。

---

　　[1]《资治通鉴》及《旧唐书》均指僧众伪造《大云经》。
　　[2] 近人王国维、陈寅恪、王重民均根据敦煌发现的《大云经》手抄本，有文章论证。
　　[3] 宗教预言的号召力及鼓动性，在古代具有深远的社会心理和群众基础。帝王兴起．没有不利用宗教神灵为工具的。

武则天当皇帝以后，亲自主持八十卷《华严经》的翻译和宣传工作，在她的大力扶持下，法藏得以建立了华严宗。

《华严经》是一部十分庞杂的佛教晚期经典，它是在《十地经》的《入法界品》《普贤行愿品》《兜沙经》的基础上衍发出来的一部大经。[1]此经纂集的地点当在于阗一带，而非印度产品。于阗地处中原地区通往西域的交通要道，自然地成为华夏文化与西域文化交汇的地带。这种地区文化的特色在《华严经》中也有所反映。此经新译本有八十卷，内容芜杂。唐代僧众及朝廷欣赏的是经中的兼容并存，一多相即，圆融无碍的一系列观点。

华严宗的佛教理论比玄奘的佛教理论更能体现盛唐气象。华严宗的哲学体系，在于论证现实的即是合理的，它体现了上升时期唐朝封建社会兼容并蓄的思想倾向。它说明世界上万事万物并存而不相害，不但不相害，而且是互相补充，互相不可缺少的。这种观点不应看作华严宗一家的观点，它体现了盛唐时期从佛教观点阐发的协和万邦的理论体系。

唐朝的文化艺术给人的印象是多样又谐和，既繁富又统一；既有多民族纷然杂陈的特色，又不失其唐帝国高度统一的宏伟气概。以人们习见的敦煌壁画为例，分开来看，不难发现某一局部、某一装饰图案出自某一个民族，合而观之，整个作

---

[1] 见吕澂《中国佛学源流略讲》，中华书局，1979年版，第364—366页。

品都在显示了盛世大一统的唐朝风貌。武则天在众多佛教宗派中选取华严宗,大力提倡,予以特出荣誉,不能仅仅看作出于武则天个人的偏好。

武则天欣赏华严宗,还有一定的思想基础。据《华严经传记》,道士孙思邈曾劝唐高宗诵读《华严经》,这可能对武则天有一定的影响。在洛阳龙门建奉先寺,开凿石窟,依山造毗卢舍那大佛像,毗卢舍那佛,意译为"光明遍照","遍一切处"。历时十余年[1],费工数万〔开凿于龙朔二年(662),完成于上元二年(675)〕。

从龙门石窟造像"题记"中,发愿为天皇天后祝福、增寿并祈求来世的祝词颇多。她的佛教信仰团结了广大下层佛教群众,得到他们的拥护,这也有利于唐中央政权。

华严宗法藏为武则天讲述华严经的要旨,这次的讲经,法藏做了充分的准备。法藏并不在于讲《华严经》,而是借《华严经》,大力阐扬华严宗法藏的佛教哲学体系。流传甚广的《华严金师子章》是法藏的得意之作。但"十玄门"的主张,在《华严经》中并无多少根据,[2]完全是智俨及法藏的思想体系。

法藏在这次讲授中,集中重点发挥他的"括六相""勒十

---

[1] 据龛记,历时十三年以上。宋僧志磐称此石窟三年完成,无据,不取。

[2] 见吕澂《中国佛学源流略讲》关于华严宗章节。

玄"的道理。法藏以殿前《金师子》为喻，使武则天听懂了法藏宣讲的道理。

"六相"，是总别、同异、成坏，讲世界的生成、存在、差别问题。"十玄"是佛教的认识论到心性论的解脱的途径。法藏讲的十玄门，论述了世界万物的产生无先无后，同时存在；整体与部分不可分，一与多，相容又有区别，一事物中包括它事物；被观察的对象，注意时凸出，不注意时隐去。一与多，有限与无限，理与事，都是互相包容，互相依存的关系。整个世界构成了一张完整无缺的关系之网。承认了世界是在相互依存，相互融摄，此中有彼，彼中有此，善中有恶，恶中有善，清静不离污染，佛性不离人性。本文这种理论的政治倾向和当时的实际意义，确实是唐初的政治所需要的[1]。

武则天除了崇奉华严宗外，对禅宗几位有影响的大师，也表示崇敬。

武则天遵照唐朝的制度，以长安、洛阳两京为首都，武则天在洛阳留驻的时间比她在长安更多些。嵩洛地区正是禅宗活动的古老的根据地。到了弘忍时期，才把禅宗的传播势力扩展到长江流域以及岭南。禅宗的一个特点是僧众多来自社会下层，多为农民，他们能开荒种地，自食其力，自给自足，不甚

---

[1] 宗教在唐朝的许多宗派，都用不同的语言表达他们不是到另一个世界中寻求解脱，而是在现实世界中改造自己的世界观，以达到解脱苦难的目的。法藏的理论，更具有迎合统治阶级的倾向。

仰赖政府的资助，有时成百上千的僧众结草为庵，互相传授。和尚们会种田，有的为了深山中防备野兽袭击，也练习武艺。李世民起兵平王世充，曾借用少林寺僧兵助战。武则天曾在太宗身边生活过，对这类掌故不可能不知道。洛阳为唐朝东都，对辇毂之下嵩洛山中许多僧众不能不给以关注。武则天对禅宗的崇奉，有尊崇的一面，未尝没有拉拢、羁縻的意图。只要看她任用大批酷吏，以谋反罪名进行大批屠杀异己势力，可以证明她虽博得佛教徒的支持，但她并不具备菩萨心肠，而是一个铁腕的政治家。

　　武则天崇敬禅宗，也崇敬宣传佛教戒律的名僧义净。义净在玄奘之后，曾到印度留学二十五年，带回佛经数百部。他系统地翻译了佛教律藏多部，对中国的律教有所贡献。义净有些骛虚名，比玄奘更为世故。玄奘取经返回，在高昌上表给唐太宗待命返国，因为玄奘在贞观初年冒犯国法，私越国境到印度去的。玄奘在高昌国待命等了两个月，得到唐太宗热情的回音，不但不加罪，反对他慰勉有加，命令沿途地方官护送到京师。义净在印度留学二十五年，回国时，在广州也上书皇帝武则天，报告他从印度留学的经过，武则天对他的求法译经事业大力支持，倍加奖励，在洛阳上东门迎接，仪式比当年太宗时迎接玄奘还隆重。实际上义净两年前，曾一个人回到广州采购纸张文具，带到国外，抄写经卷。这是第二次回国，他停留在广州上表陈情，这完全是为了扩大影响，制造声势，借朝廷诏书以抬高他的政治地位。武则天也想利用这样一位有学问的僧人为她粉饰太平。

　　武则天三教并尊,特别重视佛教,但她也不是对佛教一切宗派同等看待,对三阶教不但不推重,还采取了压制政策[1]。曾多次下令检查三阶教寺院,清查他们账目财产。如意元年(692)检校东都福先寺无尽藏院;证圣元年(695)敕列三阶教典籍为伪经,认为它们"违背佛意,别构异端"(见《两京新记》),这一年武则天参加新译八十卷《华严经》开始译经的仪式;圣历二年(699)敕三阶教徒"其有学三阶者,唯得乞食长斋绝谷持戒坐禅,此外辄行,皆是违法"(《开元释教录》卷一八),这一年法藏对武则天讲授《华严金师子章》;长安中(701—703)复敕检校化度寺无尽藏院。在崇奖华严宗的同时,却接二连三限制三阶教。因为华严宗以它三理论为唐初盛世做论证,三阶教认为已到了末法时代,面临世界末日,发出一片衰世哀鸣。武则天好大喜功,信瑞符,对她的事业充满信心,三阶教在盛世唱挽歌,是武则天所不能容忍的。

---

[1] 三阶教创始人为信行(540—594)。敦煌发现的三阶教典籍颇多。王重民先生认为:"这个宗派与武则天的政治改革有关系,所以初唐时期达到了极盛。有不少三阶教经典在这个时期(618—781)传到了敦煌。"(北京大学出版社1983年版《敦煌吐鲁番文献研究论集》第二集,《记敦煌写本的佛经》)。王重民先生的见解自成一家言,本文未采取,附在这里供参考。

四

　　武则天利用宗教为她的政治目的服务。是她的一贯宗旨。至于什么机会利用什么宗教,完全看实际政治需要而定。她当年信过道教,劝高宗封禅。为了当皇帝,利用过符瑞,利用过《大云经》为她铺平道路。登上宝座之后,又利用法藏创造的华严宗的哲学体系为她的政权做论证。在这些活动之外,我们还应看到她毕竟是7世纪中国封建社会的妇女,她还受到中国传统封建迷信、巫术的影响,构成她复杂多元的宗教迷信。她信佛,信神仙,信天命,信符瑞,信报应。她有偏执的权力欲望,表现为刚愎自用,过分自信;由于武则天出生于中国传统儒家文化环境,妇女地位低于男子,当了皇帝,并不能心安理得,坦然自如,有时不免心虚胆怯,陷于疑神疑鬼的变态心理状态。她信天命,又信巫术占卜。一次,她做梦后起了疑心,问大臣狄仁杰:

　　"朕梦大鹦鹉两翼皆折,何也?"对曰:"武者,陛下之姓;两翼,二子也。陛下起二子,则两翼振矣。"太后由是无立承嗣、三思之意。(《资治通鉴》卷二〇六)

武则天还迷信灵魂转世，后世报应。

> （武后囚王皇后）……令人杖庶人（王皇后废为庶人）及萧氏各一百，截去手足，投于酒瓮中，曰："令此二妪骨醉。"数日而卒。后则天频见王、萧二庶人披发沥血，如死时状。武后恶之，祷以巫祝，又移居蓬莱宫，复见，故多在东都。（《旧唐书》卷五一）

史书上的记载出于宫廷传闻。从这类传闻，可以想见武则天对于巫术、符咒之类的社会流传的迷信，不能无动于衷。正史还记载唐太宗信道士李淳风预言李氏子孙将受武氏之害，唐太宗一代英主，还不能不受当时宗教巫术的干扰，《唐书》所记武则天的行动和心理状态，是完全可以理解的。

武则天复杂的宗教迷信心理，也表现在她当权后多次改变年号的举动上。从高宗显庆五年（660），帝患风眩，政归武氏开始，到长安四年（705）止，四十五年间，共改元二十九次，平均一年多改元一次，有时一年改二次。年号命名，不外祈求神圣保佑，延年平安之类的祝愿词句，如天授、长寿、如意、延载、万岁登封、万岁通天、神功、久视、大足、长安等。

这都说明武则天享有威凌天下的权势，同时又内心有所不足，祈求神佛保佑的软弱、怯懦的一面。政治权力并不能满足一个精神生活有欠缺的中国妇女的要求，于是，不得不到宗教中求安慰，找一个安心立命的境界。身为帝王，不同于一般人可以抛开家室，出家求道。她一生追求政治权力，同时又要求得到一种精神上的满足，投靠宗教是唯一的途径。

武则天与一般宗教信徒不同，一方面，她私用宗教为自己谋取权力，另一方面，也借宗教以自我安慰。说武则天虔心于佛教或任何一种宗教，不合事实；说武则天无法无天，完全把宗教作为工具，一点迷信也没有，也不合事实。她信奉的不止佛教一种，她的宗教信仰有较高层次的宗教神学体系（如华严宗），也有世俗群众，神鬼迷信，福祸报应，神仙巫术之类低层次的宗教活动。从武则天身上不难看出唐代社会宗教活动的缩影。

武则天利用她的丰富的政治斗争经验，她祈求的差不多都达到了目的，贵为天子，富有四海，享有至高无上的权力，她自以为想办的没有办不到的。只有一件事，她以天子之尊也无能为力。面对皇位继承问题，武则天碰了壁。在男性为中心的社会里，家庭的继承权只能由男性掌握，妇女从属夫家。武则天用行政权力为武氏七祖立庙，但武则天不能令武氏家族为姑母立庙，武氏的帝业只能由李姓家族继承。否则，则断了香火，不得血食。在世俗习惯、法律制度方面，佛教、道教又不及儒教影响的深远。武则天奋斗了一生，崇道崇佛，信巫祝、机祥，归根到底，又不得不受儒教的约束。

从武氏的一生，可以看到隋唐三教并行，各自发挥其社会作用。如何使三教协调，共同为大一统的封建王朝服务，在整个隋唐时期没有解决好，武则天以妇女身份从政更有其特殊的困难，只好在三教中游移，希望有个归宿，但并没有找到这样的归宿。以"金轮皇帝"之尊，仍然不能摆脱李氏家族的主妇地位。社会力量、历史的惯力，任何英雄豪杰只能在大潮中利用其潮流做些力所能及的事业，但不能超越时代，更不能逆着时代。

天台宗哲学思想略论

任继愈谈汉唐佛教思想

一

天台一宗，渊源于北齐、南陈，创于隋，盛于唐。中唐以后趋于衰落。本文只就隋唐时期的天台宗的宗教理论加以评述。虽然也讲到它的历史的发展，但不是写天台宗史。

据佛教历史的记载，天台宗的传授关系是：

龙树……慧文—慧思（515—577）—智颛（531—597）—灌顶（561—632）—智威（？—680）—慧威—玄朗（673—754）—湛然（711—782）—道邃—广修—物外—元琇（唐末）……義寂……

这个传法世系，勉强拉上印度的龙树，当然没有根据，其余的世系是可信的。其中只有慧思、智颛、湛然三人较为重要。其余诸人，都不过起了承先启后的作用罢了。但唐末以后，天台宗分为山家一派，开始于知礼；山外一派，开始于悟恩。山家一派自称为天台正宗，以后有广智、神照、南屏等。山外一派悟恩以后有仁岳、崇义等。这时佛教已趋于衰落。

天台宗的著作，卷帙浩繁，冗杂重复。他们讲说佛经，有的在印度有根据，也有的是他们杜撰的。印度佛教名词的原意他们讲错了的也很多。他们的目的不过是借题发挥，犹如儒者托古改制。根据天台宗以了解印度佛教哲学，必然会搞错，因为他们制造新体系是为当时的政治服务的。中国佛教与印度佛教必须区别开，除法相宗原封搬运印度的一套烦琐经院哲学外，中国佛教都曾"篡改"过印度佛教哲学。过去有过不少佛教哲学研究者不满意天台宗（对中国的许多重要宗教宗派也是一样）对印度佛教哲学的篡改，说他们把佛教哲学讲错了。但是，从中国哲学史的角度来看待这一现象，就不应着眼于它"讲错了"，而应当研究它为什么这样讲错而不那样讲错。本文在于说明天台宗为了给隋唐时期的政治服务，才建立它的宗教体系。他们讲的是如何"成佛"，实际上指的是在教人安心受剥削不要去革命。

天台宗的开创人智𫖮是一个政治活动能力很强的宗教领袖。他在南朝的陈朝与皇帝为首的达官贵人来往极为密切。智𫖮的政治活动能力可参看《国清百录》《智者大师别传》《天台九祖传》等，由于他和陈朝的帝王将相有很深的关系，隋灭陈后，他受到隋文帝的警告：

> ……师既已离世网，修己化人，必希奖进僧伍，固守禁戒。使见者钦服，闻即生善，方副大道之心，是为出家之业。若身从道服，心染俗尘，非直含生之类无所归依，抑恐妙法之门更来谤讟，宜相劝勉，

以同朕心。[1]

新王朝的统治者深悉智𫖮的政治活动才能。这一封信既有鼓励,又有威吓。智𫖮不久即成为隋王朝的积极支持者。在隋炀帝(杨广)还没当皇帝时,智𫖮即和他深相结纳,成了知心朋友。天台宗之所以得到迅速的发展,固然靠它的宗教宣传的欺骗性,同时,他们得到当时统治阶级的大力支持,也是一个重要因素。

隋帝国统治时期较短,天台宗广泛流行并传播于海外,是在唐朝。为什么唐朝的佛教特别发达,这是一个值得注意的问题。

隋末的农民大起义,打垮了隋帝国。李世民封建地主集团利用农民起义,建立了唐帝国。唐朝的统治者们亲眼看到强大繁荣的隋朝是怎样被农民起义的铁拳粉碎的,所以唐朝规定他们的政策时,首先要重视农民的问题。在政治上,他们对农民采取轻徭薄赋的政策,这就是历史上所谓唐朝的盛世(如"贞观之治")的由来。上述措施,只能说明新王朝的统治者领教过农民的厉害,却不能认为他们放松了对农民的统治。唐太宗对农民革命有过较深刻的体会,他"又尝谓侍臣曰:君依于国,国依于民。刻民以奉君,犹割肉以充腹,腹饱而身毙,

---

[1]《国清百录》卷二录隋文帝给智𫖮的信。

君富而国亡。故人君之患，不自外来，常由身出。夫欲盛则费广，费广则赋重，赋重则民愁，民愁则国危，国危则君丧矣。朕常以此思之，故不敢纵欲也"[1]。唐初对付农民的办法，是比较重视从思想上解除农民的武装的。唐太宗本人虽然不相信佛教，他在《贬萧瑀手诏》中说："至于佛教，非意所遵。虽有国之常经，固弊俗之虚术。何则？求其道者未验福于将来，修其教者翻受辜于既往……报施之征，何其缪也。"[2]但唐太宗却大力发展佛教，优礼僧人，并下诏度僧、建寺。唐代御用思想武器中有佛教、道教、儒家思想。唐朝遇有重要节日，常诏三教（儒、释、道）在宫廷中讲论，这里可以看出唐代统治者从历史上积累了一些思想统治的经验，他们深知宗教与封建伦理道德互相配合的用处。中国历史上的"农民的起义和农民的战争，才是历史发展的真正动力"（《中国革命和中国共产党》）。因此农民革命也在极大的程度上决定着中国哲学史的发展和变化以及学派学说的兴亡。上层建筑产生于基础，而反转来又为它的基础服务。唐朝佛教的发展也是这一历史唯物主义原理的具体例证。

---

[1]《资治通鉴》卷一九二。
[2]《全唐文》卷八。

二

天台宗与华严宗、禅宗都是隋唐时期势力最大的佛教宗派。在这三派之中，天台宗的势力和影响仅次于禅宗。至于法相唯识宗，虽曾风靡一时，但影响所及的区域，不过在两京（长安与洛阳）附近，流行的时间也不过三四十年。天台宗是中国佛教史上真正建立宗派的开始。

南北朝时，佛教中只有学派，没有形成宗派。当时也有许多讲《成实论》、三"论"（《中论》《百论》《十二门论》）和《地论》（《十地经论》）《华严》《俱舍》《涅槃》的大师。但是当时仅限于学术知识上的传授。国际上一些资产阶级学者研究中国佛教史，说中国佛教中有什么"成实宗""俱舍宗"等，是与事实不符的。其实，《成实论》是小乘后期的著作，它标志着向大乘空宗转化的过程。这部书里包括了佛教许多基本哲学范畴，因此，《成实论》就成了佛教徒初学必读的佛教手册。《俱舍论》也有类似的情况，这部书是小乘有宗向大乘有宗过渡的代表著作。南北朝时，其他的佛教流派都是这种学术性的学派，它和隋唐佛教的宗派不同。

南朝的末期，陈隋之际，佛教的寺院经济有了进一步的发展。如天台宗的创始人智𫖮在建立寺院时，由皇帝指定一个县的税收的一半作为他的寺院经费。陈宣帝太建九年（577）曾命令"割始丰县调以充众费……天台县改名为乐安"[1]。以出家人的身份直接经营世俗地主阶级的剥削，在南北朝已经开始，到隋唐更有所发展。

从南北朝到隋唐，在政治上占统治地位的是世代贵族地主阶级——门阀士族。他们在政治上经济上享有特权，占有广大的土地、山泽，并有极高的社会地位和政治地位。他们不必凭借任何的本领，只凭他们的家族、门第出身、封建文化教养，就骑在人民头上作威作福。

佛教寺院集团是当时的僧侣地主阶级，它的剥削方式和政治特权同门阀士族一样，只是不直接做官，摆出一副"超政治"的姿态罢了。

从南北朝经过隋朝、到唐朝的安史战乱以前，二百余年间各寺院一直拥有广大的土地，并拥有大量的为僧寺服役的劳动者，供僧侣地主驱使，从事生产。寺院占有的劳动者，可以不再负担皇帝（即国家）的劳役征调，也不再向国家交纳租税。这些被剥削者在宗教迷信的宣传蛊惑下，往往甘心受寺院的剥削，幻想着只要熬过今生的苦难，来生可以享福。

隋唐时期的佛教宗派，已不再像南北朝那样作为宗教团体而存在；它除了学术上保持其家学传授的关系以外，还有寺

---

[1]《唐高僧传》卷二一及《佛祖统纪》卷三七。

院财产的继承关系,所以从南北朝末期到隋唐时代的佛教宗派的封建宗法的特点和教义上的排他性表现得特别强烈。甚至为了"传法"的关系,寺院内部的倾轧表现为对抗性的矛盾。如南岳慧思有好几次几乎被毒死,[1] 禅宗的惠能在从弘忍处得到传法的衣钵后,也几乎送了性命。[2] 像这样的事例还很多,事实可能有所渲染、夸大,但宗派之间为了争正统、争庙产的继承权而引起激烈的内部斗争,是经常发生的。僧侣地主阶级毕竟是地主阶级,地主阶级的剥削本质决定了它的残酷性。证诸中外宗教史,这类事例极多。

资产阶级学者把隋唐时期各宗派的传授仅仅说成是学术渊源的师承关系,显然是不妥当的。隋唐时期各宗派之间的斗争,既有宗教派别的排他性,也有寺院财产的独占性。

南朝与北朝的社会性质、经济发展的情况很不相同,因而作为上层建筑的宗教理论也各有它的特点。

南朝的佛教配合唯心主义玄学清谈,为门阀士族特权制度服务。例如,当时般若学说即与当时门阀士族的贵无学说相联系;涅槃佛性学说即公然为当时的门阀士族的世袭特权做辩护;南朝的神不灭学说,实即宣传宗教有神有鬼论,乃是为当

---

[1] 见慧思《誓愿文》及《唐高僧传》卷二一。
[2] 见《六祖法宝坛经》的《行由品》。

时的封建宗法制度、血缘关系找"理论根据"[1]。当时僧众中有许多人对儒家的《礼记·丧服》极感兴趣,并有不少这方面的著作。儒生与佛教徒沆瀣一气,是当时的普遍现象。

南朝与北朝的社会发展的情况不同,学风各异。北朝的学风比较单纯、朴实,在一定程度上保持着汉代经学的传统。南朝学风在晋宋时期,尚"清通简要",齐梁以后则尚经论的讲说,以博学强记相夸饰。无论晋宋以前或齐梁以后,都是偏重佛教理论的探寻,与北方佛教偏重戒律、禅定的宗教实践的学风有很大的差别。如果对这一现象进一步加以分析,就可以发现北朝学风的特点是北方社会的经济、政治的特点在学术上的反映。在"五胡十六国"的长期混战中,北朝在北魏文帝以前,经常处于兵荒马乱的战争中,北方少数民族的贵族奴隶主把他们的落后的奴隶制生产方式企图强加在早已进入封建制社会的汉族人民的头上,把农民变成奴隶。因此,北方广大人民被迫起来反抗,北方的大地主阶级中,一部分带着他们的部曲、宾客(按:部曲、宾客都是依附于大地主的农民)南渡。大部分留下的地主,为了保存他们已经享有的封建剥削特权,也进行了一些武装反抗(地主武装在三国以后,即已形成),一部分农民在民族矛盾逐渐尖锐的时候,为了避免当奴隶的命运,被迫暂时依附于北方的大地主的堡垒周围。北方的大地主阶级为了

---

[1] 参看梁武帝《立神明成佛义记》,《弘明集》卷九及《敕下答神灭论》,《弘明集》卷十。

保存自己既得的封建剥削特权，利用汉代的经学作为精神武器，宣传封建宗法伦理观念，加强宗法制度。一般说来，北方由于战争、生产力的破坏，经济上落后于南朝。北方文人、学者的文化修养一般也比南朝落后。北方门阀士族地主阶级为了保存他们的阶级特权，在文化思想方面为了要抵抗得住当时文化落后的部族的干扰，它们不崇尚名理的辩论，而是教人从行动上照儒家六经字句去理解、记诵并照着实行。封建世俗地主阶级学风，也必然在僧侣地主阶级中有所反映。北方佛教也具有谨守佛教经典的指示，少议论，少发挥，多实行的特点。

北魏孝文帝的"汉化"运动，在客观上对发展北方的文化起过促进作用。所谓"汉化"的实质即是有政治领导地采用了封建剥削方式以及和封建剥削方式相适应的一套上层建筑，如政治制度、政治机构，保护封建所有制的法律，宣传封建统治阶级的文化、道德艺术和宗教等，用汉族的封建文化代替他们原来的奴隶制文化。这样，就加快了北方文化落后民族由奴隶社会进入封建社会的步伐。实际上，他们用汉化的方式，向北方汉族地主阶级妥协了，汉族地主阶级和异族的贵族统治者携起手来，共同对付广大的汉族农民。剥削阶级利益使他们和异族贵族勾结在一起，联成一气。北方的佛教和经学起了巩固北方统治秩序的作用。北方儒家经学发展的道路和他的特点，这里不谈，现在只讲佛教问题。北方佛教把禅定作为佛教徒行动的指南，他们把禅定作为宣传绝对服从、乐天安命、温驯、奴化性格最有效的思想工具。在阶级压迫和种族压迫的双重苦难下，北方佛教注重宗教实践的反动作用，比起单纯用唯心主义的宗教哲学世界观去麻痹人民的反抗意志更为直截了当一些。当然，利用宗教世界观向人民的反抗意志进攻，当时的封建统治者并没有放松这一方面，只是在两者之间，北方的佛教对禅定更为关心。当时在北方社会相对落后于江南的情况下，更多地注意宗教实践的推广，少做理论上的发挥，是符合当时统治阶级的要求的。

根据以上的历史事实，可以看出禅法在北方得到深入的传播，是有它的社会基础的。

禅法在北朝的传播可以上溯到北魏孝文帝（452—464年在位）时的佛陀扇多[1]和他的弟子们慧光、道房。此后有道房的继承者僧稠[2]、天竺僧勒那漫提[3]和他的弟子僧达、僧实，以及被后来佛教推奉为禅宗初祖的菩提达磨[4]和他的弟子慧可、道育、道正、信行[5]，都是禅学中的重要人物。

例如当时北方禅学的主要人物之一，菩提达磨的禅法在一般禅法中算是最简易的，就在这种简易的禅法中，也集中宣扬消灭人们对于当前剥削者压迫的反抗意图。比如他的"入

---

[1]《唐高僧传》卷一九。
[2]《唐高僧传》卷一九。
[3]《唐高僧传》卷三三。
[4]《唐高僧传》卷一九。
[5]《唐高僧传》卷二〇。

道四行"（按：入道四行即抱怨行、随缘行、无所求行、称法行）[1]的总目的在于教人对一切阶级压迫造成的不幸、灾难，"甘心受之，都无怨诉"。他教人从思想上做到"得失随缘，心无增减，违顺风静"[2]。这里所谓"风"是佛教哲学中的专门术语，即四大"地、水、火、风"的"风"，它略相当于中国古代哲学中的"气"的概念（所谓相当，即不全同），有血气及精气等含义。与身体相适应的"风"叫作"顺风"；与身体不适应的"风"叫作"违风"。达磨认为不论在与自己适应或不适应的任何情况下，都要保持心理和平、温驯的状态，不应存有反抗的意图。

佛教禅法，不论它的理论和办法是简单或是复杂，它的基本目的无非是教人安于现在的命运遭遇，培养奴才性格，消灭反抗意志。

隋唐时期是中国封建社会前期发展的高峰。唐帝国的建立和发展，它说明7世纪到9世纪时期中国经济、政治在各方面都取得了新的成就。它顺应历史的要求，结束了南北朝以来长期分裂的局面。

与隋唐帝国的政治统一局面相适应的文化等上层建筑必然带来新的特点。因此，唐朝的文学、建筑、艺术、书法、音乐、儒家经典的解释如《五经正义》等，各方面都结束了南北

---

[1]《唐高僧传》卷一九。
[2]《唐高僧传》卷一九。

朝长期独立对峙的情况，融合了南北特点，形成了南北统一新的上层建筑，为隋唐帝国的统一的政治要求服务。佛教也不例外，结束了南北朝长期相沿的南北学风，形成了新的学风。

因此，隋唐佛教既摄取南朝佛教的重讲说的学风，从哲理方面阐扬封建制度的永恒性；也保留了北朝佛教注重禅定的学风，从宗教实践方面把人民纳入奴化教育的封建规范之内。隋唐时期的地主阶级建成他们的封建大帝国，他们在文化上在推行宗教政策方面也取得了一定的效果。

唐代重要佛教宗派，一方面有他们的哲学理论体系，一方面又有自己的一套禅定方法（即观法）。如华严宗的"一真法界观"，禅宗的"见性成佛"；天台宗的"一心三观"，都是佛教中的出世理论与宗教实践相结合的学说。当时理论上的一代大师如唐玄奘，在印度曾与外道辩论，所向披靡，极为五印度人士所尊仰。但他回到中国后，在国内当时定（坐禅）、慧（宗教理论）并重的学风笼罩下，玄奘深以自己禅定功夫欠缺而感到有些歉然，并要求补足这一方面的宗教训练。显庆二年，他在《请入少林寺习禅并翻译佛经》的奏章里提到："……断伏烦恼，必定慧相资。如车二轮，缺一不可。至如研味经论，慧学也；依林宴坐，定学也。玄奘少来颇得专精教义，唯于四禅九定，未暇安心。今愿托虑禅门，澄心定水。制情猿之逸躁，絷意马之奔驰。"[1]

---

[1]《大慈恩寺三藏法师传》卷九。

禅定应与理论并重，已成为当时佛教徒公认的宗教修行标准。定、慧双修本来也是印度的学说，但佛经中在很多地方讲的是三学（戒、定、慧），也在更多的地方讲到"六度"（戒、定、慧、施舍、忍辱、精进）。隋唐佛教对禅定与钻研理论特别加以强调，完全是南北佛教学风汇合的结果，它与印度的关系不大。

智𫖮创立天台宗，正式提出止观不可偏废，并作为这一宗派的最高修养原则。天台宗的宗教实践到处贯穿着止观并重的精神：

> 泥洹之法，入乃多途，论其急要不出止观二法。所以然者，止乃伏结之初门，观是断惑之正要；止则爱养心识之善资，观则策发神解之妙术；止是禅定之胜因，观是智慧之由借。[1]

为什么要止观并重，天台宗的智𫖮也做了解释：

> 若人成就定（止）、慧（观）二法，当知此之二法，如车之双轮，鸟之双翼，若偏修习，即堕邪倒……故经云：声闻之人，定力多故，不见佛性；十住菩萨智慧力多，虽见佛性而不明了；诸佛如来，

---

[1]《修习止观坐禅法要》。

定慧力等，是故了了见于佛性。[1]

从以上事实不难看出天台宗的定（止）、慧（观）并重的宗教修养原则，是南北朝佛教学风在隋唐统一后的新历史条件下融合的表现。

---

[1]《修习止观坐禅法要》。

三

天台宗还没建立之前，它的先驱者是北齐慧文与南岳慧思。北齐慧文的宗教活动的时期约当北朝魏齐之际（535—557）。他被天台宗佛教徒追溯为东土的第一祖。他没有著作流传下来，也可能不曾有过著作。对于专门奉行禅法的和尚，这是不足为奇的。慧文奉行的是北方所普遍遵行的禅法，他是当时有名的"禅师"。据《止观辅行传弘决》第一之一及《佛祖统纪》第六的记载，在智𫖮以前的禅法共有八家：

第一，明师，多用七方便；

第二，最师，融心性相诸法无碍；

第三，嵩师，用三世本无来去；

第四，就师，多用寂心；

第五，鉴师，多用了心，能观一如；

第六，慧师，多用踏心，内外中间心不可得；

第七，文师（慧文），用觉心，重观三昧，灭尽三昧，无间三昧，于一切法心无分别；

第八，思师（慧思），多用随自意安乐行。

以上这八家，除明师（道明）时代略早于其他诸师外，其余各家差不多同时。这些不同的家数对佛教禅定各有不同的解释。

《大智度论》(卷三〇)引自大品《般若波罗蜜经》中的一段话:

> 欲以道智具足道种智,当学般若;欲以道种智具足一切智,当学般若;欲以一切智具足一切种智,当学般若;欲以一切种智断烦恼及习,当学般若。

慧文的解释是:

> 此中为令人信般若波罗蜜故,次第差别说。欲令众生得清净心,是故如是说。复次虽一心中得,亦有初中后次第。如一心有三相,生因缘住,住因缘灭。又如心心数法,不相应诸行及身业、口业。以道智具足一切智,以一切智具足一切种智,以一切种智断烦恼及习,亦如是。

又说:

> 论中三智,实在一心中得。且果既一心而得,因岂前后而获。故此观成时,证一心三智,双亡双照,即入初住无生忍位。[1]

---

[1]《止观辅行传弘决》及《佛祖统纪》卷六。

慧文读《中论》的《四谛品偈》：

> 因缘所生法，我说即是空，亦为是假名，亦名中道义。

慧文认为：

> 诸法（按："法"即"东西""事物"，诸法即一切东西）无非因缘（按：因缘相当于关系）所生。而此因缘，有不定有，空不定空。空有不二，名为中道。[1]

慧文的思想缺乏文字的直接记录，天台宗后代佛教徒的追记未必完全符合原意。但不难看出慧文的基本方向是一种客观唯心主义的宗教哲学。他否认客观世界的一切东西（法）的真实性，硬说一切东西（法）不过是由于众多的关系凑合在一起而产生；而这众多的关系又不过是抽象的概念，它的本身是非物质性的。这样，就抽空了物质存在的客观物质基础。抽去了物质，剩下来的就是精神（心）。这就是说，用不着改造客

---

[1]《佛祖统纪》卷六。

观世界去解除人们的烦恼;相反,一切烦恼的根源都是自己的精神(心)所造成的。因此,慧文教人用静观的方法,深入思考,把造成痛苦的一切客观条件都看作个人的思想问题、认识问题。当然他们所谓认识问题,也是被歪曲了的。这就是他们提倡禅宗的宗教目的。

慧文的继承者慧思(515—577),被追溯为天台宗的第二代祖师。由于北方的东魏和北齐的战乱,他由北方转移到江南。在慧思的宗教哲学思想中与北齐的慧文有所不同,他不但注重北方的禅法的传统,也受到南方佛教学风的影响,注重宗教哲学理论的阐明。唐道宣说:

> 自江东佛法,宏重义门(按:义门即理论),至于禅法,盖蔑如也。而思慨斯南服,定慧双开,昼谈理义,夜便思择。故所发言,无非致远。便验因定发慧,此旨不虚。南北禅宗,罕不承绪。[1]

慧思到了江南,"昼谈理义",谈的是宗教哲学的理论;"夜便思择",思择即禅定、静观的功夫。这里已开了定、慧并重的先路。但必须指出,南岳慧思所谈的理论和印度的佛教理论直接的关系不多,绝大部分是他自己制造出来的。

---

[1]《唐高僧传》卷二一。

慧思的著作不多，多半是口授的讲义，由门人笔记整理而成的有《四十二字门》《无净行门》各二卷，《释论玄》《随自意》《安乐行》《次第禅要》《三智观门》各一卷，自著的有《誓愿文》一卷。

慧思除了继承慧文的宗教思想以外，还大量增加了宗教迷信、预言（悬记），他吸收了当时中国的神仙方术之士的一套传教手法，也吸取了外来的印度的神仙方术之士的传教手法，开始形成了自己的宗教哲学思想体系。

佛教经典经过南北朝大量的翻译介绍，以及中印人民文化经济的长期交流，隋唐时期，印度的佛教和其他有关的思想大量传入中国。慧文的宗教思想来自《大智度论》，《大智度论》出自印度龙树（100—200）。龙树是印度传说的多才多艺的神仙，是释迦牟尼逝世后约五百年从佛教小乘大众部（小乘中的一派）分化出来的大乘空宗的重要创始人。他的重要著作有《大智度论》《十二门论》《中论释》，都已有中译本，并在中国佛教思想中引起过广泛的影响。印度相传龙树还会长生的方术。《隋书·经籍志》中曾著录《龙树菩萨药方》四卷、《龙树菩萨养性方》一卷。唐玄奘到印度去留学时：

> 到磔迦国东境，至一大城，城西道北有大庵罗林，林中有一七百岁婆罗门。及至观之，可三十许，形质魁梧，神理淹审。明《中》《百》诸论，善《吠

陀》等书。有二侍者，各百余岁。[1]

唐代澄观（760—820）的著作中也有类似的记载：

> 又案《西域记》，唐三藏初遇龙树宗师，欲从学法。师令服药求得长生，方能穷究三藏。〔玄奘〕自思本欲求经，恐仙术不成，辜我夙愿，遂不学此宗，乃学法相之宗。[2]

可见当时印度和中国都流行着一些长生不死的方术。南岳慧思曾接受了这种长生、求仙的思想。

又据《唐高僧传》记载，印度僧人那提三藏（唐太宗、高宗时来中国）传为"龙树之门人"。由那提上溯到龙树[3]约有四五百年，和玄奘到印度遇到的那位自称七百岁的婆罗门差不多。他们都有几分江湖术士的吹骗手法。唐朝皇帝信了他的一套吹嘘，使他"往昆仑诸国采取异药"[4]。这些事实虽然发生在唐初，时间略比慧思的时代迟了四十年，但是事实的性质和

---

[1]《大慈恩寺三藏法师传》卷二。
[2]《大方广佛华严经随疏演义抄》卷一三。
[3] 龙树（Nāgārjuna），印度文学家中有好几个名龙树的，佛教中观派的大师最著名。参见英国 A. K. Warder 著 *Indian Buddhism*。
[4]《唐高僧传》卷四。

它要说明的问题却是一致的。

慧思在他的《誓愿文》中曾发愿希望"成就五通神仙",并声明他要求长生,不是为了个人的长寿,而是为了更有效地宣传佛法。慧思以佛教徒的立场,大量吸取神仙方术迷信,并建立自己的宗教体系。在《誓愿文》中说:

> 今故入山,忏悔修禅,学五通仙,求无上道,愿先成就五通神仙,然后乃学第六神通,受持释迦十二部经及十方佛。

他的目的是:

> 我今入山修习苦行,忏悔破戒障道重罪。今身及先身是罪恶忏悔。为护法故,求长寿命。不愿生天及余趣,愿诸贤圣佐助我,得好芝草及神丹,疗治众病除饥渴。常得经行修诸禅,愿得深山寂静处,足神丹药修此愿。籍外丹力修内丹,欲安众生先自安。己身有缚,能解他缚,无有是处。[1]

慧思在《誓愿文》中反复提到神仙、芝草、内丹,显然

---

[1] 《南岳思大禅师立誓愿文》。

吸取了道教的一些内容，但他的根本立场还是为了宣扬佛教宗教原理。据记载，他的禅定的观点"多用随意安乐行"。据《高僧传》的记载，他的禅定的原则是：

> 自观察：我今病者，皆从业生，业由心起，本无外境。反见心源，业非可得，身如云影，相有体空。如是观已，颠倒想灭。心性清净，所苦消除。[1]

慧思在这里采用了佛教一贯的手法，从否认一切客观世界的存在开始，他说人生痛苦的根源是过去行为的结果。慧思教人把个人的存在看作虚幻不实的假想（身如云影）。他们就是用这种掩耳盗铃的办法去教人忘记痛苦，他们所谓"消灭""颠倒想"，在每一个正常的人看来，恰恰是颠倒观念的建立。

从慧文到慧思的思想发展，可以看出有以下的变化：

（1）慧文还保持有北方禅师重坐禅轻理论的特色，到了慧思时代，已开始出现了南北学风合流的迹象。只是当时政治上南北朝还在对峙着，所以南北朝佛教的融合时机尚未完全成熟。

（2）从慧文到慧思逐渐形成具有中国特点的宗教哲学体

---

[1]《唐高僧传》卷二一。

系，开始脱离依傍，与中国固有的宗教相结合。当时的佛教为了更好地为当时的中国封建社会的经济基础服务，属于上层建筑的意识形态也要随时做相应的调整。因为印度的佛教只能为当时印度社会的基础服务，他们不可能为中国的封建社会预制一套理论为中国的基础服务。

汉末的佛教被解释为神仙方术，魏晋佛教被附会为玄学清谈，都说明为当时封建统治阶级服务的上层建筑从印度输入后的改装、加工的必要。如果认为汉末、魏晋南北朝的佛教发展出于求法高僧们对印度佛教有兴趣，有求法的诚意，那未免把问题看得简单化了。

四

自从南北朝以来,大量佛教经典介绍到中国来。佛教在统治阶级大力扶持之下,得到广泛传播。这时人们开始发现大乘、小乘、空宗、有宗都存在着严重的分歧。其中互相矛盾的地方很多。在南北朝分散割据的政治局面下,佛教各派(即学派)实际上各不相谋,各讲各的。甚至对于佛教的一些基本观点,这一家和那一家的解释完全不同。这时与佛教长期敌对的道教也有了相当的发展。道教从民间的原始道教被上层统治者改装后,变成了御用的统治人民的道教,并与佛教争夺宗教的垄断权。佛教为了自己的利益,也认为有统一思想的必要。这时还有其他反佛教的一些理论,都在不同的方面对佛教展开了斗争。有不同宗教之间的(如佛教与道教)斗争,有佛教内部的长期分歧(如相州南北道之争,顿悟与渐修之争等),也有唯物主义无神论反对宗教迷信(包括佛教)之争。佛教为了弥缝佛教内部长期存在的理论上的分歧,加强佛教的理论战线的防御力量,共同对付来自外部的唯物主义的攻击,在隋唐时期各宗派都建立了判教的体系。

判教,就是佛教根据各宗派自己的观点、方法,把所有的佛教经典著作和理论加以系统地批判和整理,重新估价、安排。目的在于说明佛教的一切经典著作不但不互相矛盾,而且是相互补充的;在于说明佛教经典著作和理论的相互矛盾的现象,是由于佛对不同的听众、在不同的时机进行的不同的说教。但他们认为佛教的基本精神没有矛盾。判教工作是隋唐佛教各宗派对外防止攻击,对内统一分歧而采取的必要措施。印度的佛教经典中如《涅槃经》把佛的讲经分为五时,《解深密经》分为三时,《璎络本业经》分为顿、渐。印度这种五时、三时、顿渐的区分没有包括佛教的一切经典著作和理论在内。它和隋唐时期各宗派的判教的性质不同。如"天台四教义"说判教的方法是"义蕴佛经,名出智者"。意思是:精神实质是佛经早已有的,办法是智𫖮想出来的。隋唐时期除天台宗外,华严宗(按:宗密《原人论》把佛教分为人天教、小乘教、大乘法相教、大乘破相教、一乘显性教)、法相宗〔按:据《大慈恩寺三藏法师传》卷四:"法师(玄奘)妙闲《中》《百》,又善《瑜伽》,以为圣人立教各随一意,不相违妨。惑者不能会通,谓为乖反。此乃失在传人,岂关于法也……乃著《会宗论》三千颂。"〕、禅宗(按:禅宗的顿渐也是一种判教)都建立了他们自己的判教的原则标准。

天台宗把佛教的一切经典著作经过他们的批判整理以后分为"五时"与"八教"。[1]五时是:华严时,鹿苑时,方等

---

[1] 参看智𫖮《四教义》与灌顶《天台八教大意》。

时，般若时，法华涅槃时。八教是：藏、通、别、圆、顿、渐、秘密、不定。"八教"用来分别佛在五个不同的时间所讲的佛教宗教哲学原理的内容和说教方式的不同。

天台宗认为华严时是佛对已有深厚佛教基本知识的听众宣传的道理。鹿苑时（鹿苑是佛第一次说法的地名）讲的是小乘佛教四《阿含》的一些基础知识，是对一般不了解佛教的听众讲的。方等时听众对象是已有小乘宗教基础的听众，这是为了使他们进一步能够接受大乘的宗教原理，讲的是《维摩》《思益》(《思益梵天所问经》)《楞伽》《楞严三昧》《金光明》《胜鬘》等经，在于驳斥小乘，赞美大乘（"弹偏，斥小，叹大，褒圆"）。般若时讲的是大乘空宗的宗教原理，向听众宣传"色即是空，空即是色"的世界观。法华涅槃时对佛教宗教训练最深的听众讲《法华经》《涅槃经》，描绘涅槃世界是永恒、真实的世界，是佛教的最后真理。也是天台宗教人出家，接受佛教原理的最终目标。

八教又可分为化法四教（藏、通、别、圆）和化仪四教（顿、渐、秘密、不定）。

"藏"即三藏（经、律、论），主要是根据佛经（包括经、律、论）的文句，逐字逐句地了解，所讲的道理以小乘为主，内容比较浅近。"别"教是专对少数（个别）有佛教宗教训练的人讲的，不是对广大的一般听众讲的，所以叫作"别"教。"通"教所讲的内容是由"藏"教提高到"别"教的过渡。其中既包括较深奥的道理，也包括浅近的佛教原理。"圆"教是为佛教的宗教训练最深的人讲的最高的道理。以上这四种教（按：佛教把宗教宣传叫作教）是根据听众的程度、对象来运用的，天台宗叫作化法四教。即根据听众的宗教训练程度决定宣传的内容的难易深浅。化法四教实际上是天台宗进行宗教宣传内容的指导原则。

化仪四教是根据听众的才能、智慧来决定进行宗教宣传的方式。对利根人（聪明人）就直接讲大乘顿教的佛教原理，如华严时所讲的；对钝根人（聪明较差，接受能力比较迟钝的）就先说小乘，逐渐引导他们接受佛教的宗教世界观，如鹿苑（因佛在鹿苑说教时讲的四《阿含》，又称阿含时）时、方等时讲的佛教教义都是对钝根人进行"渐教"时采用的；秘密教，天台教自称佛有一种神秘的能力，使在座同时听讲的人听到的道理，各随自己的程度不同，互不相通，都能有所收获，这有似复式教学，令听众在同一课堂上都能学到他要学得的东西；不定教是佛根据不同情况，运用神通力量，使听众有不同的理解，这更是瞎扯了。化仪四教实际上是天台宗宗教宣传方式的指导原则。

天台宗提出五时八教在于给佛教中许多不同的学派都做一个合理的安排，最后目的还是宣传他的唯心主义宗教世界观。天台宗的创始人智𫖮在这一方面曾起过积极的作用，留下了大量的著作。据《智者大师别传》说"智者弘法三十余年，不畜章疏，安无碍辩……"。智𫖮自著的书有《净名经疏》三十八卷、《觉意三昧》一卷、《六妙门》一卷、《法界次

第章》三卷、《修习止观坐禅法要》一卷（该书又名《小止观》或《童蒙止观》)、《法华三昧行》一卷。智𫖮讲说经过门人整理过的笔记有《禅波罗蜜次第法门》三十卷略为二十卷、《法华玄义》十卷、《摩诃止观》十卷、《法华文句》十卷，以上三种是智𫖮反复讲述过多年的讲义，被后来的宗教徒尊奉为三大部。此外尚有《维摩经玄疏》十六卷、《菩萨戒经义疏》二卷、《仁王经疏》五卷、《阿弥陀经义记》一卷、《金刚经疏》一卷、《金光明玄义》二卷、《金光明文句》六卷、《观音玄疏》二卷、《观音义疏》五卷、《请观音经疏》一卷、《四教义》六卷、《四念处》四卷、《方等三昧行法》一卷、《观心论》一卷、《观心食法》一卷、《观心诵经法》一卷。

在智𫖮的著作中，充满了臆造的铺张的烦琐的经院哲学的特点。比如，天台宗为了炫耀它的宗教体系的复杂、丰富，他们故意把本来简单的东西弄得神秘、使人难以理解，以高深文其浅陋。他们故弄玄虚，制造烦琐的体系。隋唐佛教都带有这种烦琐重复的特点，例如在《摩诃止观》中说明大意（缘起)，开章分为十大项（大意、释名、显体、摄法、偏圆、方便、正观、果报、起教、旨归）叫作"十广"。十广中的"大意"一项又分为五科（发大心、修大行、感大果、裂大纲、归大处)。五科中如发大心一项又分为三小项（方言、简非、显是)。这不过仅就"大意"一项就这样七拼八凑地罗列了一大堆，其余各项可以想见。起初，智𫖮讲经还不敢过分放肆地制造体系，后来经慧思的亲手指点，慧思命"智𫖮代讲金经

(按:这是慧思所写的金字《大品经》),至一心具万行处,颉有疑焉。思为释曰:汝向所疑,此乃大品次第意耳,未是法华圆顿旨也。吾昔夏中苦节思此。后夜一念顿发诸法。吾既身证,不劳致疑。颉即咨受法华行法"[1]。此后智颉就放手发挥起来了。天台判教也是智者的杜撰,至于佛经中的个别字句经常望文生义,信口解释。比如"悉檀"一词,本是梵文的Siddham的音译,或译作悉谈,意思是"成就"。但天台的三大著作之一的《法华文句》,就抓住悉檀两个汉字大加发挥,慧思、智颉都解作:

> 悉之言遍,檀为施。佛以四法普施众生,故言悉檀。

像这样的例子还很多,这里不必多举。尽管智颉和他的天台宗的哲学思想中包括神仙迷信、不伦不类的唯心主义谬论,是一大堆杂烩,但是他们的宗教唯心主义立场却十分鲜明,对唯心主义世界观也非常坚定。他们挖空心思,制造体系,目的无非在于否认客观世界的物质性,把精神的作用夸大、吹胀。用"心"吞并物。智颉用他的宗教唯心主义世界观论述思维与存在、主体与客体的关系时说:

---

[1]《慧思传》,《唐高僧传》卷二一。

夫一心具十法界（按：十法界即现实世界的六道，加上声闻、缘觉、菩萨、佛。前六称为六凡，后四称为四圣），一法界又具十法界、百法界。一界具三十种世间（按：据《大智度论》世间有三种：众生世间、国土世间、五阴世间，每一法界各具十法界。所以共有三十种世间）百法界即具三千种世间，此三千在一念心，若无心而已。介尔有心，即具三千。[1]

很明显，世界的多样性、复杂性，在他们看来，不过是一念心的产物；没有主观的思维，就没有了这个变化、丰富的世界（"此三千在一念心，若无心而已；介尔〔按：介尔，即一点点〕有心，即具三千"）[2]，这是十分露骨的唯心主义。天台宗认为只有心才是最真实、最可靠、最根本的实体。所以他们说：

　　……心全体唯作一小毛孔，复全体能作大城。
　　心既是一，无大小故：毛孔与城俱全用一心为体。

---

[1]《摩诃止观》。
[2]《摩诃止观》。

当知毛孔与城，体融平等也。[1]

这是天台宗从空间上论证没有客观实在的基础。空间的大、小，都是由主观意识想象出来的。他们认为不论设想一座大城或设想一个小毛孔，在意识的领域里完全一样，没有区别。天台宗就是这样去曲解事物存在的客观性质，他们还从时间上曲解事物存在具体时间内这一事实。他们说：

据觉论梦，梦里长时，便则不实；据梦论觉，觉时食顷，亦则为虚。

这里完全否认了认识的客观基础，企图以相对主义的诡辩论去抹杀客观事物必须在时间里存在这一事实。他们不顾实践，做出了十分荒唐的结论：

正以心体平等，非长非短。故心性所起长短之相（意识中想象的时间的长短的表象），即无长短之实（并没有实际上的时间长短），故得相摄。[2]

---

[1]（南朝陈）慧思：《大乘止观法门》卷二。或疑此为伪书。作者认为此书可信。

[2]（南朝陈）慧思：《大乘止观法门》卷二。

所以不论长达十年，短到一刹都可包罗在一心之中。

照天台宗的唯心主义的观点，事物的存在完全可以超出空间时间之外，不过是人们一心虚构的产物。因此，在认识论方面，智𫖮大力宣扬他的"三谛圆融"的宗教学说。

所谓"三谛圆融"，即根据《中论》的三谛偈做出进一步的唯心主义的发挥。《中论》说：

> 因缘所生法，我说即是空，亦为是假名，亦名中道义。

相传北齐慧文宣扬的"一心三观"之说，认为《大智度论》中所宣称的所谓通过"道种智""一切智""一切种智"这三种超乎一般正常认识之上的神秘主义的直观才能认识他们所谓最后的真理（真如）。只要有了这三种智，就可以不要感性认识、理性认识、逻辑思维，直接认识真理。并且他们更进一步地宣称，如果通过感性认识、理性认识的途径，运用逻辑思维，反而不能认识真理。照他们颠倒的世界观看来，真理是超乎现实世界之上，永恒存在的精神性的实体，它既然不是感觉和思维的对象，因而感性认识和理性认识在真理面前无能为力，只能起障碍作用。当然，像这样的"真理"对一个正常人的思维过程来说，是难以设想的，为了宗教的目的，他们只有睁着眼睛说瞎话。

智𫖮发挥的"三谛圆融"的观点，在于说明一切事物不具有客观存在的物质性的基础,事物只是因缘和合的假想。因缘是假说的一种关系,它不是独立存在的实体,所以说是"空"的。大乘佛教所谓"空"不等于"不存在"或"空虚",而是"虚幻不实"。这种意义的"空",他们有时又叫作"妙有",它又是无自性的存在,没有任何质的规定性,所以叫作"假"。"中道"是"空"和"假"的统一。天台宗的认识论,是先掏空了认识对象的客观物质基础,然后再去"认识"。他们的神秘主义的认识论和他们神秘主义的世界观完全吻合。中离不开假和空,空离不开假和中,假也离不开中和空。这种玩弄名词的手法即所谓"三谛圆融",说穿了,无非是主观精神与主观精神的符合与一致。人们认识能力和范围只限于认识思维中的对象,这是他们的认识论原则——"三谛圆融"。他们认为没有心,就没有了一切,这是他们的宇宙观——"一念三千"。

天台宗力图抹杀客观世界的真实性,目的在于证明"真如"的永恒性、绝对性("一切法真实如是,唯是一心,故名此一心以为真如。若心外有法者,即非真实,亦不如是"[1])。天台宗所理解的世界一切皆空,并不意味着什么也不存在,他们空的是客观物质世界的一切现象,他们空物质世界,正是为了肯定他们的宗教的核心,"真如",精神实体的不空。

---

[1] (南朝陈)慧思:《大乘止观法门》。

天台宗这样的认识论首先没有事实根据，生活实践足以完全粉碎他们无视客观物质世界的谬说。他们既然没有客观事实的根据，就只好从理论上做文章，虚构体系。即使在理论上，智顗等人也不可避免地遇到了不可克服的困难。

　　按照天台宗的说法，既然一切都是虚幻的假相，是空，那么，真如世界（佛教的"天国"）与现实世界势必陷于绝对隔绝的状态。他们如果不极力抹杀或贬低现实世界，就不足以"证明"真如世界的永恒、超越、绝对等神学的特点。他们必须把世间和真如世界绝对对立起来。但把两者绝对对立起来又会阻塞了通向"天国"的道路，对宗教宣传的目的不利。宗教总希望俘虏更多的信徒，因此，在宗教理论上，需要更好地补一补漏洞。使天国与人间现实世界有桥梁可通。在天台宗发展的同时，佛教的其他宗派，不但分别提出了他们的判教原则，并且也在宗教理论上力图缩短人世间（现实生活的世界）和宗教天国的距离，如华严宗讲他们"理事无碍"法界，禅宗讲他们"顿悟成佛"，法相宗也以他们的"三性""三无性""转识成智"来向群众散布宗教思想。至于那些站在反宗教立场的无神论学派和其他唯物主义直接对佛教的批判和驳斥，给他们造成根本性的困难，就更加暴露了宗教唯心主义在理论上的漏洞。即使在佛教内部也出现了许多"王麻子""汪麻子"等同行竞争者。正如天台宗教的佛教史家志磐所说的：

　　　　每以智者斥破南北之后，百余年间，学佛之士，

> 莫不自谓双弘定慧，圆照一乘……自唐以来，传衣钵者起于庾岭（惠能的禅宗），谈法界（华严宗）阐名相者（法相宗）盛于长安。是二者（华严宗与法相宗）皆以道行卓荦，名播九重，为帝王师范。故得侈大其学，自名一家。然而宗经弘论，判释无归。讲华严者唯尊我佛（按：此指华严宗），读唯识者不许他经（按：此指玄奘法相宗），至于教外别传，但任胸臆而已（按：此指禅宗）……识者谓荆溪（湛然）不生，则圆义将永沈矣。[1]

智𫖮对于佛教，更确切一点说，对当时的统治阶级是有功的。他融合南北佛教，"双弘定慧"，使它更好地为统治阶级服务，从佛教徒的立场看来，不失为杰出的领袖。但是佛教中其他宗派也相继以他们的"贡献"为当时统治阶级服务，纷纷"侈大其学，自名一家"。既然出现了这些有力的竞争者，对于天台宗的发展是不利的，于是湛然对天台宗的教义做了某些发展，这就是佛教史上所谓湛然"中兴台教"的实质。

---

[1]《佛祖统纪》卷七。

五

天台宗的湛然为了从理论上补救他们所遭到的困难，提出"无情有性"的宗教世界观。这一学说集中表现在他著的《金刚錍》[1]一书中。

佛性问题是佛教的中心问题，这一问题的实质是：人们能不能进入天国？人们能不能成佛？成佛是在当下还是在遥远的将来？这些问题都构成佛性问题的内容。

唐玄奘在赴印度取经之前，在国内遍谒名师，钻研佛教这一根本问题，但是不能找到肯定一致的回答。为了解决这个问题，玄奘决定往印度取经。他自己说：

> ……去圣时遥，义类差舛，遂使双林一味之旨，分成当现二常；大乘不二之宗，析为南北两道。纷纭争论，凡数百年；率土怀疑，莫有匠决。[2]

用我们的话说，玄奘认为佛教的教义在中国存在着种种

---

[1] 本文引用湛然文句，凡出自《金刚錍》的，不再注出处。
[2] 《启谢高昌王表》，《大唐大慈恩寺三藏法师传》卷一。

不同的解释。成佛究竟是来世，还是当世，有不同的争论。大乘有宗的地论宗（分成相州南道和相州北道对峙的两派）。争论了几百年，没有办法解决。

能不能当世成佛，在玄奘的思想里始终是一个重大的问题，他归国前，往游伊烂拿钵伐多国路经迦布德伽蓝，向菩萨神像前祈祷时，发三个誓愿，第三个誓愿是："圣教称众生界中有一分无佛性者，玄奘今自疑不知有不？若有佛性，修行可成佛者，愿华贯挂尊（神像）颈项。"[1]

玄奘到印度留学，是带着当时中国佛教徒认为难以解答的疑难问题去的。他的疑难具有一定的代表性。人有没有佛性，即人成佛的可能性，这个问题本身是荒谬的。但在阶级压迫的社会里，人们迫切要求摆脱当前苦难的愿望，却是十分现实的，一点也不荒谬。宗教通过它的宣传和欺骗，帮了统治阶级的忙，它的政治意义也是十分现实的。这个无意义的问题起着有意义的作用。如果不能成佛，宗教将失去它的鸦片烟的作用，谁还相信它？如果进一步追问是不是人人对成佛都有分？如果有些人能成佛，有些人不能成佛，佛教所能俘虏的信徒就会减少。在佛教中，分明有一派说过有人不能成佛，像一阐提人（善根丧尽的人）即不能成佛，正如原始基督教认为富人不能升入天国一样。

---

[1]《大唐大慈恩寺三藏法师传》卷三。

宗教的天国是人间社会的折光反射。人间社会有一部分人永远受苦、受难，另一部分人安富尊荣，是合理呢，还是不合理呢？凡是关心它的基础的一切上层建筑对这一问题必须做出回答。古代的农民革命曾以武器的批判企图改变这一不合理的现象；佛教却完全站在相反的立场，他们对阶级社会的不合理的剥削压迫现象做了系统的歪曲的解释。

佛性问题在南朝就是一个争论得十分尖锐的问题。南朝的佛性问题的提出，是直接为南朝的门阀制度服务的。佛教的守旧派，为了维护人世间的不平等的封建等级制度，对"未来"的"天国"的门票也十分悭吝，也不肯让人民分享。佛教的新派，如竺道生等头脑比较灵活些，他们对人世间的不平等制度极力支持，但对未来的"天国"的门票却愿廉价地大量出售。实际上后者的说法对剥削阶级更为有利，经过统治阶级的选择，后者占了上风，但问题不可能真正解决。

隋唐时代，从南北朝百余年来相沿袭的门阀士族制度势力还很大，他们在政治上、经济上仍有很大的势力。据《新唐书》卷一九九《柳冲传》记载："过江则为侨姓，王、谢、袁、萧为大；东南则为吴姓，朱、张、顾、陆为大；山东则为郡姓，王、崔、卢、李、郑为大；关中亦号郡姓，韦、裴、柳、薛、杨、杜首之。代北则为虏姓，元、长孙、宇文、于、陆、源、窦首之……郡姓者，以中国士人差第阀阅为之制。凡三世有三公者，曰膏粱，有令仆者曰华腴，尚书领护而上者为甲姓。九卿若方伯者为乙姓，散骑常侍、大中大夫者为丙姓,吏部正员郎为丁姓。凡得入者谓之四姓。"这里讲的是南北朝时期的门阀士族的情况,但这种情况到了唐初并没有很大的改变。一般非门阀出身的中、小地主阶层几经斗争,也在政治上、社会上争到了一定的地位。如唐代的科举制度即是这一地主阶层向门阀地主阶级斗争取得的政治权利。又据《新唐书》卷九五《高俭传》记载:"初太宗尝以山东士人尚阀阅,后虽衰,子孙犹负世望……由是诏士廉……责天下谱牒……合二百九十三姓……为九等,号曰氏族志。而崔幹仍居第一。帝曰……朕以今日冠冕为等级高下。遂以崔幹为第三姓,班其书天下……"唐初如此,唐朝后期,门阀士族仍然有一定的社会势力,他们听说文宗皇帝给太子选妃子,门阀士族都不愿意以女儿入选。[1] 如宣宗时:

万寿公主,上(宣宗)之女。将嫁,命择良婿。郑颢,相门子……待婚卢氏。宰相白敏中奏选尚,颢深衔之。[2]

被选中当了皇帝女婿的郑颢没有能够与卢姓(门阀士族)女儿结婚,自认为倒了楣,被媒人白敏中出卖了,因而对白敏中怀恨在心。可见皇帝的女儿还比不上门阀士族的女儿尊贵。

---

[1] 参看《太平广记》卷一四八《庄恪太子妃》条。
[2] (唐)裴庭裕:《东观奏记》上。

终唐朝宰相三百六十九人，崔氏一族竟占二十三人。[1]

在这样门第等级制度森严的社会里，天台宗的湛然慨然地提出了他的"无情有性"的学说，宣扬连没有生命的东西，如草木砖石都有佛性（都能进入"天国"），当然人人都可以进入天国了。它的政治目的也十分清楚，教人相信佛的教导，安于苦难。另外，天台宗的宗教理论也将会得出湛然的无情有性的学说。

湛然认为一切都是佛性的具体表现，佛性即永恒的精神实体，它是一切东西的基础，这是一种鲜明的客观唯心主义的立场。他还认为佛性包括一切的存在（虚空也是存在），所以他说：

> 故知经以正因结难，一切世间何所不摄，岂隔烦恼及二乘乎？虚空之言，何所不该？安弃墙壁瓦石等邪？

佛教从释迦牟尼以来，即认为成佛是众生（也称为"有情"动物）的事，"无情"（非生物的东西）没有意识感觉、思维等活动，所以不存在佛性的问题。湛然认为"若分大小，则随缘不变之说出自大教，木石无心之语生于小宗"。

---

[1] 参看《唐朝宰相世系表》。

湛然认为木石无心这种观点是不正确的,他把一切东西都看作佛性的体现,他说:

故知一尘(客观对象)一心(精神活动)即一切生佛之心性。

照他看来,一切心性都是与佛性共同形成,共同变化,共同造成一切对象,共同改变一切行为的缘故。("以共造故,以共变故,同化境故,同化事故。")

湛然进一步就思维和存在的关系提出了他的存在统一于思维的唯心主义主张:

故……应知万法是真如,由不变故;真如是万法,由随缘故。

他所谓真如(精神实体),是属于精神方面的;所谓万法即万物,是存在方面的。思维与存在的关系,是哲学上的根本问题。在这一问题上,看哪是第一性和第二性来区别唯物主义和唯心主义。天台宗和一切唯心主义一样,它混淆思维与存在的界限,目的在于把客观世界纳入主观世界之中。

在思维与存在的统一的模糊命题下,他进一步把现象与本质这一对范畴也给以唯心主义的解释。他们认为现象与本质不在于反映事物的本质的规律,它不过是两个概念的互相

依存:

> 子信无情无佛性者,岂非万法无真如耶?故万法之称,宁隔于纤尘,真如之体,何专于彼我?

这是说精神性的实体无所不在,充满了一切事物。湛然还借用水与波的关系以说明他的哲学体系的本质与现象的关系:

> 是则无有无波之水,未有不湿之波。在湿讵间于混澄,为波自分于清浊。虽有清有浊而一性无殊;纵造正造依,依理终无异辙。

他认为现象只能作为精神实体的现象而存在。现象虽然有多种多样,但最后的精神实体只有一个,即所谓佛性。他们从逻辑上论证思维与存在的统一,归根结底,是用思维去统一存在。唯物主义者认为思维不能离开存在,而存在可以不必依靠思维。湛然和其他唯心主义者一样,在思维与存在统一的烟幕下,取消了存在,只保留了思维。真如(理)是唯一真实的存在。他宁可闭上眼睛抹杀一切现象,决不允许忽视精神第一性的地位,所以他说:

> 若唯从理,只可云水本无波,必不可云波中

无水。

尽管有人根据《大智度论》"真如在无情中但名法性,在有情中方名佛性"的说法,怀疑湛然的学说。但湛然肯定地回答说,这种怀疑态度是表面看问题,是"迷名而不知义"(只扣名词而不懂精神实质)。

天台宗从慧文、慧思、智𫖮开始,就充分运用了他们的大胆演义的手法,他们不管有没有佛教经典的依据,只要符合他们主观需要,他们就一律来纳入他们的庞杂的哲学体系里面。湛然更做了进一步的发展,无情的东西也有佛性,本来在书上找不到根据,但为了更好地填补他们佛教客观唯心主义的理论上的漏洞,为了更有效地扩大他们的宗教信仰的市场,不得不对过去佛教书中所没有的这一方面加以增饰。

哲学史已经证明,一切唯心主义越是彻底,就越难于自圆其说。如果不彻底,就会留下了唯物主义活动的地盘,对唯心主义也同样不利。从佛教的宗教唯心主义哲学来说,如果他们认为佛性不具有普遍性,佛性在某些时候对某些事物不起作用,或不发生关系,那么,佛性的威力就是有限的,佛性的最高、最广大、法力无边的神圣不可侵犯性就会因而降低。佛性(至高的精神实体)的管辖区域被规定在一定的范围之内,那么,它的管辖区域之外,就会成为唯物主义的领域。宗教是唯物主义和科学的死敌,它不会给客观物质世界以应有的地位的,它只能粗暴地让万物匍匐在上帝(或佛)的脚下,这本来是古今中外一切宗教哲学不得不做出共同的结论。难题也发生在这里：佛性既然无所不在，它当然也要在稊稗、在瓦甓、在屎溺[1]。天台宗"无情有性"的宗教学说，从一方面说，挽救了佛教的"佛性"不具有普遍性、管辖范围不广的缺点，它可以"囊括宇宙，统贯天人"，不给物质世界留有任何余地。湛然在唯心主义理论上的坚决性、彻底性比过去智𫖮等人的理论有了进一步的发展。但从另一方面来看，天台宗的宗教哲学，虽经湛然的进一步发展，却从内部制造了它的新危机。唯物主义是真理，唯心主义企图一手遮天，硬要抹杀它的存在是办不到的。天台宗把佛性融合在客观自然里面，把草木瓦石也看作佛性的表现，势必破坏了"佛性"至高无上的尊严，必然模糊了世间和出世间两个世界的界限。他们虽然把"佛性"的"普遍性"强调到无比的高度，但"佛性"的"绝对性""超越性"的这些特点不得不遭到贬抑。沿着这一方向发展下去，将给佛教的前途带来新的危机，对佛教是不利的。因此，不难看出，宗教哲学如果把神性自然化，表面上扩大了神干预自然界的范围，实质上在缩小神干预自然界的权力；他们主观上力图加强神的地位，实质上神的地位却暗中遭到削弱。因为宗教教人摆脱现实世界的苦难的办法是劝人走向另一个"超现实"的精神世界。一切宗教的特点都如此。湛然所引导的道路不但不能达

---

[1] 参看《庄子·知北游》庄子与东廓子关于"道"的一段对话。

到他预期的目的,在一定的意义上,对宗教唯心主义起着破坏作用。这也是一切唯心主义共同遇到的难题。他们无论采取什么手法,都是枉费心机,无法堵住这个漏洞。

马克思主义经典作家曾指出:

> 大不列颠的经院哲学家邓斯·司各脱就曾经问过自己:"物质能不能思维?"
> 为了使这种奇迹能够实现,他求助于上帝的万能,即迫使神学本身来宣扬唯物主义。此外,他还是一个唯名论者。唯名论是英国唯物主义者理论的主要成分之一,而且一般说来它是唯物主义的最初表现。(《神圣家族》,《马克思恩格斯全集》第2卷,第163页)

湛然认为一草一木中也有佛性,这种命题已接近了"物质能不能思维"的边缘,已经接近了泛神论或自然神论。"自然神论——至少对唯物主义者来说——不过是摆脱宗教的一种简便易行的方法罢了。"(《神圣家族》,《马克思恩格斯全集》第2卷,第165页)湛然不是唯物主义者,他的宗教立场和论证方法都没有想到会导致"摆脱宗教"的结果,这是和马克思所说的英国的唯物主义哲学家们"铲除了洛克感觉论的最后的神学藩篱"(《神圣家族》,《马克思恩格斯全集》第2卷),无论在时代和社会历史条件方面,都是不同的。但是逻辑理论上,"无情有性"的学说,给佛教前途带来了困难和新危机,则是客观事实。后来宋明唯物主义哲学家,特别是张载和王夫之,在反对有所谓超越一切的"太极"或"理"的斗争中,强调"道"或"理"不能脱离了"物"或"器",道内蕴于万物之中而不在万物之外、之上;他们对于天台宗及禅宗后期学说中泛神论和自然神论倾向的思想资料加以批判地吸收改造,建立了更加完整的唯物主义体系。后来宋明唯心主义哲学家如王守仁的"草木瓦石也有人的良知"的命题,就是对湛然"无情有性"学说的直接继承,他走的是神秘主义、主观唯心主义的道路。

法相宗哲学思想略论

任继愈谈汉唐佛教思想

一

法相宗在中国的创始人是唐代著名翻译家玄奘[1]和他的弟子窥基[2]。如果追溯这一宗派的印度远祖,一般都认为应从无著[3]和世亲[4]开始,中间经过护法和他的弟子戒贤[5]而传到中国的。

佛教一开始就从分析物质和精神现象入手,建立它的宗教体系。分析到最后,认为一切象(相)都是虚妄的,都不是实有的。只是小乘(早期佛教)分析得不彻底,大乘(后期佛教)在小乘佛教的理论基础上做了更彻底、更琐碎的分析,构成了一套完整的唯心主义体系。由于它集中地分析了世界各种(心的和物的)现象,所以叫作法相学派;分析到最后,认为一切现象不过识所变现出来的。就它前一特点(分析现象的特点)说,叫作法相学;就后一特点说,把世界的存在、变化

---

[1] 玄奘(602—664),《唐高僧传》卷四及《大唐大慈恩寺三藏法师传》。
[2] 窥基(632—682),《宋高僧传》卷四。
[3] 无著 Asaṅga(约410—500)。
[4] 世亲 Vasubandhu(约420—500)。
[5] 参看《大唐大慈恩寺三藏法师传》卷三。

归结为识的作用，叫作唯识学。前人有人把这一派分别开来，称无著一派为法相学，世亲一派为唯识学。我们从它的体系上看，所谓法相学是唯识学的开始，但没有完成；所谓唯识学是法相学的继续，完成的只是法相学的体系。所以称为法相学，或法相唯识学。把这一套学说完整地从印度搬到中国，并建立宗派，加以传播，是唐代玄奘开始的，窥基继续的。法相和唯识截然划分，至少玄奘等人没有这种看法，也没有这样做。我们也不必强加区分。正如我国宋代的程朱学派，若分别研究，固然有所不同，但从体系上看，程朱还是一个体系，不必再把他们不重要的小差别看作根本差别。无著和世亲之间的学术渊源和体系比起程颐和朱熹之间的相同之处就更多，关系更密，完全没有必要分为两派。

玄奘一生的主要宗教活动在于全力从事佛教经典的翻译工作，他的弟子窥基推广了他的学说。说玄奘是法相宗的实际创始人，是由于他把法相宗的主要经典都翻译成汉语并做了初步的宣传；说窥基是法相宗的创始人，是因为窥基在玄奘所奠定的基础上扩大了这一宗派的理论影响。窥基著作很多，后世有"百疏论主"[1]的称号。

玄奘从印度回国后，在他的主持下，领导一个译经

---

[1] 窥基著作近五十种，今存的（包括残存的）也有些是别人的著作，误认为窥基的著作的。

的集体,曾译出从印度带回的经、论共七十四部,合计一千三百三十五卷。法相宗的主要依据的有六部经[1]和十一部论[2]。在六部经中,有的早有译本,如《华严经》《解深密经》《楞严经》等,玄奘译了《解深密经》(第四次重译)和《菩萨藏经》。在十一部论中,法相宗有"一本十支"的说法,他们认为《瑜伽师地论》是"一本",其余十种是"十支"。在十一部中,多数是玄奘译的。玄奘的弟子窥基的著作,现存的有二十七部(有的不完全),也有一些是别人伪托的。研究法相宗的主要依据的材料还是依靠《解深密经》和《瑜伽师地论》《成唯识论》等主要著作。

　　玄奘以艰苦卓绝的精神,克服种种困难,完成了赴印度取经的任务,回国后,并出色地进行了翻译工作。他在印度求学时期也曾虚心学习当时各种有关佛教经典知识和工具知识(如因明学等),在中印文化交流的历史上写下了光辉的一页。他对增进中印人民之间的友谊也做出了卓越的贡献。这一方面,中外学者从不同的角度和不同的方面论述得不少,这里不打算多说,本文这里要谈到的是以玄奘为代表的法相宗这一

---

[1] 大部经,相宗"六经"是《大方广佛华严经》《解深密经》《如来出现功德庄严经》《阿毗达磨经》《楞严经》《厚严经》。

[2] 十一部论,据《成唯识论述记》卷一:《瑜伽师地论》《金刚般若论》《大乘庄严论》《集量论》《摄大乘论》《十地经论》《分别瑜伽论》《辨中边论》《二十唯识论》《观所缘缘论》《阿毗达磨杂集论》。

派宗教哲学的思想体系，并对这一思想体系进行初步的估价和评论。

佛教在印度的早期和后期是不同的。早期佛教对当时流行的旧宗教只注重祭祀的形式以及大量搜刮信奉者的财物有所抨击。释迦牟尼以宗教革新者的姿态建立了他的新宗教。在印度奴隶制初期，佛教不像旧的宗教那样腐败。

玄奘到印度时，当时占优势的，早已不是小乘佛教了。约在佛逝世一千年后，无著、世亲建立了大乘佛教的法相之学。传到了护法，已是佛死后的一千一百年左右。这时印度已进入封建社会，佛教已不再有当年释迦牟尼的革新姿态，而主要表现了封建时期"经院"哲学琐碎形式主义，成了为当权王室贵族直接服务的工具。佛教徒形成了特权阶级，已不再乞食于村邑，晏息于林泉，而是过着大官僚、大地主一样的豪华奢侈的生活了。以玄奘在印度留学期间居留最久的那烂陀寺为例：

> 至那烂陀寺……更安置上房……加诸供给：日得瞻步罗果一百二十枚，槟榔子二十颗，荳蔻二十颗，龙脑香一两，供大人米一升，其米大于乌豆，作饭香鲜，余米不及。唯摩揭陀国有此粳米，余处更无。独供国王及多闻大德。故号为"供大人米"。月给油三斗，酥乳等随日取足。净人一人，婆罗门一人，免诸僧事。行乘象舆。那烂陀寺主客万僧，

预此供给，添法师合有十人。[1]

这里描述了玄奘在印度那烂陀寺受到的重视，但也透露出当时的僧众的上层人物过的是王公大人一样的生活。还有，记载这里寺院建筑的华丽壮观，也极尽豪侈靡丽之能事："庭序别开，中分八院，宝台星列，琼楼岳峙……诸院僧室皆有四重重阁，虬栋虹梁，绣栌朱柱，雕楹镂槛，玉础文楣，薨接瑶晖，榱连绳彩。……"这一寺里连常住的僧人（约四千人）、临时的僧人以及其他来学者共有万人。这些僧人之中，据记载，通晓经论的学者不少：

凡解经论二十部者一千余人，三十部者五百余人，五十部者，并法师（按：即玄奘）十人。

这一大寺主要经济来源是靠租税剥削的：

建立已来，七百余载……国王钦重，舍百余邑充其供养，邑二百户，日进粳米酥乳数百石。[2]

有一百多个乡镇，每一乡镇二百户的农民要负担数百担

---

[1] 《大唐大慈恩寺三藏法师传》卷三。
[2] 以上引文均见《大唐大慈恩寺三藏法师传》卷三。

的粳米酥乳的供应,在当时的印度不能不算极重的剥削。正是靠了这种剥削,才使得这上万的僧众

> 端拱无求,而四事自足。艺业成就,斯其力焉。[1]

这时寺院已采取封建地主阶级的剥削方式,供养了一大批寄生的僧众。这些人是否真正精通经论,学有根底呢?当然,也有像戒贤那样个别的有学问僧人,而更多的是不学无术,只吃饭,不研究学问的人。玄奘在那烂陀寺留学期间曾遇到两件事。有一次,一个"顺世外道"(不信佛教的一个唯物主义学派的学者)来到那烂陀寺,向这一群和尚挑起理论的争辩,

> 书四十条义,悬于寺曰:若有难破一条者,我则斩首相谢。经数日,无人出应。[2]

后来,玄奘为了维护佛教唯心主义,出来应战,才驳倒了这个挑战的人。从这件事可见玄奘对唯物主义是坚决敌视的,但也说明了这许多吃"大人米"的高僧,并没有什么本

---

[1]《大唐大慈恩寺三藏法师传》卷四。
[2]《大唐大慈恩寺三藏法师传》卷四。

领，别人骂到大门口来了，他们居然躲起来，"数日无人出应"，多亏了玄奘这个外国留学生，才给这一万多人解了围。

还有一次，也是玄奘留学那烂陀寺期间，有一个叫般若毱多的老婆罗门，用正量部[1]的哲学观点向大乘佛教的学说挑战。并把挑战的论文送到一向支持那烂陀寺的戒日王那里。戒日王命令那烂陀寺派出四名代表，向小乘佛教进行辩论。戒贤从中挑选了四名学问最好的[2]"应王之命"。但是"海慧等咸忧"，不敢去参加论战。玄奘给他们打气，说：

> 小乘诸部三藏，玄奘在本国及入迦湿弥罗以来遍学皆讫，具悉其宗……奘虽学浅智微，当之必了，愿诸德不烦忧也。若其有负，自是支那国僧，无关此（按"此"即指那烂陀）事。诸人咸喜。[3]

这是说，辩论胜了，是全寺的光荣；败了，由玄奘一个人负责。这也看出他们尽管号称通二十部、三十部、五十部经论，其实只是死记了一些经论的条文，也许有些僧人连条文也未必能记得。这并不是说那烂陀寺不是当时的佛教中心，也不

---

[1] 正量部，是佛教小乘一切有部分化出来的一个学派。他们的学说中，有些唯物主义因素。大乘佛教认为他们的唯心主义不够彻底。

[2] 四名中，三名印度和尚是海慧、智光、师子光，一名是玄奘。

[3] 《大唐大慈恩寺三藏法师传》卷四。

是说当时那烂陀寺的僧人全是不学无术，而是说，从以上的这些事实，可以看出当时印度佛教的经院哲学已走向严重的形式主义，外强中干，同时又有思想包袱，放不下架子，不论向佛教以外的唯物主义斗争还是和佛教内部的不同学派的斗争，都没有胆量，显得暮气沉沉。

玄奘怀着宗教徒的虔诚，在印度十几年求师访友，学了不少书本上知识，看到了佛国的一些遗迹，是有收获的。玄奘在出国前也曾遍谒名师。玄奘在国内已偏重大乘有宗一派，对大乘空宗不大感兴趣。他问学受业的十三位最有名的大师[1]，其中学《摄论》的有六人，当时虽有般若学的专家，如明旷法师[2]，玄奘就没有向他问学。玄奘自己屡次提到他西行求法的动机是为了解决佛性的问题，也就是"成佛"是在累世修行之后，还是在当世死后就能"成佛"的问题。玄奘在那烂陀寺学习的重点是法相无著、世亲派的学说。这恰恰是他在国内长期不能解决的问题。因为宗教总是追求另外幻想的"天国"，也就是佛教的"成佛"；在佛教看来成佛对每一个人是否可能，需要时间的久暂，是头等重要的问题。

玄奘最后怀着满意的心情回国了。他认为多年的疑问，在印度所取来的，以及听来的佛教教义中得到了解决。他在回国途中，在于阗上唐太宗表中说：

---

[1] 参看《唐高僧传》卷四，《大唐大慈恩寺三藏法师传》卷一。
[2] 《唐高僧传》卷一五。

>   见不见迹,闻未闻经。穷宇宙之灵奇,尽阴阳之化育。[1]

玄奘自以为他的疑难问题,到了印度后,最后得到了解决。他的理论根据就是法相宗所宣扬的那一套完整的、忠实于印度后期佛教大乘有宗,无著、世亲的哲学体系。

---

[1]《大唐大慈恩寺三藏法师传》卷五。

二

佛教不论大乘或小乘，有一个共同的信念，就是不承认物质世界的真实性。他们在这一共同出发点指导下，分别建立起自己的宗教世界观和神学唯心主义体系。

世界本来是物质的，它客观地存在着。要否认它的存在，本来是办不到的事。而佛教，为了宣传他们的出世主义，为了引导人们到另外的世界去寻找现实世界里找不到的安慰，他们必须否认现实世界是真正存在的，并进一步证明现实世界不值得留恋。这样就在理论上打开通向天国（不论那些不同的宗教把他们幻想的天国叫作什么，实质上都是超现实的天国）的大门。这样就可以更有效地使人们屈服于地上王国的奴役，而不会起来造反。正如马克思所指出的：

> 基督教的社会原则曾为古代奴隶制进行过辩护，也曾把中世纪的农奴制吹得天花乱坠。必要的时候，虽然装出几分怜悯的表情，也还可以为无产阶级遭受压迫进行辩解。
>
> 基督教的社会原则宣扬阶级（统治阶级和被压迫阶级）存在的必要性，它们对被压迫阶级只有一

个虔诚的愿望,希望他们能得到统治阶级的恩典。

基督教的社会原则把国教顾问答应对一切已使人受害的弊端的补偿搬到天上,从而为这些弊端的继续在地上存在进行辩护。(《莱茵观察家的共产主义》,《马克思恩格斯全集》第4卷,第218页)

马克思讲的是基督教在欧洲历代的反动的社会作用,但是其他宗教的反动的社会本质也在这些尖锐、深刻的批判中揭露出来了。唐代中国的佛教何尝不是这样?只是他们用的是另外的一套手法和词句,活动的地区主要在古代东方的亚洲罢了。

佛教对于现实物质世界否定和对神学世界的建立,本来是一件事情的两个方面。现实世界不是闭上眼睛装作看不见就能否认得掉的;神学世界("天堂")也不是一下子就能把本来不存在的东西从理论上说得完整无缺,这也是一件事情的两个方面。我们从大乘佛教法相宗的宗教理论中可以看出他们是如何把宗教唯心主义更彻底化,他们如何掏空客观物质世界的物质性。他们用过的这些手法和论证,有些到今天还被有些唯心主义哲学流派反复地重复着。

早期佛教(小乘佛教)叫人们脱离现实生活的世界,寻求解脱的世界,把世界说成苦难的海洋,只有信奉佛教的道理,才可免于苦海的沉沦。但是在理论上,他们还没有把物质世界的客观存在性完全否定掉。他们有些人相信世界是由许多

"极微"（原子性质的）构成的。关于极微，本来是一种直观的揣测的唯物主义学说，不能用科学实践来证明给人看，不能从理论上驳倒唯心主义者的进攻。关于极微的问题，佛教中有不少记载的材料，大乘佛教反对这种学说。他们认为这种学说有唯物主义的嫌疑，至少有承认心之外还有一个物的世界存在着。[1]

法相宗还用类似西方哲学史唯心主义经验论的方法，论证对现实世界的一切事物不过是众多感觉经验的复合体，它（客观世界的事物）本身是不存在的，眼感觉它有颜色，耳听到它有声音，触觉得到它的质碍性、冷、热等。而这些，都是感觉通过人们不同的主观感觉器官得到的表象，可知外物并不真实。他们这种分析，在小乘佛教的后期，已渐趋于精密，到了大乘法相宗才比较彻底。法相宗提出了"唯识"的基本原理。玄奘的大弟子窥基说：

> 唯谓简别，遮无外境；识谓能了，诠有内心。识体即唯，持业释也。识性识相，皆不离心。心所心王，以识为主。归心泯相，总言唯识。唯遮境有，执有者丧其真；识简心空，滞空者乖其实。所以晦斯空有，长溺二边；悟彼有空，高履中道。[2]

---

[1] 法相宗的反对物质客观存在的某些观点，可参看《唯识二十论》。
[2] 《成唯识论述记》卷一。

这里，法相宗的根本观点在于论证世界只是"识"的作用，而没有什么离开识的客观物质世界存在。法相宗与佛教其他学说不同的地方，在于它更彻底地全盘否定了有所谓物质世界存在，它把一切现象都归结为识的作用，"识"决定现实世界的一切；只有进入真如世界后，"识"才失去它的作用。他们这种说法不过是骗人的。进入真如世界，只能说它是用更高级的精神境界代替了低级的识的活动，而不能说精神活动不起作用。相反，倒是把精神活动上升到超越一切、至高无上的地位。

小乘佛教的主要错误，法相宗看来，在于承认有认识者和被认识者两个方面，至少从被认识的这一方面来说，容易引起承认外界的可能。其中也确有一些带有唯物主义倾向的学派。大乘空宗的般若学派为了防止这种"不良倾向"，他们就把"空"的观念进一步强调，即所谓"我法二空"。一方面把主观方面认识者（人）做了种种分析，最后把它说成是"空"的；同时又把客观世界及其规律也说成是"空"的。这种"我法二空"比小乘佛教还有些承认现实世界的习惯看法，承认有所谓主观与客观的对立存在，在唯心主义的道路上前进了一步。在佛教唯心主义看来，是更"正确"了。像空宗的根本性的经典《大般若经》中说七空[1]或二十空[2]。他们不但空外境，

---

[1] 七空，详《大般若经》第二分。
[2] 二十空，详《大般若经》初分第一会。

而且认为连最高原理也不宜执为实有,如果看的过死,将会导致人们对现实世界产生客观实体的感觉。

> 时诸天子问善现言:岂可涅槃,亦复如幻?善现答言:设有法胜涅槃者,亦复如幻,何况涅槃?[1]

"涅槃"即佛教认为修行所祈求达到的最善、最完美、最幸福、最高的精神境界,而大乘空宗却教人们认为它是幻的,甚至说如果有比涅槃境界更高的,也是幻的。空宗把话"说绝了",他们企图彻底堵死通向承认客观实体的一切道路。不难看出,佛教越是到了后期,越是粗暴地对待物质世界的客观存在。他们全力防止唯物主义倾向的滋长,不惜用尽一切手法。但是这种防止的办法,从更全面的佛教立场来看,也有不利于佛教的地方。法相宗继大乘空宗之后,提出了新的补充,目的在于防止大乘空宗所造成可能发生的新偏差。

> 余修多罗[2]中,皆说一切空,此中[3]何故说,有真如佛性?
> 又问:

---

[1] 《大般若经》卷五五六。
[2] 修多罗(Sūtra),即"经",修多罗是梵文"经"的音译。
[3] "此中"的此,即法相宗的经典。

处处经中说，内外一切空。有为法[1]如云，及如梦幻等。此中[2]何故说，一切诸众生，皆有真如性，而不说空寂？

法相宗回答说：

　　以有怯弱心，轻慢诸众生，执着虚妄法，谤真如佛性，计身有神我。为令如是等，远离五种过。[3]

　　法相宗为佛教长远利益着想，他们认为"空"得太过分，把真如、佛性也给掏空了，显然对佛教有害。所以在与唯物主义观点为敌，不承认有客观世界的存在这一根本立场上，法相宗与大乘空宗没有两样。但是法相宗不满意的是大乘空宗把"空"的原则说过了头，对佛教信仰带来不利的后果，所以说它有"五种过"。第一种过，动摇信徒们成佛的信心，使他产生畏难思想（以有怯弱心）；第二种过，对众生（一切动物）的成佛决心估计不足（轻慢诸众生）；第三种过，夸大了一切皆虚妄的原理（执着虚妄法）；第四种过，也是在佛教立场看

---

[1] "有为法"，指一切现实世界的东西。佛教认为现实世界的东西，有成就有坏，最后归于空幻。
[2] "此中"的此，即法相宗的经典。
[3] 《宝性论·为何义说品》第七。

来最严重的错误,一切皆空,连"佛性""真如"也给掏空了,简直是对真如佛性的诽谤(谤真如佛性);第五种过,是由第四种过引起的后果。意思是说,不承认真如佛性为实有,势必导致脱离佛教的根本立场,放弃了"真如""佛性",而走向相信有一个不生不灭,永恒存在的"神我"的邪门外道的宗教中去。

  法相宗,是在大乘空宗用全力破除现实世界非真正存在这一基础上建立起的佛教哲学体系。所以法相宗的大师玄奘,用了毕生最后的精力,译成了六百卷的《大般若经》。他并不是真正相信大乘般若空宗是最高的真理;而是认为,只有在般若空宗的理论基础上建立唯心主义体系才是有利于佛教的、彻底的唯心主义。法相宗认为大乘空宗,尽管有它的缺点,但比小乘佛教承认世界有主客观对立的说法要好一些。认为法相宗不反对大乘般若空宗的说法,在这一意义上说是正确的;但是如果认为法相宗相信般若空宗和相信法相宗自己的宗派那样真诚,说玄奘不专守一家,他对各家各派都相信,这是错的。法相宗的根本经典之一,如《解深密经》以三时判别佛教各宗高下深浅:

  初时,为小乘说有教,明人空、五蕴空,未显法空,很不彻底;

  第二时,大乘空宗所依之《般若经》,然是有上[1]，有容[2]，未为了义；

第三时，有宗，说非有非空，中道教。[3]

这就是说，般若空宗的学说，是法相宗的学说的低级阶段，最高的真理还是大乘有宗的理论。玄奘在印度曾作《会宗论》[4]，今已不存，据《解深密经》判教原则推知他必以法相宗作为最高原则，般若学说是法相学说的低级阶段，调和大乘空宗和有宗的对立。

法师又以《中论》《百论》论旨唯破遍计[5]，不言依他起性及圆成实性。师子光不能善悟，见论[6]称一切无所得，谓《瑜伽》[7]所立圆成实[8]等亦皆须遣。所以每形于言。法师为和会二宗，言不相违背，乃著《会宗论》三千颂。

---

[1] 有上，上面还有更高的，意思是说，《般若经》的道理不是最高的，还有待进一步提高它。

[2] 有容，里面还有待补充的，意思是说，《般若经》的道理还不全面，还有补充的余地。

[3] 《解深密经·无自性相品》大意。

[4] 见《大唐大慈恩寺三藏法师传》卷四。

[5] "遍计所执性"，是大乘法相宗"三性"学说中的一性，后面要讲到。

[6] 这里的"论"，是指《中论》《百论》等。

[7] 《瑜伽》，指《瑜伽师地论》，法相宗的根本典籍之一。

[8] 圆成实性，即真如佛性，"三性"学说中的一性，后面要讲到。

法相宗并不是不讲空（现实世界是虚幻不实的），因为不讲空即不能否认客观物质世界的实在性，就不能建立他的虚构的"真如""佛性"的体系。如《解深密经》《瑜伽师地论》[1]都说有十七空；《显扬圣教论》[2]说十六空；《辨中边论》也有相类似的说法。在玄奘以前的真谛译有《十八空论》，也是从法相唯识的立场宣扬"空"现实世界的物质性的宗教学说的。他们不同于大乘空宗的是他们否认物质世界的同时，小心地保护着"真如佛性"的"有"，更加明确地肯定了"真如""佛性"的实在而不是"空"的。

现在且看法相宗是如何对待物质世界的存在，并如何歪曲它，把它说成精神存在的。

---

[1] 参看《瑜伽师地论》卷七七。
[2] 参看《显扬圣教论》卷一五。

三

法相宗继承小乘的传统，把一切现象（法）分为两大类，一方面是精神方面的，叫作心法；一方面是自然现象方面的，叫作色法。不论是属于精神方面或自然现象方面，都不承认有客观实在的物质作为基础，都是识所变现出来的。这种现象，他们在印度小乘《俱舍论》七十五法的基础上分为一百法（如再细分还可更多），其中又分为五大类。

（1）八识：眼识、耳识、鼻识、舌识、身识、意识、末那识、阿赖耶识。这八识中，前面五种是属感觉方面的，第六意识管思维，也管感觉。第八识是总管一切。第七识联系第八识与前六识。这八种法，他们叫作"心法"。

（2）从"心法"（八识）派生的有许多心理活动，包括感情、意志、思想倾向（显著的和不显著的）等等，法相宗分为六组：

第一组，有触（感触）作意（具有取境的倾向的意愿）、受（感觉）、思（思想）、想（观念）。这些，他们叫作"遍行"，带有普遍性，人人都有。

第二组，有欲（欲望）、胜解（认为）、念（记忆）、定（一心专注）、慧（佛教带有神秘直观意义的智慧），这些，他们叫作"别境",因为这些心理活动,是对各个人的特殊的境而起的,不是普遍随时都起的。

第三组,有信(信念)、惭(对自己的惭愧)、愧(对于别人的惭愧)、无贪(不贪求)、无瞋(不仇恨)、无痴(不愚昧)、精进(努力)、轻安(心情舒适)、不放逸(不断努力)、舍(心情放松,但不忘记)、不害(不伤害别人)。这些,都是属于"善"的心理活动,叫作善。

第四组,有贪(贪求)、瞋(仇恨)、痴(愚昧)、慢(自高自大)、疑(犹豫不决)、恶见(错误见解)。这些,特别是前三种佛教叫作"三毒",是众恶之首,都叫作烦恼,也叫作"本惑",因为他们认为这些都是人类所具有的根本性的迷惑。

第五组,有忿(怒)、恨(仇恨)、复(掩饰错误)、恼(狠戾)、嫉(忌妒)、悭、诳、谄、害(伤害)、侨(骄傲)、无惭(对自己的不知惭愧)、无愧(对别人的不知惭愧)、掉举(心不平静)、惛沈(懵懂)、不信(不相信)、懈怠、放逸、失念(不记忆)、散乱(放逸的加重)、不正知(荒谬知解)。这些,叫作"随烦恼",是从根本烦恼(本惑)派生的。

第六组,有悔(懊悔)、随眠(追逐外界的一种不由自主的精神状态)、寻(寻求)、伺(深度的寻求)。这些,叫作"不定"。

以上六组都是心的作用,统称为"心所有法",简称为"心所",就是心所具有的东西(法)。

(3)色法,是属于自然现象方面的。有:

眼、耳、鼻、舌、身、色、声、香、味、触等。

（4）不相应行法，"不相应"，即"不相似"，不同于前面所说的心法、心所有法、色法等，又不同于后面的"无为法"，这一类的法，不相似于其他四类的法。它们是：得（获得或成就）、无想定（坚持不去思想外界，使心不动，这是佛教以外的一种宗教的修养方法，佛教借用来说明人类有这种心理活动）、灭尽定（用力克制使思想不活动的一种心理状态）、无想天（无想定所追求的精神境界）、命根（即众生在一生全部活动过程）、众同分（众生各各自类相似的一些活动）、生（出生）、老（年龄衰老）、住（暂时停止，假说为住）、无常（现象的刹那生灭）、名身（两个以上的音节合集而形成的概念）、句身（两个以上的句子的合集）、文身（两个以上的字母合集）、异生法（或异生性，形成众生不同种类本性）、流转（变化）、定异（区别）、相应（因果现象的联系）、势速（速度）、次第（继续）、时（时间）、方（空间）、数（数目）、和合（全部、总体）、不和合（分解）等。不相应行，也称为"心不相应行"，意思是说，这一类的法，特别和心的活动现象有区别（不相应）。其实，它和色法也有区别（不相应）。

（5）无为法，是属于不产生也不消灭的法。有虚空无为（认识真理犹如虚空的精神境界）、择灭无为（得到至善的智慧的精神境界）、非择灭无为（通过神秘的直观而得到的精神境界）、不动灭无为（深思静虑，不为苦乐所动的精神境界）、想受灭无为（断灭一切观念、感觉，以直观显现真理的精神境界）、真如无为（得到真理的精神境界）。

法相宗这些法共一百个，[1]绝大部分有生灭，只有第（5）类无为法才是无生灭的实体。他们认为世界一切现象都是假相，是第八识的产物。分析诸法的目的，是为了证明给人们看：世界上现象虽然复杂，千差万别，但它们只不过是由识所变现出来的假象。只有破除了这些假象的物质基础，才会给"真如"（他们所谓本体）留出地盘。许多研究法相宗的人，被他们那些繁复的名词，琐碎的论证唬住了，只看到他们千门万户，搞得眼花缭乱，反而忘了他们分析这些法是为了什么。这就容易在敌人的烟幕下，放走了敌人。

哲学上的根本问题，就是思维和存在哪是第一性的问题，和两者的关系的问题。经典作家的指示，是颠扑不破的真理。从法相宗的哲学思想体系，也充分证明这派学说是怎样向唯物主义进攻，并如何抹杀客观物质世界的存在的。

法相宗在佛逝世后约一千一百年才最后完成了它的体系，因此，它有更多的机会吸取佛教前辈唯心主义的成果，加以发挥。为了更彻底地反对唯物主义，法相宗从哲学的根本问题入手，构造它的唯心主义哲学体系。法相宗的基本办法是企图取消主观和客观对立的关系，他们把客观世界完全

---

[1] 参看《百法明门论》《五蕴论》《广五蕴论》等。计心法八，心所有法五十一，色法十一，不相应行法二十四，无为法六，合计为一百个法。

说成主观世界的作用。他们还主张，就是主观方面，能起认识、了别作用的，也不是由于人的身体的物质结构（如眼、耳、心等），而是纯精神。也就是说，他们把哲学的根本问题，说成不是主观对客观的关系的问题，而说成纯主观的作用；在主观方面，起作用的也不是由于生理、心理的条件，而是纯精神的作用。

法相宗为了扩大主观世界无限辖区，他们开始不满足于以前的佛教哲学把人的主观认识能力、作用只限于六种识：眼、耳、鼻、舌、身、意，他们开始建立八种识。除了前面所讲的六种识以外，他们还说有第七识叫作"末那"（Manas），第八识叫作阿赖耶（Ālaya）。法相宗认为六个识，还是不能解决彻底否定外界存在的困难。因为，"识"总是具有了解、认识的作用的，人们的传统的理解，总是认为"识"是属于主观方面的。大乘空宗在打破外界的物质实体这一方面做了不少努力，单纯打破（佛教所谓"遮诠"）的方法，就是用消极的、取消、否定的方法，还不能使人们建立起对真如佛性永恒存在的宗教信仰。法相宗创造八识的学说，就是为了满足这种宗教要求。

准诸识皆名心意识，随义胜说，第八名心，第七名意，余识名识。[1]

---

[1]《成唯识论》卷五之三。

窥基又对第八识做了补充解释：

第八以集起义胜，故独名为心。[1]

在《入楞伽》中也说：

藏识[2]说名心，思量性名意，能了诸境相，是说名为识。[3]

法相宗的意思是说，八个识根据它们的主要特点分为三类。前六识（眼识、耳识、鼻识、舌识、身识、意识）是一类，其主要特点是起了区别、认识的作用，通过它可以区别色、声、香（气味）、味（味觉）、触和思想想到的一切东西，包括有形的事物和无形的法则等。前六识的活动比较具体，也比较强烈，主要任务是向它所要认识的对象起追求作用。前六识（眼、耳、鼻、舌、身、意）中，前五识（意识除外）"唯外门转"，只向外追求它所要认识的东西。第六意识能"内外门转"，能向外追求，认识外境，也能向内思考，自己进行思维活动。前五识，向外追求，不会无因而起，总要有所依据，它们依据的是色、声、香等境界。第六识也不

---

[1]《成唯识论述记》卷三。

[2] "藏识"即第八识的另一个名称。因为它是构成世界的基本精神单子（种子）含藏的地方，所以又称为"藏认"。

[3] 参看《成唯识论》卷五。

能无因而起,它所依据,据法相宗的说法,是以"染污末那为依止等"[1]。

重要的是第八识,阿赖耶识。第八识是前七识的最根本的共同的依据,所以又叫作"根本依"。有了第八识,其他七识才能分别起它们应起的作用。第八识有发号施令、主持一切的作用,所以称它为心,它的特点是"动而无为"。

第七识是联系前六识和第八识的桥梁:

> 执有相故,是先我执所生引故,令六识相缚不脱。[2]

第七识虽然是桥梁,它也要依靠第八识才能起作用,"由有本识[3],故有末那"。第七识的主要任务是永远、经常地维持前六识与第八识的联系。它是为第八识服务的,所以说"由有本识,故有末那"。它坚持:第八识是它的依据,它的存在以第八识的存在为前提。

法相宗虚构的八识学说是一系列主观作用的描画,在这些主观作用的八个识中,他们把感觉经验方面五个识放在极不重要的地位,把"动而无为",不与外界直接关系的第八识放

---

[1] 《显扬圣教论》卷一七。
[2] 《成唯识论述记》卷二三。
[3] 本识,第八识是前七识的根本依,所以也称为"本识"。

在发号施令的地位。前五识起作用时,要受第六识,意识的管束,意识可以单独活动,也可以与前五识一起活动,这种情况叫作"五俱意识",前五识活动时,意识一定和它们一起起指导和辅助前五识的作用。这里,法相宗也接触到感性与思维的关系的问题,但是实际上是贬抑感性的作用。而且他们连"感觉经验"也给改造成脱离客观对象的"感觉经验"。[1]

法相宗还在佛教唯心主义世界观的基础上,进一步加工,不允许有离开识有实在的境(对象)。法相宗认为八个识都是先分别由它们自己变现出它们所认识的对象(境),然后才起认识的作用的。认识不是主观与客观在发生关系,只是各个识的自己认识自己的过程。[2]这种彻底唯心主义的观点是从陈那[3]开始的。陈那在认识论问题上创立了"三分"的学说,他的目的在于反对唯物主义认识论(和有唯物主义倾向的),认为心外有客观对象的观点。法相宗认为一般人所谓"境"(外界、对象),不是主观(识)去认识外界(境),其实是自己的识所变现的"相分"。也就是说,人们之所以能有外境的感觉,不是由于真正有离开主观独立存在的外境,而是由于人们自己的思想中现出来的外境的形相。"相分"就是心的属于被认识

---

[1] 这些观点,参看《成唯识论述记》卷一。
[2] 这些观点,参看《唯识三十颂》。
[3] 陈那 Dignāga,活动于6世纪,印度法相学说的创始人之一,也是著名的因明学家,对因明的改造有贡献。他的著作《观所缘缘论》有玄奘译本。

的形相的部分；与相分相对待的心的能够认识的部分，叫作"见分"，它是认识者的心中属于具有认识能力的部分。心的具有能认识的作用的部分（"见分"）和心中属于被认识的形相的部分（"相分"）都要依据心自己的"自证分"（也就是心的具有认识作用的第三部分）。这一部分（"自证分"）是相分和见分共同所依的。[1] 他们不允许有离开心独立存在的'物'，"物"在法相宗的体系中不过是心的相分。

以玄奘为代表的法相宗与旧的以真谛为代表的一派，对于识的"能变"作用有不同的解释。真谛等也认为认识中的影相是识所"变"的，而不是外界事物自己所固有的，但真谛的说法，只承认第八识具有"能变"的作用，其余前七识只起能认识的作用，不能变现出它们（前七识）所认识的形相。他们说：

> 三界但唯有识，何者是耶？三界有二种识：一者显识[2]，二者分别识[3]。

三界唯识已经是唯心主义的观点，但玄奘、窥基等人对于真谛等人的旧说法还不满足。他们不满足于真谛所主张的只有第八识具有能变的作用。窥基曾说："真谛法师似朋一意识

---

[1] 大意参看《成唯识论》卷二之六，《成唯识论述记》卷一五。
[2] 显识，即第八阿赖耶识。
[3] 分别识，即前七识。见真谛译《显识论》。

师意。"[1]这是说,真谛倾向于同情"一意识"学派的意见,窥基认为他们的看法是错的。玄奘、窥基要求更彻底地取消认识论中主客观的分别。因为,前七识如果只起能认识的作用而不能变现它们所认识的对象的形相,那还是有认识论的主观与客观对立的嫌疑。有主有客,在法相宗的立场看来,总不如只有主观而无客观更能保证唯心主义的彻底性。因此,他们就把八个识的认识对象,都分别地归为它们自己"见分"所认识它们自己变现出来的"相分"。他们认为,只有这样,才能把物质世界的客观存在消灭干净。

只"消灭"了客观对象还不算。法相宗更进一步对于主观认识方面的能力的物质基础也一概否定。佛教小乘认为认识要通过一定的身体部分的机构,他们叫作"根"。如通过眼的感觉器官(眼根)可以认识色;通过耳的感觉器官(耳根)可以认识声音,等等。法相宗认为这种说法还不免有精神作用依赖物质结构的嫌疑,岂不是会引申出没有物质结构的"眼根",就没有精神作用的眼识?佛教小乘所讲的净色"根",有些像今天所谓"神经系",是细致的物质性的结构。意识(第六识)的根是"胸中色物",意思是指的心脏。世亲早期著作,曾指出各个根的部位和形状,显然是物质性的。比如他说:

---

[1]《辨中边论述记》。

> 眼根极微，在眼星上，傍布而住，如香菱花……耳根极微，居耳穴内，旋环而住，如卷桦皮；鼻根极微，居鼻颔内，背上面下，如双爪甲；舌根极微，布在舌上，形如半月……身根极微，遍住身分，如身形量。[1]

从无著开始，对根的解释有所改变。他们认为只靠根，如前五识的根，不能起作用，必须通过意识（第六识）与前五识俱，同时在起作用（俱起）。这里，他们剥夺了通过物质性的根可以起认识作用的能力。法相唯识一派，十师之一的难陀（即欢喜的音译）认为五识的功能叫作根，不承认还有非物质性的净色根，并因此引起十师中另一派安慧的反对[2]。法相宗中，如护法、玄奘等彻底的唯心主义的一派，对小乘佛教的净色根加以改造，认为净色根：

> 以有发生五识用故，比知有根。由果比因故。[3]

这就是说，能起认识作用的不是由于物质性的生理组织，

---

[1]《俱舍论》卷二。
[2] 参看《成唯识论》卷四，《成唯识论述记》卷二六。
[3]《成唯识论述记》卷四。

生理组织他们叫作"扶根尘",对认识只能起一点辅助作用,而主要的非物质性的"净色根"在起作用。

在法相宗的体系里,从认识论方面讲,他们取消了认识中的主客观对立的关系,把认识的作用仅仅归结为主观精神(心)的自我认识。在认识的主观能力方面,又改造了小乘佛教相沿已久的"根"的说法,取消了根的物质性,使生理结构在认识过程中只占极不重要的从属地位。总之,法相宗在促进佛教哲学彻底唯心主义化方面,尽了一切力量,可谓无所不用其极了。他们建立了八识的学说,以阿赖耶为主宰。别的识可以消灭,比如说,人死了,识就消灭了,不起作用了,只有第八识是永存的。这就为佛教的因果报应的宗教迷信制造了条件。如果没有一个永恒的不消灭的阿赖耶识,"人死如灯灭",宗教宣传也就失去它诱骗人们进入佛国的作用了。

在认识论方面,可以玄奘在印度提出的"真唯识量"作为代表。玄奘在回国前的五印度僧俗无遮大会[1]上用生命来维护这一唯心主义观点的一组命题。[2] 他的立论是这样的:

真故极成色不离于眼识——宗;
自许初三摄,眼所不摄故——因;

---

[1] 无遮大会,不论什么人都可以参加的大会。
[2] 玄奘立"真唯识量",自称:"若其间有一字无理,能难破者,斩首相谢。"见《大唐大慈恩寺三藏法师传》卷五。

犹如眼识——喻。[1]

单就三支因明推论的形式，和玄奘所使用的概念的明确性来说，这个推论是没有问题的。但是命题的真假，和逻辑推理形式是否正确毕竟不是一回事。因此，只要不承认他的唯心主义的观点，不承认他们的因和喻，自然也就得不出有所谓"定不离眼识"的色，他这个自命为颠扑不破的"真唯识量"不过是概念上的玩弄。这"真唯识量"并不难破。如果承认了他的前提，接受了法相宗一贯坚持的"根"不能有认识作用，只有"识"才有认识作用，那就等于陷入了玄奘给论敌预先设下的圈套，就难以自拔了。实践是认识的出发点，也是检验真理的尺度。法相宗这一套，在实践的考验下，可以完全被粉碎。

经法相宗改造过的"根"的学说，就成了否认根的物质性的学说，他们只承认识能认识，而所认识的不过它自己变现出来的"相分"。前六识进行活动时，变现出所认识或所思维的"相分"，再用它们的"见分"去认识它的"相分"。世界上当然没有这样的事。第七识的活动，所认识的只是变现出一个似我的"相分"。第八识（阿赖耶）的"见分""相分"的关系的解释就更加支离了。法相宗说：第八识的"相分"可分为

---

[1]《因明入正理论疏》卷五。

三部分：一是种子，二是根身，三是器界。"种子"是第八识所藏，不是第八识所变。照他们的逻辑，如果种子也说成八识所变，它（八识）的永恒性就会动摇。所以只能说八识是包藏种子的地方，第八识也叫作"藏识"。只是由于第八识的"见分"以种子为认识的对象，所以"种子"从它的认识中地位来说，逻辑上只好勉强叫它作八识的相分。根身，法相宗说，它有自己的种子，也有的说它是第八识的"见分"所变。它在第八识的性质他们自己也说不清楚。法相宗认为它是更带有神秘性，难以理解的。器界，相当于一般人所谓物质界，但也是八识所变。第八识"见分"的认识对象（相分）是上述的"种子""根身""器界"，而八识的"见分"据说"极深细，不可知"，只有佛才能认识八识的"见分"。

以上可见，法相宗反反复复，用了许多力气，无非论证他们的外在客观世界不存在，一切都是"识"（心），没有物（境）而已。他们所依靠的、起决定作用的第八识，又是这样神秘的、难以理解的，因为它是臆造的，所以它是无法证实的。阿赖耶识这种精神性的实体，他们说是每一动物都有的，并且不随着动物的生命的结束而消灭，它会转移到另一个生物中去。实际上，第八识就是变相的不死的灵魂，不过他们不肯这样承认罢了。单就认识的作用和过程来说，法相宗的认识学说是主观唯心主义的，但是就他们建立的第八识永远存在，不因个人的死亡而消灭，它又是"客观"的、多元的精神性的微粒，又是客观唯心主义的。

四

法相宗，在认识论方面，取消外境，只留下心的活动和功能。在世界的构成、发展的问题上，也同样发挥了它的彻底的唯心主义特点。

法相宗建立了精神性的单子——"种子"说，认为种子是构成世界的原因。据说种子有六种或七种特性：

（1）种子是各各独立的、最小单位的实体。

（2）种子不是不生不灭，而是刹那生灭，前者随灭，后者随生，即灭即生，不是前者灭了之后，后者方生。

（3）种子是诸识的对立面，种子是能生，诸识（也叫作现行）是所生。一能一所，互相依赖。

（4）种子生自己同类的种子，各不相乱（如眼识的种子亲生自己的眼识）。

（5）种子分本有种子和始起种子。[1]

---

[1] "本有种"又称"法尔种"，是本来就有的，不是从别的东西引发出来的；"始起种"又称"新熏种"，是由于后来的外在原因，引发出来的，因为它有开始，所以叫作始起种。

（6）种子分为相分见分。[1]

（7）一切种子有染、净的分别。他们也叫作有漏种子（染污的、恶的）和无漏种子（至善的。一般的善仍是有漏种子）。[2]

法相宗建立的"种子"观念，可能看到谷种、稻种能产生新的谷和稻，由此主观地推论出世界万物的产生也应当有它的种子。又由于他们否认有物质的客观世界，他们认为一切都是人的"识"产生的，从而认为种子离不开人的主观的精神，它不是物质性的，只能是精神性的。他们又认为人的主观精神（心）最根本的是第八识，种子藏住的地方在第八识的里面。种子和第八识是虚构的互相依存的精神实体。

无著认为种子是本来就有的，《瑜伽》说种子有七义，世亲的《摄大乘论释》中说种子有六义。[3] 不论种子有六义或七义，它的根本意义在于说明种子是一切法（东西）的根本原因，所以又称为"第一缘起"。无著认为种子是本来就存在的。世亲以下，有不同的说法。有一派遵循无著的成说，认为种子"本有"，还有一种说法，认为种子是由现行熏习才有

---

[1] 无著开始建立种子说，只是讲八类心和心所有法各各有种。世亲、护法发展了无著的学说，都分为相分和见分。

[2] 种子六义是：刹那灭，果俱有，恒随转，性决定，待众缘，引自果。并参看《成唯识论》卷二。

[3] 种子的性质参看《瑜伽师地论》卷五二，《成唯识论》卷六、卷二，世亲的《摄大乘论释》卷二。

的。"现行"（前七识）在生灭的过程中留有余势，这种余势不会立刻消灭，投入第八识中，即形成了种子，这一类的种子是新熏种。种子作为因缘（因果关系的因），产生后一刹那（后一念）的种子。护法、玄奘、窥基等综合了本有和新熏（即始有）两种说法。照法相宗的理论，如果只有新熏种，不立本有种，开始时即无因而起，理论上有困难。如果只讲本有，不讲新熏，也不容易说清楚人类的前念对后念，前一事物对后一事物的影响的关系。[1]

法相宗建立了种子学说，为了便于他们解释世界上一切心理现象和自然现象的起源、变化的原因。当然，他们的原因，只不过是精神的原因。

法相宗在种子学说的基础上创制了他们的"缘生"的理论。缘生，本来是小乘佛教中早已有的观点，但在法相宗的体系中，完全改造了小乘的缘生说法，从而形成了他们的唯心主义的世界起源的学说体系。他们认为精神现象的产生，要具有四种"缘"；自然现象的产生，要具备四种缘中的两种就行了。"四缘"是：

一因缘，二等无间缘，三所缘缘，四增上缘。
因缘者，谓种子。等无间缘者，谓若此识无间，诸

---

[1] 关于种子本有、新熏的问题参看《成唯识论述记》。

识决定生,此是彼等无间缘。所缘缘者,谓诸心心所所缘境界。增上缘者,谓除种子,余所依……由种子故,建立因缘;由自性故,立等无间缘;由所缘境故,立所缘缘;由所依及助伴等故,立增上缘。[1]

法相宗认为自然现象的产生,只要因缘和增上缘即可。无论精神方面的活动和自然现象,因缘是最基本的。因缘是有生灭的,它的特点是"亲办自果",它自己的"因"产生它自己的"果"。种子引发前七识的活动,而前七识的活动又引发新的种子;种子又可以引发它自己的种子。关于因缘的详细的解说,见《成唯识论》卷七,《瑜伽师地论》卷五一及卷八五,《显扬论》卷六,《成唯识论》卷二,《集论》卷三等著作都有类似的论述。

因缘,是法相宗的关于万物起源的重要观点。它是种子和前七识(现行)交互影响的产物。种子生种子,种子生现行(前七识),现行生种子。法相宗的因缘说,认为事物的成因不是由于外界物质原因(他们不承认有所谓物质),而是由于精神。物界、心界,都是种子的产物。

法相宗的因缘说,已涉及因果关系的问题。法相宗反对

---

[1]《瑜伽师地论》卷三。参看《瑜伽师地论》卷八五、五一,《成唯识论》卷七。在这些不同的著作里,对于四缘都有大同小异的论述。

无因论,认为一切事物的生灭都受它的因果关系的制约。我们必须指出,他们所讲的因果,不是指的现实物质世界的客观规律。他们说:

> 此识(按:即第八识)无始因果,非断常义。谓此性识无始时来,刹那刹那,果生因灭。果生故非断;因灭故非常。非断非常,是缘起理。故说此识恒转如流。[1]

从科学的观点来说,因果不是抽象地存在着,而是事物的规律所表现的现象间在一定条件下所具有的本质的、普遍的、必然的联系。这种联系是在一定的条件下,一定的时间里出现的。正因为如此,所以它体现了物质运动的规律性,也就是事物的本质的关系。列宁说:规律就是"本质的关系或本质之间的关系"[《黑格尔(逻辑学)一书摘要》,《列宁全集》第38卷]。因果关系,正是事物间的一种本质联系。唯物主义者的因果观,认为一定是前因后果,体现事物在时间中的发展过程。而一切唯心主义者都在因果关系上进行歪曲。法相宗的因果观,首先指的不是物质性的事物,不是客观的实在,他们只是指的在心中前一观念与后一观念的刹那生灭的因果关系。因

---

[1]《成唯识论》卷三。

果范畴,在他们的哲学体系里被歪曲为"识的流转相续",抽掉了物质基础,他就可以大胆地乱说:

前因灭位,后果即生,如称两头,低昂时等。如是因果相续如流,何假去来,方成非断?因现有位,后果未生,因是谁因?果现有时,前因已灭,果是谁果?既无因果,谁离断常?若有因时,已有后果,果既本有,何待前因?因义既无,果义宁有?无因无果,岂离断常……应信大乘缘起正理,谓此正理深妙离言,因果等言皆假施设。[1]

法相宗在这里极力反对小乘佛教把因果关系说得过死的观点,反对符合常识的因果观,而建立它的超因果的观点。抹杀科学的因果规律。第一,他所谓因果不是指的事物的发展的过程;第二,因果不是在一定的时间里进行的;第三,取消了因果的关系和时间先后的相继续的特点,而把因果说成不在时间里的同时出现的思想活动,如果抽掉了时间的制约,因果就失去它的基本意义,"因"也可以说成"果","果"也可以说成"因",等于否认因果。事实上,法相宗正是要抹杀现实世界的、科学的因果关系。

---

[1]《成唯识论》卷三。

在"等无间缘"的问题上,法相宗也把现象界的发生变化的关系先肯定,随后歪曲,终于抹杀。他们说:

> 等无间缘,谓八现识及彼心所前聚于后,自类无间,等而开导,令彼定生。多同类种俱时转故。[1]

从字面上看,是说,识从前念或识不断地让位给后起的念或识,永不停止。它是按次序的先后产生的,所以又叫作"次第缘"。但是我们考查一下,法相宗是如何认识时间范畴的,就可看出他们的所谓先后,并不是在时间里真正有先后。他们说:

> 时者,谓于因果相续流转,假立为时。何以故?由有因果相续转故。若此因果已生,已灭,立过去时;此若未生,立未来时;已生未灭,立现在时。[2]

又说:

> 依一念生灭,假说过、现、未,而实无有时分

---

[1]《成唯识论》卷七。并参看《瑜伽师地论》卷五二、八五。
[2]《杂集论》卷二。

可得。[1]

法相宗所谓"三世",其实只是一识的变现。既然讲先后识的过渡、延续的关系,却又否认时间是客观事物存在的形式。还有什么先后的必然关系可说?

同时,他的对空间的看法也是采取了取消的手法:

> 依何分位建立方?此复几种?答:依所摄受诸色分位建立方。此复三种,谓上、下、傍。[2]

法相宗虽然讲到所谓空间(方),这种方位并不认为是真实的,而是"假立为方"[3]。

列宁指出:

> 世界上除了运动着的物质,什么也没有,而运动着的物质只有在空间和时间之内才能运动。(《唯物主义和经验批判主义》,《列宁选集》第2卷)

列宁又说:

---

[1] 《成唯识论述记》卷八。
[2] 《瑜伽师地论》卷五六。
[3] 《杂集论》卷二。

唯物主义既然承认客观实在即运动着的物质不依赖于我们的意识而存在，也就必然要承认时间和空间的客观实在性。(《唯物主义和经验批判主义》，《列宁选集》第2卷)

和唯物主义者恰恰相反，法相宗的时间空间的观念，是为他们的宗教唯心主义服务的。否认外界，取消外界，当然也要否认时、空的客观实在性，只有把它说成"假设"的东西。他们又把这"假立"的时空观念反转来帮助论证现实世界的是识的变化的结果。

所缘缘，谓若有法，是带已相心或相应所虑所托。此体有二；一亲，二疏。[1]

所缘缘，以所缘境为仗托，这也是法相宗的唯心主义突出的一个观点。法相宗认为一种外境和认识的主体不可分开，"能缘（主体）入所缘（对相）宛若一体"，主客不分，才能产生认识作用。玄奘在印度曾与印度小乘佛教正量部的般若毱多进行辩论，玄奘用"挟带义"（主观吞没客观的挟带作用）攻击般若

---

[1]《成唯识论》卷七、卷一，并参看《瑜伽师地论》卷五二、八五，《杂集论》卷五。

毱多[1]。法相宗反对认识作用是反映外物的过程。

> 增上缘，谓若有法，有胜势用，能于余法或顺或违。虽前三缘，亦是增上，而今第四，除彼取余。[2]

增上缘就是增加的条件或关系，增上有扶助的意思。有的增加的条件是对于某种事物起积极作用，使它便于发展的，叫作"顺"的增上缘，也有的增加的条件对于某种事物起消极、限制作用，使它不能顺利发展的叫作"违"的增上缘。法相宗认为增上缘对于促进或延缓事物的发展是很重要的。

以上这四缘，共同的特点，都可表明法相宗对于世界万物的起源、发生和发展，都看作是种子，或识的作用的结果。他们在宇宙论方面也贯彻了他们的唯心主义原则。法相宗把产生万物的最根本的"缘"，因缘的种子，安放在阿赖耶识中。因此心或精神成了万化之源。又由于种子是多，不是一，是永恒存在，不是随生物的躯体的消灭而消灭。所以在宇宙生成的学说上，法相宗又有些像莱布尼兹的单子说，它具有多元的客观唯心主义的特点。

法相宗之所以建立他的缘生学说，目的不在说明世界，

---

[1]《成唯识论述记》卷四。
[2]《成唯识论》卷七，《瑜伽师地论》卷五二、八五，《杂集论》卷五。

而是在于通过对世界歪曲的说明,以建立他们的宗教世界观。

世界是种子在生生灭灭中进行着的世界。种子又是经常处在染污的情况下,每一众生的第八识中包含着有漏种子和无漏种子。实际上,在现实世界里,起作用的指导着人们的生活的是有漏种子;无漏种子不得显发。佛教法相宗认为,有漏种子是使人类陷于苦海的根本原因,只有根本切断有漏种子,才能使人免于轮回之苦。那就要彻底消灭有漏种子,使阿赖耶识不再起作用。为了开辟一条通向天国(真如世界)的道路,在人生问题方面,他们提出了"三性""三无性"的学说。

"三性"是:一遍计所执性、二依他起性、三圆成实性。法相宗把人类的正常认识叫作迷妄,他们说,人们之所以有"迷妄",就在于人们相信外界事物是真实的。

> 遍计所执自性者,谓依名言,假立自性。为欲随顺世间言说故。[1]

法相宗认为只要接受他们的"相无性"的原则,就可以对治遍计所执自性的"迷妄"。他们叫人第一步就否认外界的客观真实性,接受他们的一切事物没有实体的"相无性"的观点。

---

[1]《显扬圣教论》卷六。并参看《瑜伽师地论》卷七三、《摄大乘论》卷二、《成唯识论》卷八。"三性",或译作"三自性",义同。

依他起自性,是法相宗缘生说的另一个提法。他们认为依他起性是

心心所及所变现,众缘生故,如幻事等,非有似有,诳惑愚夫。一切皆名依他起性。[1]

既然一切心和物的现象是由众缘而起,所以法相宗认为只要接受了缘生这一唯心主义的关系学说,就不致以幻为真,就可以接受他们的"生无性"的观点。生无性,是说事物的产生由于四缘,因而取消了事物产生的物质基础。

"圆成实自性",是真如佛性的另一个说法:

云何圆成实自性?谓诸法真如。圣智所行,圣智境界,圣智所缘。[2]

法相宗破除物质世界,反对唯物主义的观点,目的无非教人接受他的真如佛性的出世哲学。他们认为,如果认识了并且接受了他们的圆成实性的学说,就达到了"胜义无性"的最高境界。"三无性"的学说,是针对"三性"学说来说的。

依此初遍计所执,立相无性。由此体相毕竟非

---

[1] 《成唯识论》卷八。
[2] 《瑜伽师地论》卷七三。并参看《显扬圣教论》卷六、《摄大乘论》卷二、《成唯识论》卷八。

有，如空华故。

依次依他，立生无性。此如幻事，托众缘生。无如妄执自然性故，假说无性，非性全无。

依后圆成实，立胜义无性。谓即胜义，由远离前遍计所执我法性故，假说无性，非性全无。[1]

法相宗真正空的只有遍计所执性。依他起性，他们认为是相对的真实，比如作为因缘的种子就不是空无的。至于圆成实性，是实有，并非空无，是绝对真实的。

可是，问题恰恰出在这三性和三无性的关系上。圆成实性或真如佛性，法相宗认为是万法（一切事物）的实体，但佛教认为真如是"无为法"，就是说它对于世界不具有加工、改造、推动的作用，它是不造作、不生灭、永世长存的。它是绝对清净，不杂有染污的精神实体。法相宗抬出这样一个虚构的超现实的本体，作为人们向往的目标。

同时，在现实世界里经常起主导作用的是阿赖耶识中所藏的种子，而种子和阿赖耶识又是互为因果的。如果照法相宗的指点，舍染归净，就必须割断阿赖耶识和众生活动的内在联系。真如界是永远不生不灭的，现实世界是永远生生灭灭的；真如界是绝对清净的，现实世界是染污的。真如佛性是无漏

---

[1]《成唯识论》卷九。

的、圆满的；现实世界中，人们的意识（包括八个识）是有漏的、不圆满的。如何才能沟通现实世界和真如世界隔阂呢？

法相宗企图从理论上打通人间和佛国两个世界，使人们逃避现实，进入佛国。他们说阿赖耶识包括有漏种子和无漏种子。有漏种子不断经过善行的熏习，可以从有漏转到无漏。阿赖耶识即转成"无垢识"[1]，阿赖耶识就不存在了。但佛教大乘法相宗的体系，本有种是"法尔故有"的，不是由真如产生的。熏习种也不是真如熏成的，它是前七识所熏的。真如对于本有种或熏习种都无能为力。真如是无为无作，不能产生万物。真如既不能产生万物，又如何使人舍染归净呢？[2] 且不说叫人"成佛"本身是个骗局，单就理论上说，法相宗认为只有佛能断尽有漏种子；有漏种子断尽才是佛。这一循环论证的窘境，他们无法摆脱！

法相宗宣扬离开每个具体的人还有所谓独立永恒存在的精神的实体阿赖耶识，和它含藏的精神的种子；认为人类的认识不过是自己的"见分"认识自己的"相分"；只承认主观世界而抹杀了客观世界。这种错误，正如马克思所指出的："……无人身的理性在自身之外既没有可以安置自己的地盘，又没有可与自己对置的客体，也没有自己可与之结合的主体，所以它只得把自己颠来倒去：安置自己，把自己跟自己对置起

---

[1] 法相宗变有漏为无漏的学说，可参看《成唯识论》卷三。
[2] 法相宗变有漏为无漏的学说，可参看《成唯识论》卷三。

来,自相结合——安置、对置、结合。"(《政治经济学的形而上学》,《马克思恩格斯选集》第1卷,第105页)马克思刺中了近代客观唯心主义的心脏。法相宗的阿赖耶识虽不就是近代资产阶级哲学家们所谓"理性",但是这些指示的基本精神和原则对于我们剖析古代法相宗的唯心主义体系也是完全适用的。

五

　　法相宗在中国佛教史上可谓最忠实于印度大乘有宗的哲学体系的。玄奘本人和他的弟子们都严守从印度搬回来的经典的教义。他们介绍印度学说的谨严的治学态度也是为佛教学者及资产阶级学者所称道的。在唐太宗和唐高宗时期，也曾风靡过一时，但前后不过四十年，即衰落，并从此一蹶不振。直到辛亥革命后的十几年间，军阀统治时期又曾呈现过一度表面的热闹。一些资产阶级学者们说，中国人民喜欢概括，不喜欢烦琐，所以这一派衰落了。我们认为这是一种不能自圆其说的唯心史观的说法。既然中国人喜欢概括，不喜欢烦琐，就应当根本不能流行，何以有三四十年的兴盛时期？既然中国人不喜欢烦琐，为什么辛亥革命后的十几年间，中国人忽然又喜欢烦琐了？如果说喜欢概括是中国人的天性，那么禅宗总算够概括了，何以禅宗盛行了一阵子也衰败下去了？我们还是应当牢记着马克思的教导：

　　　　我们不把世俗问题化为神学问题，我们要把神学问题化为世俗问题。(《论犹太人问题》，《马克思恩格斯全集》第1卷，第425页)

法相宗之所以暂时得到发展和传播,和唐太宗的政治要求有直接的联系,也和唐初的宗教政策有关系,同时,和玄奘个人为建立他的宗派的政治积极活动也有关系。

唐太宗本人是不信佛教的。他有几次下诏书明白宣示他对佛教的态度。[1] 但是他为了利用宗教作为工具,他的确也曾下诏建寺,度僧。在他取天下时,他和他父亲李渊都利用僧人的力量,帮他打天下。[2] 唐代统治者为了加强对人民的思想统治,对佛教曾充分利用。尽管唐太宗不喜欢佛教,但是为了他自己王朝的长远利益,制定一些推广佛教的政策,这是可以理解的。唐太宗也正是这样做的。

玄奘是一个学者、翻译家,这是人所公认的。但是,作为一个宗派的开创者,没有一定的政治活动能力,是不可能的。玄奘与当时唐太宗关系处得很好,他也善于迎合统治者的心意。有一次唐太宗问他,到印度求法,"山川阻远,方俗异心",你怎么能到达的呢?玄奘回答说,由于皇帝的威德所致。这种回答,近于阿谀奉承,显然不像由衷之言。玄奘为了扩大他所译经的影响,曾经几次恳求皇帝给他译的经作序,唐

---

[1] 唐太宗的手诏:"朕今所好,唯在尧舜之道,周孔之教。"(《贞观政要》卷六)又说:"至于佛教,非意所遵。"(《旧唐书》卷六三)

[2] "武德七年,任僧法雅发京寺骁悍千僧,充军位。"(《唐高僧传》卷三一)又李世民曾借少林寺僧,平王世充。(见《金石萃编》卷四一)

太宗不愿为他作序，而对他的《西域记》很感兴趣。在玄奘的坚决请求下，皇帝终于写了一篇序文。这对于玄奘的学说的推广，应当是起了积极作用的。玄奘还利用皇太子为他的译经作序以扩大他的影响。果然：

> 自二圣序文出后，王公百辟，法俗黎庶，手舞足蹈，叹咏德音，内外揄扬。未及浃辰，而周六合……归依之徒，波回雾委。所谓上之化下，犹风靡草，其斯之谓乎！如来所以法付国王，良为此也。[1]

《大唐大慈恩寺三藏法师传》的著者彦悰，对于皇帝给玄奘的支持和它产生的效果说得很清楚了。玄奘还经常与皇帝谈论，有一个时期，成了太宗每天不可少的侍从人员。这固然影响了他的翻译工作的进行，但也有利于他出入宫廷，接交皇族、达官贵人。而且玄奘绝不是不问外事的书呆子，就连宫廷里皇后怀孕将诞生太子，他都事先打听清楚，并为皇后"乞平安"[2]。太子出生后，他又要收太子做徒弟，上尊号奉为"佛光

---

[1]《大唐大慈恩寺三藏法师传》卷七。这里说的"二圣序文"就是指的唐太宗和唐高宗先后给玄奘的译经写的序。

[2]《大唐大慈恩寺三藏法师传》卷九："皇后在孕，未遂分诞，玄奘深忧惧，愿乞平安。"

王"，这些行动，都不是一般不懂政治的僧人能做得到的。道宣《唐高僧传》曾讲到大慈恩寺梵僧那提，由于相信空宗，与玄奘的法相宗理论不合，携来的经籍没有机会翻译[1]。可见打击别人，抬高自己，扩充地盘，这些手法，玄奘也是惯于使用的。道宣与玄奘无利害关系的矛盾，不必无中生有。后来法藏一派的华严宗排斥玄奘的法相宗，已成为公认的事实。

宗教和其他上层建筑一样，它能不能起作用，主要看它能不能很好地为它的基础服务。马克思说过："理论在一个国家的实现程度，决定于理论满足这个国家的需要的程度。"(《〈黑格尔法哲学批判〉导言》，《马克思恩格斯选集》第1卷，第10页) 法相宗不是从中国土生土长的，不是为了适应中国当时唐帝国的基础而建立的，是佛逝世后一千年到一千二百年间纯粹印度的佛教理论。这一派理论，在印度已开始没落，已成为典型的中世纪烦琐的形式主义的佛教经院哲学。而当时，中国的各宗派，针对着中国社会内部的矛盾，纷纷提出如何解决成佛的问题和佛性有无的问题，玄奘也是带着这个问题上西方求经的。可是他到了印度时，学到的是一些书本的知识，而对于如何转变有漏种子为无漏种子，如何割断阿赖耶识在生命中的作用，玄奘在理论上没有获得解决。玄奘法相宗全力以赴，做得最多的是"取消"客观世界物质性的工作。对于当时

---

[1]《唐高僧传》卷四。

的中国，具有丰富的阶级斗争经验的统治阶级来说，他们要求的是如何向人民大众散发廉价的进入天堂的门票，而不是反反复复地从理论上论证客观世界和阿赖耶识的问题。

玄奘建立法相宗及其不久即遭失败这一事实，说明上层建筑，即使与经济基础离得较远的，像宗教，它毕竟要适合它的经济基础。外来的上层建筑搬了来，不加改装，只能暂时靠某些外因，起一时的作用，到底它生不了根，更不能发展。我们从隋唐的几个重要宗派的建立和发展的过程中不难看出，凡是对经济基础适合的，就得到发展；不适合的，就停滞；生硬移植的就会枯萎。这一事实也说明了历史唯物主义关于经济基础和上层建筑的关系的原理。正如恩格斯所指出过的：

……每一时代的社会经济结构形成现实基础，每一个历史时期由法律设施和政治设施以及宗教的、哲学的和其他的观点所构成的全部上层建筑，归根到底都是应由这个基础来说明的。（《反杜林论》，《马克思恩格斯选集》第3卷）

由此可见，法相宗的哲学思想的兴衰，不能从人民的"性格"中去找寻原因，应该，也只能从它和当时的经济基础和阶级斗争中去寻找原因。辛亥革命后十几年间，旧中国曾有过一度抬头的法相唯识之学，也不是由于法相宗本身有什么真理，而是在当时学术界复古主义的逆流影响下，有中国考据，也有洋考据。有汉学家的章句之学，也有洋章句之学。那时的法相唯识之学曾热闹过一阵，正是当时复古主义用烦琐的唯心主义对抗新思潮而出现的一股逆流。他们以佛教烦琐哲学向当时的唯物主义进攻。

今天我们还要研究法相宗的学问，但是今天我们不是打算在这里面去寻求"真如境界"，去找什么"精神的寄托"，而是要经过批判，来总结过去唯心主义如何向唯物主义进攻的经验教训，找出它的规律。并揭示它如何千方百计否认客观物质世界的存在，所做的徒劳无益的努力。而这些手法，今天有些资产阶级流派还用不同的形式重复这些谬误的观点。我们和几十年前以"振兴佛法"，"济世救国"为借口，坚持唯心主义，对抗唯物主义，引导人们脱离现实斗争的人士们的想法和做法，是根本不同的。

华严宗哲学思想略论

任继愈谈汉唐佛教思想

一

华严宗以阐扬《华严经》而得名。

《华严经》译于东晋义熙年中(约5世纪初年),当时由佛陀跋陀罗译出六十卷本。早在六十卷本之前东汉末年三国以来已先后译出过《华严经》的有关部分佛教经典。六十卷本译出后,曾有许多僧人讲述传播《华严经》,但没有华严宗。《华严经》是后期印度佛教中"有宗"这一派的重要经典之一。佛教各种大部头的经典都是先有短篇的宗教故事或长诗(偈颂),经过佛教徒多年的讲授和补充最后才编辑成为一部大书的。《华严经》就是一部总集名称。在《华严经》之前就有许多短篇,或卷数较少的零星译本。[1]

---

[1]《兜沙经》一卷,后汉支娄迦谶译,即后来《华严经》的《如来名号品》;《菩萨本业经》一卷,三国时支谦译,即《华严经》的《净行品》;《诸菩萨求佛本业经》一卷,即《华严经》的《净行品》,西晋聂道真译;《菩萨本愿行品经》一卷,即《华严经》的《净行品》,西晋聂道真译。以上四种译经都属于《华严经》的第二会中的组成部分。

《菩萨十住经》一卷即《华严经》的《十住品》,东晋只多密译;《菩萨十住经》一卷即《华严经十住品》,西晋沙门竺法护译;《菩萨十道地经》一卷即《华严经》的《十住品》,聂道真译;《十住断结经》十卷,也是《华严经》的《十住品》。以上四种译本都属于《华严经》的第三会中的组成部分。
(转下页)

（接上页）《十地断经》十卷即《华严经》的《十地品》，后秦竺佛念译；《十住经》十二卷即《华严经》的《十地品》，西晋聂道真译；《菩萨十地经》一卷即《华严经》的《十地品》，西晋竺法护译；《大方广十地经》一卷疑即《华严经》的《十地品》，东晋祠支译；《十住经》四卷即《华严经》的《十地品》，后秦鸠摩罗什等译；《渐备一切智德经》五卷即《华严经》的《十地品》，西晋法护译；《菩萨初地经》一卷即《华严经》的《初地品》，聂道真译。以上七种译本都属于《华严经》的第六会中的组成部分。

《等目菩萨经》二卷即《华严经》的《十定品》，竺法护译；《显无边佛土功德经》一卷即《华严经》的《寿命品》，唐玄奘译；《如来兴现经》四卷即《华严经》的《性起品》，竺法护译；《如来兴现经》一卷即《华严经》的《性起品》，白法祖译；《大方广如来性起经》二卷，《大方广如来性起微密藏经》二卷，都是西晋译本。以上六种译本都属于《华严经》第七会中的组成部分。

《度世经》六卷即《华严经》的《离世间品》，竺法护译；《普贤菩萨答难二千经》即《华严经》的《离世间品》，三国时吴代译出。以上两种都属于《华严经》第八会中的组成部分。

《罗摩伽经》三卷即《华严经》的《入法界品》，西秦沙门圣坚译。此外尚有魏安法贤译三卷本、北凉昙无谶译一卷本都属于《华严经》第九会中的组成部分。

此外尚有八九种译本，同属《华严经》内容，而《华严经》没有收进去的。以上均参看《华严经传记》。

这种情况不只见于《华严经》，像《大般若经》《涅槃经》《大宝积经》等都有同样的情况。

据华严宗记载,早期创始人有陈、隋之间的杜顺(557—640)[1]和智正(559—639)[2],杜顺偏重禅法,智正长于理论,他们两个人对华严第二祖智俨(602—668)[3]的影响都很重要,只是杜顺的政治活动更多,而且活动的范围在终南山一带,与唐代的政治中心较近,被追溯为华严宗第一祖。

华严宗建立宗派,确立名称,应当从法藏(643—712)[4]开始。法藏的地位相当于禅宗的真正创始人惠能的地位。智俨的著作,有一半已佚失,现存的有《华严孔目章》四卷、《华严五十要答问》二卷、《华严一乘十玄门》一卷、《金刚般若经疏》二卷、《金刚般若经略疏》一卷。法藏的著作都保存下来,他参加《华严经》新经的翻译工作,他又是一个有政治活动能力的和尚,和皇帝武则天以及朝廷贵族有很深的勾结。他凭借

---

[1] 《唐高僧传》卷三四,《金石萃编》卷一一四,《杜顺和尚行记》,《法界宗五祖略记》。

[2] 《华严经传记》。

[3] 《华严经传记》卷二,《唐高僧传》卷三四,《法界宗五祖略记》。

[4] 《宋高僧传》卷五,《法界宗五祖略记》。新罗崔致远:《法藏和尚传》。

政治势力使华严宗得到传布和推广。法藏的著作很多[1]，他死后，他的弟子静法寺慧苑作《刊定记》三十卷，对法藏的学说做了一些修改。约六十年后，澄观（760—820）[2]中兴华严宗，称为华严第四祖。

澄观著作也较多，有《华严经疏》六十卷、《华严经随疏演义钞》九十卷、《贞元经疏》十卷、《华严法界玄镜》一卷、《华严经略策》一卷、《新经七处九会颂释章》一卷、《三圣圆融观门》一卷。

华严宗第五祖是宗密（780—841）[3]，著有《华严经行愿品别行疏钞》六卷、《注华严法界观门》一卷、《圆觉经大疏》三卷、《圆觉经大疏钞》十三卷、《盂兰盆经疏》二卷、《华严原人论》一卷、《禅源诸诠集都序》四卷、《禅门师资承袭图》一卷。

宗密死后四年，发生了唐朝武宗皇帝利用道教打击佛教

---

[1]《华严经探玄记》二十卷、《华严经旨归》一卷、《华严经文义纲目》一卷、《华严策林》一卷、《华严一乘教义分齐章》（又称《五教章》或《教分记》）四卷、《华严问答》二卷、《华严经义海百门》一卷、《华严游心法界记》一卷、《华严发菩提心章》一卷、《华严关脉义记》一卷、《华严金师子章》一卷、《修华严奥旨妄尽还原观》一卷、《华严经明法品内立三宝章》二卷《华严经普贤现行法门》一卷、《密严经疏》四卷、《般若心经略疏》一卷、《入楞伽心玄义》一卷、《梵网经疏》六卷、《大乘起信论义记》五卷、《大乘起信论别记》一卷、《法界无差别论疏》一卷、《十二门论宗致义记》一卷、《华严经传记》五卷。

[2]《宋高僧传》卷五及《法界宗五祖略记》。

[3]《宋高僧传》卷六及《法界宗五祖略记》。

的"毁佛"事件,拆庙宇,毁佛像,没收寺院财产,强令僧尼还俗,给佛教各宗派以严重的经济的和政治的打击,华严宗也遭到极大的损失。又过了三十年(875)爆发了黄巢领导下的农民大起义,寺院经济从此破坏,除了禅宗外,唐朝佛教各宗都走下坡路了。

华严宗这个佛教宗派不仅在当时中国北方较为流行,并且传播到朝鲜和日本。从唐朝中宗到晚唐武宗,约一百七十多年是它流行时期,此后即一蹶不振。北宋初年虽然有僧人子璿、净源等曾一度活跃,但死灰不能复燃,过后又趋消沉。

华严宗和其他佛教宗派一样,在统治者直接支持、提倡之下得到蔓衍传布。远在晋代,佛教领袖道安[1]曾教导他的弟子说:"不依国主,则法事不立"。他讲的是他个人传教的经验,却也不难看出佛教是为谁服务的政治本质。像隋、唐时期天台宗的创始人智𫖮就是陈、隋两朝皇帝得力的政治工具。唐玄奘的翻译和他创立的法相宗由于得到唐太宗的大力支持才能推广的。法藏开创(他是实际的开创者)的华严宗也是和配合当时女皇帝武则天的政治目的并得到她的支持分不开的。华严宗也是用宗教神学给皇帝、贵族们服务的。

武则天为了给她做皇帝制造宗教神学预言,曾指使一批

---

[1] 《高僧传》卷五。

和尚伪造《大云经》[1]，以后，八十卷《华严经》[2]译出时，武则天大力支持这一新译本的宣传，并为新译本作序，请法藏在宫廷中讲授新经。在新译经序中再三重复她做皇帝符合了佛经的预言：

> 朕曩劫植因，叨承佛记：金仙降旨，《大云》之偈先彰；玉扆披祥，《宝雨》之文后及。加以积善余庆，俯集微躬。遂得地平天成，河清海晏。殊祯绝瑞，既日至而月书；贝叶灵文，亦时臻而义洽。[3]

---

[1] 按：《旧唐书》卷一八三《薛怀义传》：卷六《则天皇后本纪》都说载初元年（689）沙门怀义、法明等造《大云经》，陈符命。据王国维《观堂集林》卷二一，《唐写本大云经疏跋》考证，武则天利用旧译《大方等无想经》，加以发挥。《癸巳存稿》卷一二，据明《藏》比字号《佛说宝雨经》十卷，有"佛授月光天子长寿天女说当于支那国作女主"的宗教预言。

[2] 晋译《华严经》共六十卷，分八会，有二万六千偈。唐译《华严经》共八十卷，分九会，有四万五千偈。六十卷《华严经》八会是：（1）寂灭道场会（四卷二品）、（2）普光法堂会（四卷六品）、（3）忉利天会（三卷六品）、（4）夜摩天宫会（三卷四品）、（5）兜率天宫会（十卷三品）、（6）他化自在天宫会（十四卷十一品）、（7）普光法堂重会（八卷一品）、（8）给孤独园会（十六卷一品）。八十卷《华严经》九会是：（1）普提场中说（十一卷六品）、（2）普光明殿说（四卷六品）、（3）忉利天宫说（三卷六品）、（4）夜摩天宫说（三卷四品）、（5）兜率天宫说（十二卷三品）、（6）化自在天宫说（六卷一品）、（7）普光明殿说（十三卷十一品）、（8）普光明殿说（七卷一品）、（9）给孤独园说（二十一卷一品）。

[3]《大方广佛华严经随疏演义钞》卷二九。

法藏在讲授《华严经》时，讲到《华藏世界品》，忽然觉得"讲堂及寺中地皆震动"，法藏等赶快向皇帝报告。武则天又一次利用这一"奇迹"做了一番自我宣扬，她批答：

> 斯乃如来降迹，用符九会之文；岂朕庸虚，敢当六种之震。[1]

华严宗虽然大部分依据《华严经》进行宗教宣传，但他们并不限于《华严经》一部书，他们对《般若经》《涅槃经》《梵网经》《圆觉经》《大乘起信论》等佛教经典也都利用注疏发挥他们自己的观点。他们对佛教经典不是照本宣科，而是经过他们的塑造、编排，然后构成他们的体系。这一情况和唐朝的天台宗、禅宗等各自制造自己的体系的情况一样。隋唐佛教各宗派宗教学说和印度的佛教是两回事，因为他们的宗教哲学体系是用来为唐朝的统治者服务的，对印度进口的宗教哲学成品必须加以改装。

《华严经》在六十卷本和八十卷本翻译到中国以前，已有了一些零星的短篇译本。《华严经》可以说它是在《十地经》及其他性质相近的零星佛经的基础上逐渐扩大发展成的总集。《十地经论》是印度世亲著的对《十地经》的注疏，于北魏永

---

[1]《宋高僧传》卷五。

平元年（508）译于洛阳。此后，在中国北方逐渐形成了地论学派。地论学派是南北朝时南朝涅槃佛性问题的争论在北朝的表现，地论学派与唐朝的华严宗有密切关系。

按照印度佛教一般学说，佛教为了给他的奴隶主服务，把地上的等级制度搬到了"佛国"，他们说，"成佛"要经过若干阶段的考验，只能循序渐进，不能躐等。"十地"[1]（或"十住"）都是讲的成佛的过程和阶段。印度的佛教一般认为人们不能当世成佛；在中国，当世能不能成佛的问题，却引起了佛教内部几百年的争吵。

马克思在《论犹太人问题》中说："我们不是到犹太人的宗教里去寻找犹太人的秘密，而是到现实的犹太人里去寻找犹太教的秘密。"（《马克思恩格斯全集》第1卷，第446页）马克思研究宗教问题的经典性的指示，给我们研究中国宗教问题提供了钥匙。我们现在不是到佛教中去寻找古代中国人现实生活的秘密，而是在中国古代阶级斗争中、现实生活中去寻找佛教的秘密。

从这一观点出发，我们可以看出，南北朝时期门阀士族要从各个方面对人民施行压迫、欺骗。宗教是他们的精神武器

---

[1] 十地，《十地经》中的十地是成佛的十个阶段，（1）欢喜地、（2）离垢地、（3）明地、（4）焰地、（5）难胜地、（6）现前地、（7）远行地、（8）不动地、（9）善慧地、（10）法云地。

之一。因此，竺道生[1]的"顿悟成佛"的学说，随着门阀制度的巩固、加强，越来越引起了上层人士兴趣。此外，他的"一阐提人皆得成佛""佛无净土"等说法，都是千方百计地把天国的幻灯幕挂得靠近人民一些。这样，它的骗人作用会更大些。地论学派的产生和建立，是门阀士族阶级压迫制度在北朝的反映。他们从宗教哲学的立场力图把社会上不平等现象解释成"合理"的。在地论学派中，有以道宠为代表的相州北派和以慧光为代表的相州南派。

相州北派趋向于保守印度旧说，把凡人与佛的界限截然分开，成佛要累世修行。相州南派的骗人手法更灵活一些，他们主张只要努力修行，真心相信佛教，本人死后即可成佛。因为这一派的宗教宣传更有利于巩固当时门阀士族的封建秩序，它的影响也较北派大些，支持的人多些。[2]

佛教各宗派之间的斗争，有些属于争权夺利，这本来是剥削阶级的本性，这里不去多说它。在理论上他们之间说不上谁是谁非，实质上他们争论的是哪一宗派的理论更能有效地打消人民的反抗的念头，哪一宗派的理论更能抵挡唯物主义的进

---

[1]《高僧传》卷七。

[2] 北派以道宠为首，南派以慧光为首。慧光弟子中有法上、道凭、僧范、惠顺、灵询、僧达、道慎、安廪、昙衍、昙遵、冯衮、昙隐等，再传弟子有法存、融智、慧远、灵裕、昙迁等人。参看《唐高僧传》有关各本传。

攻。不论哪一宗派，它们对唯物主义都是坚决敌视的。

华严宗的法藏，青年时参加玄奘主持的佛经翻译工作，"后因笔受、证义、润文[1]见识不同而出译场"[2]。本来法相宗与华严宗都是大乘有宗，都是后期佛教中的唯心主义流派，没有必要势成水火。在法藏看来，玄奘贩运的印度佛教经院哲学把现实世界与佛教的极乐世界过分隔离，使人不能逾越，它结果会削弱了人民对佛教信仰的积极性，会减少一批宗教俘虏，对佛教的利益是不明智的。华严宗讲"无碍缘起"，"事理无碍"，力图缩短两个世界（现实世界与宗教幻想的世界）的距离。华严宗兴起后，法相宗立即衰落，这不是没有原因的。

---

[1] 按：佛教翻译有主译人，称为译主，译主通晓原文并通晓所译经的基本精神，译主以外还有一大批助手。笔受用笔写下译文，证义检查意义是否有错误，润文负责文字加工。

[2]《宋高僧传》卷五。如果这个记载是实在的，这时法藏还没有正式出家，而是以佛教信徒的资格参加译场的。当时的译场有些是参加翻译工作的人，有些是来听讲的人，听讲者也可以对所译经提出疑难问题，由译主解答。

二

一切宗教都是唯物主义的死敌。宗教哲学首先要全力反对客观物质世界的真实性。华严宗是唐朝开创的一个重要流派。华严宗说：

尘是心缘，心为尘因。因缘和合，幻相方生。[1]

这几句话的意思本来是佛教许多经典中共同信奉的老生常谈，不是华严宗所独有的。这是说：被认识的对象（尘）不是独立于人的认识之外的第一性的存在，它只是作为主观认识的对象而存在。主观认识（心）才是客观对象的基础（因）。主观认识的对象和主观认识的作用发生关系（因缘和合），才产生世界（幻相）。华严宗根本取消了客观世界存在的物质基础，硬把认识的结果说成"幻相"。又说：

尘不自缘，必待于心；心不自心，亦待于缘。[2]

---

[1]《华严义海百门》。
[2]《华严义海百门》。

这里没有说明客观对象对主观认识的心物关系到底哪是第一性，哪是第二性，而是采取了一种模棱两可的手法，说什么互相影响的作用。仅从字句上讲，好像他们也讲到认识关系是主客的关系，而实际上他们有意地避开客观世界和主观世界哪是第一性、哪是第二性这一根本前提。他们把主客观的相互作用抽象化，完全脱离了实践，脱离由感性到理性的必然认识过程，成了不分主从，不分第一性和第二性的笼统的主客观认识关系。他们虽然也用了主观（心）客观（尘）的字样，这里的"客观"是主观化了的"客观"。在华严宗看来，没有独立于意识之外的客观世界，只有经过主观意识加工了的认识对象。在他们的哲学里只承认认识中的"对象"。他们否认有离开主观认识单独存在的客观对象（心为尘因）。所以，不难看出，华严宗所讲的主客观的关系只不过是掩人耳目，用了些主观（心）客观（尘）的字眼。事实上，他们取消了客观的物质性，只留下了主观（心），它和唯物主义反映论是根本对立的，他们认为人们所认识的现实世界的现象不过是"幻相"。因此他们粗暴地否认了客观事物的存在。

> 尘是自心现；由自心现，即与自心为缘。由缘现前，心法方起。[1]

---

[1]《华严义海百门》。

现实世界的存在毕竟是事实，世界万物能被认识是生活实践所无数次反复证明了的。佛教哲学只是不承认或装作看不见，当然不行。哲学史上一切唯心主义流派都曾挖空了心思，力图抹杀物质存在第一性这一事实。华严宗也有他们自己的一套手法，他们沿用佛教哲学中"法界"一词，进一步做了唯心主义的发挥。

华严宗以"一真法界"作为世界的根源。如《华严法界玄镜》说：

言法界者，一经之玄宗，总以缘起法界不思议为宗。

这一派用"法界"一词混淆唯心主义和唯物主义的界限之后，再大肆散布他的唯心主义观点。"法界"一词有些接近现代资产阶级哲学所用"存在"的含义。说到"存在"，可以包括物的存在，心的存在，规律原理的存在，等等。唯心主义为了避开回答这个所谓"存在"是物质性的还是精神性的，首先笼统地肯定了有这样一个"存在"，却暗中抽空了"存在"的物质内容，偷偷贩运唯心主义世界观，这个"一真法界"是不折不扣精神性的。他们认为客观世界没有它自己的物质基础（"尘无自性"），是不真实的（"即空也"），它呈现在人们面前的不过是"幻相"。仅仅把它当作幻相来看，这个幻相世界倒也不好说硬是不存在（"幻相宛然，即有也"）[1]，存在着的不过是"幻相"罢了。

华严宗这些唯心主义的理论是它的宗教哲学的立足点，他们宣传唯心主义，抹杀唯物主义，却还有为其他佛教宗派所不常用、而他自己惯用的一套诡辩手法。这些手法集中表现在他们的"六相圆融""四法界""十玄门"这些学说中。

华严宗根据《华严经》提出许多对范畴（六相：总、别、同、异、成、坏）来说明世界事物的互相依存、制约、数量、变化、消灭过程的关系，目的在于歪曲地解释客观世界，从而企图取消客观世界。

他们通过事物的全体和部分（总相、别相）的关系散布唯心主义观点。他们借用舍（房子）和椽（房子上面摆瓦的木条）这两者的依存关系来说明"总相"和"别相"：

> 何者是总相？
> 答：舍是。
> 此但椽等诸缘，何者是舍耶？
> 椽即是舍。
> 何以故？
> 为椽全自独能作舍故，若离于椽，舍即不成。

---

[1]《华严妄尽还原观》。

若得椽时,即得舍矣。[1]

他们不是通过概念去认识客观事物,从而发现它的规律,而是颠倒过来,制造事物的部分和全体一对概念的混乱,去抹杀事物的客观存在。照他们逻辑,就是用部分代替全体,用个别代替一般(得椽即是得舍)。

人们可以追问:如果椽即是房子,那么瓦是不是房子?他们诡辩说,对于缺瓦的房子的椽只是一根一根的木头,不算作椽;叫它"椽"时,它已是房子的组成部分了;就瓦来说,也是一样。房子的一椽一瓦都是房子整体的一部分。缺了一椽一瓦,就不叫作房子。

人所共知,个别与整体是一对相互依存的范畴,没有一方面也就没有另一方面,但不能因此得出结论说,某一个别的东西不存在,所有个别部分也一齐在世界上消逝了。世界上缺少一椽一瓦的房子有的是,但不能说房子不存在。华严宗的目的本来在于用诡辩为他们的宗教哲学服务。

华严宗千方百计地否认现实世界,宣扬相对主义和不可知论,为了充实他的"缘起"理论,他们认为世界没有任何真实的东西,只有一个无边无际的关系之网。

---

[1]《华严一乘教义分齐章》第四。

> 若缺一缘，余不成起，起不成故，缘义即坏。得此一缘，令一切成起，所起成故，缘义方立。是故一缘是能起，多缘及果俱是所起。

他们混淆个别与整体的差别，目的在于进一步混淆个别与一般的差别：

> 是故无有不多之一，无有不一之多。一多既尔，多一亦然。[1]

马克思主义哲学从来就认为个别与一般本来有相互依存的关系：

> 从最简单、最普通、最常见的东西开始；从任何一个命题开始，如树叶是绿的，伊万是人，哈巴狗是狗等等。在这里（正如黑格尔天才地指出过的）就已经有辩证法：个别就是一般……这就是说，对立面（个别跟一般相对立）是同一的：个别一定与一般相联而存在。一般只能在个别中存在，只能通过个别而存在。任何个别（不论怎样）都是一般。

---

[1]《华严经探玄记》。

任何一般都是个别的(一部分,或一方面,或本质)。任何一般只是大致地包括一切个别事物。任何个别都不能完全地包括在一般之中,如此等等。任何个别经过千万次的转化而与另一类的个别(事物、现象、过程)相联系,如此等等。(《谈谈辩证法问题》,《列宁选集》第2卷)

列宁从辩证唯物主义立场科学地指明了人类认识过程中个别与一般的关系。个别与一般有内在的联系,不可分割。仅仅从个别与一般有内在联系来看,华严宗总算有一点辩证法思想,但是唯心主义的颠倒的立足点使他们不愿承认个别事物是客观存在的,他们更关心于"联系"(缘),他们夸大了,吹胀了个别与一般的联系,把联系绝对化,甚至抹杀"个别"的存在,这一观点和"无个性即无共性"(《矛盾论》)这一唯物主义的观点是根本对立的。那么,他们所谓关系(缘)只能是虚无缥缈的关系,不是物质第一、存在第二,而是关系第一了。

对同一性和差别性(同相、异相)这一对范畴,他们也采取了同样的手法,认为椽和瓦等共同构成房子,不但椽与椽之间有同一性,椽与瓦也有同一性。反过来看,每一根椽又与其他的椽有所不同,这又是它们的差别性。从这几句话,也可以看出华严宗确也有些辩证法思想。因为他们看到了事物的联系,并且指出了事物的同一性与差别性的辩证关系。但是他们这点辩证法的观点,终归和唯心主义的体系是不能相容的。哲学史上,无论中国和外国的事例都说明唯心主义终归要破坏辩证法。

"成相"与"坏相"这一对范畴的关系,他们也用了同样的手法,认为"成"就是"坏","坏"也就是"成"。《华严一乘教义分齐章》说:"由此诸缘,舍义成故。由成舍故,椽等名缘。"这是说,房子不是由众缘构成的;房子的构成是由众缘的相互支持、促成的结果。同时,这种相互促成的关系中又具有相互抵消的消极关系,对构成房子起着不利作用,即"坏相"。"坏相者,椽等诸缘,各住自法,本不作故。"这是说,构成房子的相互促成的缘(条件),同时又是对房子起消极破坏作用的缘,如椽、瓦等部分,各自保留它们自己的特点,这些特点对于各个部分说,是有积极意义的,但对整个房子说,则有消极破坏作用。因为各个构成房子的部件如果更好地体现它们自己(如瓦、椽等),就要从房子整体中分离开来。所以叫作"坏相"。

事物在不断发展着,随时有新东西产生,随时有旧东西在死亡,是辩证法。不能认为讲到变化的就是辩证法,更根本的是看这一哲学流派从什么立场来对待变化,是抹杀它,还是承认它,是正确理解它,还是有意歪曲它。

主观主义(怀疑论和诡辩等)和辩证法的区别在于:在(客观的)辩证法中,相对和绝对的差别也是相对的。对于客观的辩证法,相对中有绝对。对于主观主义和诡辩,相对只是相对的,是排斥绝对的。(《谈谈辩证法问题》,《列宁选集》第

2卷）

我们相信一切事物都在矛盾对立、转化中,但不是否认转化中有一定的质的稳定性,"相对中有绝对"。一种事物在某种条件下可以转化为它的对立物,但在条件不具备时,它的性质没有转化。我们说世界上有活人有死人,活人将变成死人,这是客观的辩证法,但生和死毕竟是两回事,不能混淆,不能说生就是死,死也就是生;建设和破坏有联系,在一定条件下也能互相转化,但不能笼统地说,建设就是破坏,破坏也就是建设。

华严宗不承认人有正常的认识能力,他们反常识、反科学,归宿到神秘主义。这些荒谬的观点都直接和他们的唯心主义世界观密切联系着。

在"一"与"多"的关系上,他们先抽象地承认"一中有多,多中有一"的一多辩证关系,进而企图制造"一即多,多即一"[1]的诡辩结论。他们说:"一即一切,一切即一。"华严宗以数钱为例,展开他们的诡辩:

一者十,何以故?缘成故。十即一,何以故?若无十即无一故。

今既得成十,明知一即十也。

---

[1]《华严一乘教义分齐章》第四。

> 若一不即十,十即不得成;由不成十故,一义亦不成。何以故?若无十,是谁一故。今既得一,明知一即十。[1]

科学实践证明数目从一到十,表示着事物的量的连续性,在十进位的计算系统中,一是十的一,十是一的十。华严宗这里也透露了一些辩证法思想。但是数目中的量的连续性和质的规定性又内在地联系着,不可割裂开来。恩格斯指出:

> 数。单个的数在记数法中已经得到了某种质,而且质是依照这种记数法来决定的。9不但是1相加九次之和,而且是90、99、900000等的基数。一切数的定律都取决于所采用的记数法,而且被这个记数法所决定。

又说:

> 因此,基数不但决定它自己的质,而且也决定其他一切数的质。(上文均见《自然辩证法》,《马克思恩格斯全集》第20卷,第603页)

---

[1] 《华严一乘教义分齐章》第四。

华严宗不是通过数量的辩证关系来认识客观世界,相反,倒是利用计算数目的知识转弯抹角地引导人们离开实践、离开客观世界规律去论证他们的"关系之网"。他们说,一中有十,十中有一,每一个十和每一个一又有它的一与多的相互关系:

> 十复自迭,相即相入,重重成无尽也。[1]
>
> 于佛一毛孔中即有一切佛、一切处、一切时乃至一切益,如一毛孔一切遍法界诸毛孔现,皆亦如是。于一尘中微细国土庄严清净旷然安住。[2]

他们得出的结论就是一和多没有差别。华严宗论证一与多的关系上完全否认了一多的相对对待关系中还有绝对。承认或不承认相对之中有绝对,恰恰是辩证法和相对主义的分界线。他们把相对绝对化,只有相对,否认绝对,必然陷入相对主义、诡辩论、唯心主义。华严宗正是沿着这条错误路线堕入歧途的。他们说:

> 无定相者,谓以小非定小,故能容大;大非定

---

[1]《华严一乘教义分齐章》第四。
[2]《华严经旨归》。

大,故能入小。[1]

由此得出结论:

是故大小随心回转,即入无碍。[2]

按照华严宗的逻辑,认为"大"和"小"仅仅是主观的感觉,它不必、也不可能是事物客观存在的反映。这和古代希腊诡辩论者普拉塔哥拉斯的"人是万物的尺度"唱的是同一个调子。他们说:

见高广之时,是自心现作大,非别有大;今见尘圆小之时,亦是自心现作小,非别有小。[3]

经过他们这样反复论证,他们自以为完全可以取消大小事物的客观差别,把它粗暴地归结为主观感觉的产物。结果,取消了空间上的差别。他们说:

大是小大,小是大小。小无定性,终自遍于十

---

[1]《华严经旨归》。
[2]《华严经旨归》。
[3]《华严经义海百门》。

方;大非定形,历劫皎于一世。则知小时正大,芥子纳于须弥;大时正小,海水纳于毛孔。[1]

这就是说,认识没有必要,也没有可能。这一点上,华严宗继承了《庄子》书中的相对主义观点:

知天地之为稊米也,知毫末之为丘山也,则差数睹矣。
万物一齐,孰短孰长。[2]

华严宗说:

是故初门同体即摄同异二门中无尽、无尽、无尽、无尽、无尽、无尽、无尽、无尽、无尽、无尽。穷其圆极法界,无不摄尽耳。[3]

这种烦琐论证和欧洲中世纪经院哲学讨论一个针尖上能站几个天使同样的荒诞不经。尽管问题荒诞不经,而问题的背后却有它严肃的阶级内容和现实意义。他们把现实世界的大

---

[1] 《华严策林》。
[2] 《庄子·秋水篇》。
[3] 《华严一乘教义分齐章》第四。

小、多少、社会地位的高低、阶级压迫都说成"无所谓",这就为劝人追求出世的世界准备了条件。他们把当前现实世界说成"假"的,正是为了把佛国世界说成"真"的。

华严宗还力图抹杀时间先后的客观差别和它的客观基础:

> 百千大劫由本一念,方成大劫;既相成立,俱无体性。由一念无体,即通大劫;大劫无体,即该一念。[1]

在《金师子章》中也说:

> 师子是有为之法,念念生灭,刹那之间分为三际,谓过去、现在、未来。此三际各有过去、现在、未来,总有三三之位以立九世,即束为一段法门。虽则九世各各有隔,相由成立,融通无碍,同为一念,名为"十世隔法异成门"。

从唯物主义观点来看,时间和空间都是物质存在的形式。时间表示物质存在和发展的连续性,时间不是脱离物质而抽象的存在,不是思想中"念念生灭"观念的产物。过去、现

---

[1]《华严经义海百门》。

在、未来的无限性，只能通过物质发展运动的无限性表现出来。但是华严宗却认为时间先后不过是主观观念，三世可以分为九世，九世也还是一个主观观念。他们既然认为时间观念脱离物质存在，抽象成为思想的产物，完全可以不必依照客观事物运动中出现的次序，可以任意颠倒先后，那么他们的结论是古就是今，今也就是古。华严宗否认时间和空间是物质的存在形式，认为时空可以脱离物质的主观观念，因此，他们的三世（过去、未来、现在）当然可从思想中"融通无碍"，"隔法异成"，任意安排了。根本错误就在于把时间、空间看作人的意识随便加到事物上去的主观概念，而不是客观事物本身所固有的存在形式，他们首先否认世界的物质性，必然导致上述荒谬的结论。

对现象与本质的关系的问题上，他们也提出了相对主义的看法。华严宗的"一即一切"，"一切即一"的错误观点还不止于混淆了数量的大小多少的差别，更重要的还在于抹杀现象与本质的差别。法藏以分析金师子的例子来论证他的观点：

若看师子，唯师子，无金，即师子显，金隐；若看金，唯金，无师子，即金显，师子隐。若两处看，具隐具显。

又说：

一全是多，方名为一；又多全是一，方名为多。多外无别一，明知是多中一；一外无别多，明知是一中多。[1]

由此得出结论：

　　理不碍事，纯恒杂也；事恒全理，杂恒纯也。由理事自在，纯杂无碍也。[2]

法藏还曾：

　　为学不了者设巧便，取鉴十面，八方安排，上下各一，相去一丈余，面面相对，中安一佛像，燃一炬以照之，互影交光。学者因晓刹海涉入无尽之义。[3]

如果从教学法的角度来看，法藏不失为一个聪明的教师，也算世界上较早制造教具的教师。我们这里主要指出的不是这些，而是揭露华严宗通过相对主义宣传唯心主义的伎俩。我们

---

[1]《华严经义海百门》。
[2]《华严经义海百门》。
[3]《宋高僧传》卷五。

有必要重读一下列宁的指示：

> 主观主义（怀疑论和诡辩等）和辩证法的区别在于：在（客观的）辩证法中，相对和绝对的差别也是相对的。对于客观的辩证法说来，相对中有绝对。对于主观主义和诡辩说来，相对只是相对的，是排斥绝对的。（《谈谈辩证法问题》，《列宁选集》第2卷）

毛泽东也指出：

> 这一共性个性、绝对相对的道理，是关于事物矛盾的问题的精髓，不懂得它，就等于抛弃了辩证法。（《矛盾论》）

从经典作家的科学论断中可以看出，相对主义、唯心主义、诡辩论是一脉相通的，它们是唯物主义和辩证法的死对头。马克思主义哲学如实地揭示出客观世界的存在、发展的真相，认为世界的物质性，物质的运动和发展和它的规律都是绝对的、客观存在着的，不依人的主观意志为转移的。否认这一真理，必然陷入唯心主义的泥坑。而相对主义，恰恰把"相对"神秘化、神圣化，把物质世界永恒发展和它的规律完全取消了，物质也成了相对的，事物发展变化的基本原理也说成为相对的。他们这一批诡辩家千方百计歪曲辩证法，仇视辩证法。

中国哲学史，发展到唐代，唯物主义与唯心主义在长期斗争中都积累了不少经验，唯心主义哲学流派深知唯物主义不是容易对付的，因此他们也经常在辩证法的形式下掩盖它的相对主义、唯心主义、诡辩论的实质。辩证法认为：

> 任何具体的东西、任何具体的某物，都是和其余的一切处于相异的并且常常是矛盾的关系中，因此，它往往既是自身又是他物。[《黑格尔〈逻辑学〉一书摘要》，《列宁全集》第38卷]

华严宗不惜全力去说明"变化""联系"，但是他有意地不讲是什么东西的"变化"、什么东西的"联系"。抽空了物质，悬空讲什么"变化""联系"，把变化、联系神秘化，只能引导到宗教神学、唯心主义，它必然和科学的结论背道而驰。世界上根本没有没有物质的运动和变化，因为"运动总得是从某个东西开始的"[《黑格尔〈逻辑学〉一书摘要》，《列宁全集》第38卷]。

华严宗由以上的唯心主义观点出发，他们对现象和本质这一对范畴，进行了一系列的曲解。他们否认事物有本质，把一切存在的客观事物都看作假象、幻相。我们不否认事物有假象，有幻相，正如列宁说的：

……非本质的东西，假象的东西，表面的东西常常消失，不像"本质"那样"扎实"，那样"稳固"。例如：河水的流动就是泡沫在上面，深流在下面。然而就连泡沫也是本质的表现！［《黑格尔（逻辑学）一书摘要》，《列宁全集》第38卷］

唯心主义者把物质世界看成佛性、真如（绝对精神）的投影，而我们认为假象是客观存在的事物具体表现的一个方面。"假象的东西是本质的一个规定，本质的一个方面，本质的一个环节。"（《黑格尔（逻辑学）一书摘要》，《列宁全集》第38卷）我们认为不仅本质是客观的，而且假象也是客观的。因为假象中有客观世界的一个方面，它也是客观世界的表现。唯物主义哲学注重研究本质和现象的关系，目的在于掌握它的规律：

　　人对事物、现象、过程等等的认识从现象到本质、从不甚深刻的本质到更深刻的本质的深化的无限过程。［《黑格尔（逻辑学）一书摘要》，《列宁全集》第38卷］

至于一切唯心主义哲学，首先不承认世界是客观存在的，当然他们所谓"现象""本质"不过是唯心主义认识论支配下的抽象概念，和具体存在的客观事物毫不相干。他们讲现象和本质，不在于认识事物发展的内在规律，而在于否认事物之间有内在的、本质的联系。所以他们把世界看作一个凌空高悬的无限的大网（"因陀罗网"）。他们讲了很多的"联系"，不过是精神方面、主观制造的联系，实际上取消了具体事物之间的内在联系。

总起来看，华严宗在中国哲学史上许多流派中较为注意范畴的阐明。它涉及个别与一般、同一与差别、发生与消灭、时间与空间、本质与现象，等等。从认识论上说，不能不说是一个发展。只是由他们从颠倒的世界观看事物，一切都被歪曲、颠倒了。它不但不能促使认识的深刻化、接近科学，相反，倒是引导人们向反科学的道路迈进了一步。如果说华严宗还有些历史的价值，那么它的价值即在于起了反面教员的作用。

我们认为范畴是客观事物的某些普遍性质和内部联系在思维上的反映形式。对立的范畴之间的关系，是客观事物本身矛盾运动的反映。而一切唯心主义者和我们恰恰相反。他们首先否认世界是客观存在的，当然也否认范畴是客观事物的普遍本性的反映，在他们的哲学体系里，对立的范畴只能是概念游戏。范畴不再是认识事物存在、发展的规律的工具，而是把范畴当作论证唯心主义的工具。因此，范畴，在他们的唯心主义世界观支配下，必然脱离认识的实践，范畴成了一套空洞的概念。

正由于他们的哲学不在于认识客观世界，所以本来应当严肃对待的一系列的主要范畴，到了他们的哲学体系里都变得无足轻重。每一个有正常思想的人，都不难指出他们的违反科学、违反常识的混乱、颠倒。但是他们从唯心主义的世界观出发，反而诬蔑一般人正常的看法为"混乱""颠倒"，自称他们的哲学是"圆融无碍"，他们所谓"圆融无碍"，其实就是抹杀差别，调和矛盾，不辨是非。

我们必须强调指出，像华严宗这种糊涂思想显然是荒谬的，而他们之所以系统地制造混乱的宗教哲学体系的目的却十分清楚明白。这一点，他们一点也不糊涂。他们的哲学有鲜明的宗教目的，顽固地向唯物主义、向科学进攻，为当时封建地主阶级的利益服务。华严宗抹杀世界上的一切差别，为了引导人们离开当前现实的斗争，便劝人对现实世界的一切不感兴趣，他们教人到佛国寻求最后的安慰。

三

中国佛教到了隋唐时期，比南北朝时有了进一步的发展，他们为了防御唯物主义的攻击，对内协调步伐，更好地宣扬佛教宗教哲学，有必要把佛教经典著作进行一次系统整理。又由于国家统一，政治安定，寺院经济有所发展，帝王贵族大力支持，对于总结过去的佛教经典和学派也提供了有利的条件。唐代各个宗派都建立了自己的判教标准。各个宗派对自己宗派以外的其他宗派，有的贬低，有的抬高，当然各宗派都认为自己的宗派的地位和理论最高、最完整。

从华严宗的判教中不但可以看出它的根本观点，而且还可通过分析，看出它对唯物主义的坚决仇视，以及和其他宗派之间的异同。

法藏根据华严宗的观点把一切佛教流派按理论的深浅、全面和片面，划分为五等：

（1）愚法声闻教；（2）大乘始教；（3）大乘终教；（4）大乘顿教；（5）一乘圆教。

法藏认为只有"一乘圆教"是佛教哲学发展的最高阶段。后来华严宗的宗密在法藏判教理论的基础上做了更详细的划分。由于宗教的教规，他虽不敢公开违背法藏的五教的判教标准，而事实上他对判教标准与法藏有些不同。他分为：（1）人天教；（2）小乘教；（3）大乘法相教；（4）大乘破相教；（5）一乘显性教。在这五教之外，还有一种比人天教更低级的"教"即是"儒教"和"道教"，实际上是六种"教"。现在根据宗密的《原人论》，对华严宗的判教观点加以评论。

宗密在他的《原人论》里，直接对世界的起源、生命的起源、人类社会不平等富贵贫贱的根源等做了明确的宗教唯心主义的解说。宗密认为佛教内部虽有高下精粗之分，但基本方向是符合唯心主义的，因而也是"正确"的；儒家和道家中的唯物主义观点完全是"错"的。所以他一开始即明确地对传统的唯物主义进行攻击：

儒道二教说人畜等类皆是虚无大道生成养育，谓"道法自然"，生于元气，元气生天地，天地生万物。故愚、智、贵、贱、贫、富、苦、乐皆禀于天，由于时命，故死后却归天地，复其虚无。

宗密所引的这一种观点，就是秦汉以来，一切唯物主义者共同相信并反复发挥的唯物主义观点。从宋、尹到王充、范缜都是用这种理论说明物质世界和人类发生和发展的。恰恰在一点上，引起了佛教哲学的仇视，因而首先遭到佛教徒的"驳斥"，被认为是"迷执"[1]。

---

[1]《原人论》,《斥迷执》第一。

他反对儒道两家的唯物主义观点举出了以下的理由：（1）如果像儒道两家所说的，"大道是生死贤愚之本"，人们没有必要、也没有可能去避祸求福，只有被动地等待命运的安排；（2）"万物皆是自然化生，非因缘者，则一切无因缘处悉应生化，石应生草，草或生人"，世界将是没有规律的；（3）相信生禀元气，死后又回到元气，死后没有鬼神，就不能解释古书上关于鬼神的许多记载、传说；（4）草木也由元气生成，为什么草木没有智识；（5）富贵贫贱皆由"天命"，何以贫多富少，贱多贵少，天何以不公平？如何解释"无德而富，有德而贫"的现象？

宗密公开责难唯物主义不能回答他所提出的问题，他的目的不过是为了"将"唯物主义一"军"，从而为宗教唯心主义争地盘，他的用心是十分明显的，这里不去多说。从他向唯物主义的挑战中，我们不难看出古代朴素唯物主义在哲学许多根本问题上，如对世界的物质性，物质和精神的关系等方面不可能做出完全科学的说明，因而不能巩固地占领阵地。同时也可以看出，古代唯物主义者，哪怕卓越的唯物主义者，在社会历史观方面仍然是唯心主义的，这就必然给宗教唯心主义留下了广阔活动的余地。像贫富问题、祸福问题，古代唯物主义者都无法正确答复。有了这一空隙，宗教迷信乘隙而入。由此更可以使我们认识马克思主义哲学是哲学上的革命变革的伟大意义和作用。只有马克思主义哲学才把唯物主义贯彻到底，只有掌握了历史唯物主义原则，才能把唯心主义最后的防空洞彻底摧毁。

当然，我们也必须指出，宗密对唯物主义所提出的几个难题，尽管可以给唯物主义制造一些麻烦，起了反面教员的刺激作用，但宗密自己的唯心主义哲学同样没有解决，不但没有解决，而且他所提出的用宗教唯心主义解决方案更荒谬、更错误。

宗密在《原人论》中首先批判了"人天教"。他说人天教只是对刚刚入门的佛教徒讲的最粗浅的道理。行善事，遵守佛教教义的信徒死后升天堂，不遵守佛教教义的人死后入地狱，变畜生。他认为这一种教对身体和精神的关系问题上没有很好地解决，如果犯了罪或行善的人是今生的张三，或受到惩罚或享福的是来生的李四，那么"岂有今日身心造罪、修福，令他后世身心受苦、受乐？据此则修福者屈甚，造罪者幸甚。如何神理如此无道？"

宗密这里没有批判人天教相信因果报应是错的，只不过埋怨人天教把因果报应的理论讲得简单化了，对宗教的宣传不利。所以说这一派"虽信业缘，不达身本"。他还是为宗教迷信寻求辩护的借口。

《原人论》又批判了小乘教（早期原始佛教），认为小乘教"以色、心二法及贪、嗔、痴为根身器界之本"的主张，在理论上还有漏洞，对唯心主义不利。宗密认为小乘佛教承认"色"（物质界，即四大：地、水、火、风）和"心"（精神心理方面的受、想、行、识）是构成世界的基础是实有的。宗密认为小乘佛教承认物质和精神都是实际存在的东西,即承认了世界有物质因素,他看来,就是小乘佛教对唯物主义有所让步,这种说法至少有二元论的嫌疑。他认为如果不坚决贯彻唯心主义原则,就会给唯物主义留下一半的天下,这是彻底的唯心主义者所不能容忍的。所以宗密从更坚决的唯心主义立场反对小乘教,说它"专此教者,亦未原身"。

《原人论》还批判了大乘法相教。这一派认为现实世界以及人类都是"唯识所变,识为身本"。宗密指出,把"识"绝对化,识有被理解为客观实在的嫌疑,没有彻底否认一切存在的实在性,他们的唯心主义还不够彻底。其实,远在宗密以前,法藏早已对法相宗提出了批评,他的批评比宗密更能联系宗教宣传的实际一些。法藏反对法相宗把"圆成实性"(或叫作"佛性"或"真如",是佛教宗教哲学所认为最后真理)看作脱离现实世界、远离染污环境、超越一切的精神世界。他主张:

> 圆成〔实性〕虽复随缘成于染净,而恒不失自性清净。只由不失自性清净,故能随缘成染净也。[1]

法藏认为法相宗说佛性是"真",现实世界是"妄"。"真"

---

[1]《华严一乘教义分齐章》第四。

和"妄"(真如世界和现实世界)不应分割得太遥远,太遥远了就会挫伤了人们走向天国的积极性,这对于佛教势力的扩张,对于销毁人民的反抗意志没有好处,所以应当反对。无论法藏或宗密,他们之所以反对大乘法相教,是从一种唯心主义立场反对另外一种唯心主义。

华严宗和法相宗对待唯物主义的立场都很坚决[1],法藏和玄奘根本上没有什么不同,所争论的只是如何更有效地麻醉人民。"进入天国",本来是一张无法兑现的空头支票,只是华严宗的空头支票日期近些,它反对法相宗把空头支票的日期开得过远,对争取群众不利。随着佛教各宗派的建立各派都力图扩大自己的影响。天台宗的"无情有性"(《金刚錍》),禅宗的"顿悟成佛"(《六祖法宝坛经·顿渐品》)都抱着同样的目的,大肆宣传,以广招徕。华严宗为了纠正法相宗的缺点,他们主张:

真该妄末,妄彻真源,性相通融,无障无碍。[2]

---

[1]《唐高僧传》卷四:玄奘在印度那烂陀寺留学时,曾遇到"顺世外道来求论难,书四十条义,悬于四门,若有屈者斩首相谢。彼计四大为人物因"。这里讲的"四大"即地、水、火、风四种元素。顺世派认为地、水、火、风是构成人和物的物质基础,这是印度古代素朴唯物主义一个流派。唐玄奘"申大乘义破之,名《制恶见论》……"

[2]《华严一乘教义分齐章》第四。

《原人论》又批判大乘破相教,认为大乘破相教比大乘法相教在理论上提高了一步,它指出了大乘法相教以"识"有客观实体的嫌疑,破相教指出了法相教的理论困难在于

   所变之境既妄,能变之识岂真?

宗密看来一切存在都是空的,"心(主观认识,心理作用,机构等)境(认识对象)皆空,方是大乘实理"。宗密认为大乘破相教真正能够杜绝唯物主义活动的道路,是最安全、最彻底的唯心主义宗教哲学。华严宗对佛教各宗派中小乘、大乘都在不同程度、不同角度提出了不同的批评,经过判教评定的结果,认为大乘破相教最"高",因为大乘破相教的唯心主义最彻底。

华严宗看来,大乘破相教尽管唯心主义哲学观点比较最彻底,同时也给佛教立场带来了一些新的困难。因为大乘破相教对现实世界的一切存在,不论是主观世界(心)或客观世界(境)都破得彻底,而破光了这些之后,必须建立佛教的天国,论证现实世界之"幻",正是为了显示佛教天国之"真"。宗教哲学的最终目的在于引导人们出世、从人世走向"天国"。所以宗密说:

   现见世间虚妄之物,未有不依实法而能起者。

   如无湿性不变之水,何有虚妄假相之波?

> 若无净明不变之境（按：净明不变之境即真如世界，佛教的天国），何有种种虚假之影？

因此，这派"但破执情，亦未明显真灵之性"。对华严宗来说，以上这些流派，都有些片面理论上的缺点，只有"一乘显性教"（华严宗）才能显示佛教最高、最圆满的真理。

一乘显性教在大乘破相教的基础上建立起自己的宗教神学体系，宗密认为：

> 一切有情（按：有情即众生）皆有本觉真心，无始以来，常住清净，昭昭不昧，了了常知，亦名佛性，亦名如来藏……但以妄想执着，而不证得。若离妄想，一切智、自然智、无碍智即得现前。

破除了世间的所谓"成见"，也就是说，接受了佛教唯心主义的世界观，即可成佛。佛教徒认为只有佛才有"一切智""自然智""无碍智"。

四

华严宗尽力运用一切诡辩方法,反反复复论证现实世界不真实、不能认识,说它是空幻的、相对的,它最终目的在于引导人们由人世通向天国。

通向天国,也有各种"通"的方法。华严宗吸取了中国佛教历史上比较灵活、比较狡猾的顿悟成佛的传统观点,结合了当时阶级压迫的具体情况,建立了他们独特的宗教神学体系。

华严宗以"十玄门""四法界""法界缘起"学说打开通向天国的大门。华严"十玄门"首创于智俨。法藏对智俨的学说有部分修正。智俨十玄门学说[1]与法藏十玄门(对智俨旧说,又称"新十玄")大致相同,只是第二改称"诸藏纯杂具德门",第七改称"广狭自在无碍门",第九改称"主伴圆明具德门"。

---

[1] 智俨的"十玄门"对法藏的十玄门来说,叫作"古十玄",它们是:同时具足相应门、一多相容不同门、诸法相即自在门、因陀罗网境界门、微细相容安立门、秘密隐显俱成门、诸藏纯杂俱德门、十世隔法异成门、唯心回转善成门、托事显法生解门。

照华严宗看来，要求得解脱人生的苦恼，不必改造现实世界，而只要改变一下对现实世界的看法，就可以圆满解决了。他们要在反对唯物主义世界观的基础上，建立一个圆满的、没有缺欠、各方面协调、没有矛盾、没有斗争的精神世界。"十玄门"主要目的在于阐明只要坚持唯心主义世界观，从宗教立场对待事物，一切都是"圆满"的，人人都得到满足（同时具足相应门）。个别和一般在统一的整体世界中各自存在，互不相妨，而又互不相同（一多相容不同门）。各个事物（诸法）相互依存，各得其所（诸法相即自在门）。各个事物都是整个世界的不可分割的一部分，好像天帝戴的结了宝珠的网帽子，每一颗宝珠都照见全部其他宝珠的影子，交相辉映，重重无尽（因陀罗网境界门）。事物无论抽象原理和具体事物，都同时显现，不相妨害（微细相容安立门）。世界上存在，如说它是隐，可以说都是隐；说它是显，可以说都是显。比如只讲本体，一切事物都可以说是本体，只讲现象，一切事物都可以说是现象（秘密隐显俱成门）。世上事物，可以说是复杂的，又可以说都是单纯的，可以通过个别感官（纯）去感知，也可以通过众多感官（杂）去感知，不论是由前者（纯）感知或是后者（杂）感知，都能与佛国发生联系（诸藏纯杂俱德门）。不同时间都可分为过去、现在、未来，每一个过去、现在、未来又可分为过去、现在、未来。虽然有九世而实际生于一念（十世隔法异成门）。一切事物或隐或显，或一或多，都是由于主观意识的作用（唯心回转善成门）。真理蕴藏于每一具体事物中，通过每一事物都可以显示佛性、真如（托事显法生解门）。

上述这一大堆杂乱、重叠的主观观念罗列，无非反复说明，世界虽然看来很复杂，但世界上任何事物都和佛性、真如有关系，都体现了佛性、真如的一个方面。华严宗认为世界上任何存在的事物，不论是好是坏，是大是小，对构成整个世界的完整无缺来说，都是必不可少的。这里，只是用更加烦琐的词句，拙劣的描述，论证统治阶级所需要的论证的结论"凡是存在的都是合理的"。这一套理论完全是替唐代当时腐朽的、反动的、残酷的剥削制度建立理论根据，统治阶级当然十分欢喜，愿意鼓励这种御用学派的传布和发展。

华严宗所谓"四法界"同样在说明它迎合统治阶级的要求，力图在不触动当时的统治秩序的一丝一毫的前提下，大做哲学文章。

"四法界"是：事法界、理法界、理事无碍法界、事事无碍法界。

从表面看来，华严宗所谓"事"与"理"有点像古典哲学所谓现象（事）与本体（理）的关系，又有些像中国古典哲学中所谓体（理）与用（事）的关系。但实际上它这一点点"相似"只是表面上的，实质上华严宗又有自己的体系。华严宗所谓"事"，有些像所谓"现象"或"用"，但是正如上面所做过的分析，华严宗根本否认有独立于意识之外的客观世界。从这一根本前提出发，他们的"理"不是事物的规律、

"事"也不是客观世界的现象。他们所谓事只是纷然杂陈的，体现"真如""佛性"的个别存在，所谓理，也只是不反映客观世界的悬空无着落的"理"。明确了这一点，再看他们反复讲说的"事"与"理"的关系只不过是概念上的关系。华严宗也力图和唯物主义的"理"和"事"相区别，他们叫它做"理法界""事法界"，称为法界，即意味着与真实的客观世界不同。

在"四法界"的学说中，基本观点和他们的宗教哲学体系完全一致，都是为了说明在世界一切都是"佛性"或"真如"的映象（或体现），无论所体现的个别存在（事）或一般原理（理）都是和谐的，无矛盾冲突的，互相需要、互相补充的。华严宗指引人解脱苦难的道路是承认并接受当前的一切命运的安排。这样，无往而不自由，就是"解脱"了。世界上没有比这种用改变观点，躲避现实的方法更容易起麻痹作用了。这一方法确是安全省力而对统治阶级没有危害性的方法。

"法界缘起"看来复杂精致，又援引了一些佛经的话吓唬人。实质上不过是用唯心主义的观点来论证世界在概念上有相互依存、相互制约的关系，他们认为概念的关系是构成世界的纽带（缘起）。

总的来看，华严宗的宗教哲学用它那烦琐的、芜杂的经院方式，从各方面去论证客观物质世界不存在，人类一切苦难不是来自阶级压迫，它与当前的现实社会制度、社会存在没有关系。他们教人接受佛教的宗教宣传，安于现状。他们大力宣扬进入佛国不必等到遥远的将来，不必到另外的地方去寻找，就在当前的世界上，只要改变一下观点，就能进入佛国乐土。这是唐代佛教宗教哲学各宗各派理论的总趋势，华严宗作为一个哲学流派，在这一总趋势中，不甘落后，也分担了重要的角色。

华严宗从理论上反复阐明封建秩序的"合理性"，从唯心主义立场解释一些基本范畴。后来的许多唯心主义学派都继承了他的衣钵，特别是以程朱为代表的客观唯心主义理学，不论从思想上，从体系上都可看出他们的思想传授的渊源。程朱哲学经常宣扬什么"体用一源，显微无间"[1]。说明事物都是这个总的精神实体的理的体现，这和华严宗的"理事无碍法界，事事无碍法界"的思想完全一致。程朱学派认为"人人有一太极，物物有一太极"[2]也正是华严宗"一真法界"，"一切即一"，"一即一切"的翻版。程朱学派所讲的"理"也不是物质世界的客观规律，而是精神法则（天理）。程朱学派为了进一步把封建社会的统治秩序绝对化，他们更加发挥了形而上学的哲学思想。连华严宗的哲学中一点点辩证法思想的因素也给抛掉了。

从华严宗的宗教唯心主义哲学里我们可以认识到，辩证法和唯心主义归根到底是对立的。华严宗的哲学里即使有些辩

---

[1]《程氏易传序》。
[2]《朱子语类》卷一。

证法思想，在它的唯心主义体系下，只能把那一点点辩证法的因素引导走向相对主义和诡辩论。力图维持唐朝的封建统治制度的僧侣地主阶级必不敢正视辩证法。因为辩证法的根本原则是"事物的矛盾法则，即对立统一的法则，是唯物辩证法的最根本的法则"（《矛盾论》）。而华严宗的哲学只就相互联系、相互制约、部分与全体等方面做了一些说明。我们只能说它有些辩证法思想的因素，而不就是辩证法。因为它对辩证法的核心避而不谈，他们不敢面对矛盾、对立面的斗争，不敢面对世界的运动和变化，而是从平静、和谐的观点去抽象地讲事物的联系。结果必然导致不问善恶、是非，世界上的一切东西都"圆满无碍"地过着和平共居的生活。压迫者和被压迫者，农民和地主，皇族和平民都成了宇宙关系之网的不可缺少的纽结。又由于它头脚倒立着，从唯心主义世界观出发，它那点辩证法因素不能正常发展，因而必然通向相对主义、诡辩论。最终离开了辩证法归宿到形而上学，把世界看作充满了协调的、互相补充的、互相需要的、静止的"关系之网"。矛盾被抹杀了，辩证法也随着被消灭了。

华严宗的相对主义、诡辩论的特点是否认相对中有绝对，但他们却不否认最后有它的精神世界的"绝对"。华严宗的"一真法界"是绝对的。他们否认现实世界的真实，正是为了给佛性、真如或精神性的"理"保留地盘，给他们宗教哲学的"绝对观念"保留地盘。

再从阶级根源来看这个问题，就更容易说明华严宗为什么不敢正视辩证法的核心。因为辩证法"在对现存事物的肯定的理解中同时包含对现存事物的否定的理解,即对现存事物的必然灭亡的理解……按其本质来说,它是批判的和革命的"(《〈资本论〉第1卷第2版跋》,《马克思恩格斯选集》第2卷)。华严宗不能、也不敢把"一真法界"的永恒不变的崇高地位给否定掉了,他们绝不敢正视当时的社会的矛盾和不协调。辩证法在唯心主义体系中只有被阉割了它最有生命力的核心部分。彻底的辩证法的宇宙观最后必然会突破唯心主义的束缚;彻底的唯物主义最后也必然会与形而上学决裂。在马克思主义哲学出现以前,辩证法与唯物主义没有有机地结合。马克思主义哲学的出现,才开辟了人类认识世界改造世界的新纪元,结束了哲学史上的史前期。

禅宗哲学思想略论

禅宗是中国佛教史上重要流派之一。按照传统旧说，认为它创始于北朝，但它真正形成佛教宗派，应当看作从唐代开始的。安史之乱以后，到北宋初年，是它的极盛时期。宋、元以后继续流传，没有断绝。这一派佛教思想不仅影响了宋代理学，也曾播及朝鲜和日本。因此，有必要对禅宗哲学思想进行初步考查。本文仅初步探讨禅宗的基本思想，而不在于做历史叙述。

佛教思想经过南北朝长时期的翻译介绍阶段，在社会上已有广泛的影响，并形成许多学派。像众所周知的"三论宗""地论宗""摄论宗""成实宗"等学派，他们讲授佛教经、论，各有师承、家法。这一时期已有"宗"的称号，实际上是学派，它和汉儒经师传授的方式相似，和后来隋唐时期的佛教宗派不同。隋唐以后的佛教宗派，模仿世俗地主阶级的宗法制度，把师徒之间的学术继承关系看作父子继承的关系，并仿照宗法制度的方式建立自己的传法的法统，制定自己的谱系，即所谓"法裔""法嗣"衣钵相传的制度。这是南北朝以来，门阀士族制度在中国僧侣地主阶级中的反映。

隋唐佛教中有许多重要宗派。其中对后来中国哲学界影响较大的，有三派：天台宗、华严宗、禅宗。以玄奘为首的法相宗（或称唯识宗）只风行三四十年，后即消沉；三阶教颇有广泛的信徒，但它偏重迷信宣传，哲学理论对后来影响较少。这些宗派远不能和天台、华严、禅宗相提并论。

一　早期禅宗的建立——菩提达磨和他的门徒

"禅"是天竺语Dhyāna一词音译的简称，音译作"禅那"；意译，旧译作"思唯修""弃恶"等，通常译作"静虑"。佛教把禅定看作宗教修养的六个重要途径之一。禅定就是安静地沉思。这种宗教修养方法一般地又可分为四个阶段，或者八个阶段，还有更详细的划分，这里不去详说。

印度佛教，不论大小乘各派，甚至佛教以外的宗教，都很注意禅定的宗教修养方法，但在印度没有相当于中国"禅宗"的宗派。禅宗是纯粹中国佛教的产物。

南北朝时期，中国佛教思想和学风大致分为两大趋势。南方佛教哲学和南朝的玄学相适应，体现了南方中国学风的特点，它比较重视义理的理解，以清通简要为特色。北方佛教哲学和北朝的经学相适应，比较重视戒行和禅定，对于纯理论的兴趣不高。北方佛教徒多注重禅定，所采取的方法基本上和印度传入的方法一致。

相传菩提达磨从南印度到达北魏，提出了一种新的禅定的方法，与过去禅定方法不同，也就是和印度的禅法有所不同。道宣在《唐高僧传》中曾指出菩提达磨禅法的特点：

稠（按：稠即僧稠，他代表旧禅法）怀念处，清范可崇；磨（按：磨即菩提达磨）法虚宗（按：虚宗即大乘空宗），玄旨幽赜。可崇则情事易显；幽赜则理性难通。

道宣是唐初和玄奘同时最有学问的佛教史专家，从道宣的眼里看菩提达磨的禅法和僧稠一派不同。僧稠采取的是静坐、调整呼吸，舌拄上腭，心注一境的坐禅方法。

菩提达磨禅法主要的特点，在于以禅定的形式下进行思想意识的锻炼。他提出了"理入"和"行入"的宗教修养方法。

"理入"即"壁观"（按：旧说达磨面壁九年，把面壁静坐叫作壁观。根据《唐高僧传》的记载，"壁观"，是使心如壁立，不偏不倚）。道宣在《唐高僧传》中说：

理者，借教悟宗，深信含生同一真性。客尘障故（按：《楞伽师资记》，作"客尘妄复，不得显了"）。令舍伪归真，凝住壁观，无自无他，凡圣等一，坚住不移，不随他教（按：《楞伽师资记》作"更不随于言教"），与道冥符，寂然无为，是其本也。

这就是说，他教人从认识上脱离现实世界（舍伪），追求所谓超现实的真如世界（归真）。不但否认个人存在的真实性（自无），还要否认客观世界的真实性（无他），否认人类道德、社会存在的真实性。菩提达磨认为人类之所以不能接受佛教"真如"的原则，就在于人们受了感官对象的欺骗和蒙蔽的缘故（客尘障故）。

道宣在《唐高僧传》中又说到菩提达磨的"行人"的四种宗教修养方法。

第一，"报怨行"，劝人们放弃一切反抗外来压迫的企图，养成忍受奴役的性格。

> 初、报怨行者，修道苦至，当念往劫，舍本逐末，多起爱憎。今虽无犯，是我宿作，甘心受之，都无怨诉。经云"逢苦不忧"，识达故也……

第二，"随缘行"，劝人放弃对外界是非善恶的分别，不计痛苦和快乐，把一切幸运和不幸都看作命运早已决定了的。

> 随缘行者，众生无我，苦乐随缘，纵得荣誉等事，宿因所构，今方得之，缘尽还无，何喜之有？得失随缘，心无增减，违顺风静，冥顺于法也。

第三，"无所求行"，教人放弃改善当前生活的任何要求和愿望；第四，"称法行"，教人按着佛教的基本教义（法）去行动。《楞伽师资记》说：

> 性净之理，因之为法，此理众相斯空，无染无著，无此无彼……智若能信解此理，应当称法而行。法体无悭于身命，则行檀施设，行无吝惜……檀度（按：檀度 Dānapāramitā 即对寺院经济捐助以获得解脱的方法，这是僧众敛财的理论根据）既尔，余五亦然。为除妄想，修行六度，而无所行，是为称法行。

菩提达磨的学说可以考见的不过如此。他提出了这样简单的修行方法，是以前所没有过的。他还提出用《楞伽经》四卷[1]作为宣扬禅宗教义的教本，传给慧可。菩提达磨学说的主要特点，在于把印度输入的复杂繁难的坐禅的宗教修养方法改变为简易的宗教修养方法。

这里必须指出，菩提达磨的禅法的这些特点，并不是他的特点，而应当看作当时北方佛教学风的特点。因为当时的北

---

[1]《楞伽经》，即《楞伽阿跋多罗宝经》，或译为《大乘楞伽经》。这部经有四个译本：（1）北凉时中天竺沙门昙无谶译，四卷本，今佚；（2）刘宋时中天竺沙门求那跋陀罗译，四卷本，今存；（3）北魏时天竺沙门菩提流支译，十卷本，今存；（4）唐武后末年于阗沙门实义难陀译，七卷本，今存。菩提达磨所传的《楞伽经》即求那跋陀罗译的四卷本。所以净觉在他的《楞伽师资记》中以求那跋陀罗为第一祖，以菩提达磨为第二祖。

方学风比较重朴实、单纯,在一定的程度上保持着汉代经学的传统。北朝的佛教有重实行的特点,北朝的儒家思想也有同样的特点。当时社会风气、世俗地主阶级的学术风气必然会在僧侣地主阶级的宗教思想中得到反映。

达磨初到北魏,自称"南天竺一乘宗",当时"文学之士多不齿之"[1]。我们不难设想,达磨当时如果不与当时当地的学风相适应,是不能立足的。他的社会地位和学术地位远不能和他以后隋唐时期的其他宗派创始人,如天台宗的智𫖮、华严宗的法藏、澄观、法相宗的玄奘等人相比。他宣扬《楞伽经》,也是因为这一部经的内容和当时北方流行的"地论学派"(宣扬《十地经论》的思想)属于同一思想流派。而他把禅法简单化,也和当时北方重实行、轻义理的普遍学风相适应。北方的"地论学派"和南方的"摄论学派"(在印度原属一派)都以"阿赖耶识"为中心问题。对于"佛性"是"当常"(来世会成佛)和"现常"(现世即可成佛)的问题有不同的说法,这种争论直到唐初还没有取得一致。涅槃佛性问题正是南北朝时期中国佛教史上被认为头等重要问题之一。

因此,达磨在北方中国开始形成他的新宗派时,就和当时北方中国的具体环境相适应。虽然他的禅法和僧稠有所差异,虽然他自称是"南天竺一乘宗",虽然他本人是一个异邦

---

[1]《唐高僧传》卷一九。

的佛教徒,但他所提出的主张和所走的道路,完全是当时北方中国具体环境下的产物。

据史传记载,达磨传法于慧可,慧可传法于僧粲,僧粲传法于道信(579—652),道信传法于弘忍(601—674)。因为弘忍死于道宣死后七年,所以《唐高僧传》没有他的传记[1]。禅宗自慧可到道信,学的都是《楞伽经》,弘忍在黄梅东山寺传教,开始改用《金刚般若经》[2],这一转变是值得注意的。因为达磨最初在北方开始传教,北方是"地论学派"盛行的地方,用《楞伽经》比较适宜;弘忍传教的地区在湖北黄梅,湖北从南北朝以来就是"三论宗"流行的地区。"三论宗"属于大乘空宗,《金刚经》是它的主要依据的经典。《金刚经》开始被禅宗所采用,这都是受当时的客观环境决定的。

从达磨到弘忍,这五代法裔相传的过程,可以看作禅宗的预备阶段,也可称为禅宗的先驱。这时期禅宗还没有形成宗派,也没有正式以"禅宗"作为自己宗派的名称。

就初期禅学的特点而论,无论它以《楞伽经》为中心思想(佛教大乘有宗),或以《金刚经》为中心思想(佛教大乘空宗),它都是客观唯心主义。它用宗教哲学宣传客观世界不

---

[1] 敦煌本《楞伽人法志》说:"大师俗姓周,其先寻阳人,贯黄梅……七岁奉事道信禅师。自出家,处幽居寺……"

[2] 弘忍所讲说的《金刚经》即现存的《大般若经》中的卷五七七。这一卷经前后共有六种译本,最通行的是姚秦鸠摩罗什的译本。

实在，把主观精神作用（我）和客观事物及其规律（法）都看作是虚幻不实的。它夸大了世界上事物永远在生灭、变化的现象，说任何事物都不真实。它也接触到世界事物都在相互制约的关系之中，把事物的关系（众缘）孤立起来，使它脱离具体客观事物，而把它仅仅看作观念的相互制约的关系。它也提出了人类认识的局限性和产生错误的可能性，从而宣称认识为不可能。禅对人类认识提出怀疑，它的贡献在于指出认识的局限性。方法失误在于过分夸大了这种局限性，由此得出结论，认为认识不可能，把认识说成愚昧无知的根源，这就荒谬了。

二　从客观唯心主义到主观唯心主义
——禅宗的正式建立，惠能和他的学派

在惠能（638—713）以前，中国流行的禅学流派很多，有的受印度禅定学说影响较深，也有的独创性较多。惠能取得"六祖"的正统独尊地位，那是他的宗派得到更广泛流传以后的事。宗密曾亲身经历了禅宗百家争胜的局面。他编过一部禅宗的语录集，叫作《禅源诸诠集》，这部大书可惜已经散失了，只留下一篇总序。它说：

> 今集所述殆且百家，宗义别者犹将十室，谓江西、荷泽、北秀、南侁、牛头、石头、保唐、宣什及稠那、天台等。立宗传法，互相乖阻。有以空为本，有以知为源；有云寂默方真，有云行坐皆是；有云见今朝暮分别为作一切皆妄，有云分别为作一切皆真；有万行悉存，有兼佛亦泯；有放任其志，有拘束其心；有以经律为所依，有以经律为障道。非唯泛语而乃确言，确弘其宗确毁余类。事得和会也。[1]

---

[1]《禅源诸诠集都序》卷上之一。

虽包括近百家，他们的主要流派可分为"十室"。这"十室"之中按他们的学说的基本宗旨约可分为三大宗。就是（1）息妄修心宗，（2）泯绝无寄宗，（3）直显心性宗。与这三宗分别依次相应的说教方式也有所不同，它们是（1）密意依性说相教（对息妄修心宗），（2）密意破相显性教（对泯绝无寄宗），（3）直显心性教（对直显心性宗）。

按照宗密的划分标准，这三宗不便分高下，只是说教的方式和重点有所偏重。第一派是"息妄修心宗"：

> 今且先叙禅宗初息妄修心宗者，说众生虽本有佛性，而无始无明覆之不见，故轮回生死。诸佛已断妄想，故见性了，出离生死，神通自在。当知凡圣功用不同，外境内心各有分限。故须依师言教，背境观心，息灭妄念。念尽即觉悟无所不知。如镜昏尘，须勤勤拂拭，尘尽明现，即无所不照。又须明解趣入禅境方便，远离愦闹，住闲静处，调身调息，跏趺宴默，舌拄上腭，心注一境。南侁、北秀、保唐、宣什等门下皆此类也。牛头、天台、惠稠、求那等，进趣方便，迹即大同，见解即别。[1]

---

[1]《禅源诸诠集都序》卷上之二。

这一派，基本上接近于后来所谓禅宗的"北派"，其中主要代表人为神秀、智诜等。他们要教人通过坐禅的方法，训练一种脱离现实的宗教世界观，他们和印度的传统禅法还保持一定的联系，如坐禅和调息的方法（"舌拄上腭，心注一境"）基本上是印度佛教瑜伽的修炼的方法。这一派唐中叶以后，即趋没落。

第二派是"泯绝无寄宗"：

> 二泯绝无寄宗者，说凡圣等法皆如梦幻，都无所有，本来空寂，非今始无。即此达无之智亦不可得。平等法界，无佛，无众生，法界亦是假名。心既不有，谁言法界？无修不修，无佛不佛。设有一法胜过涅槃，我说亦如梦幻。无法可拘，无佛可作，凡有所作，皆是迷妄。如此了达本来无事，心无所寄，方免颠倒，始名解脱。石头、牛头下至径山，皆示此理，便令心行与此相应，不令滞情于一法上。日久功至，尘习自亡，则于怨亲苦乐一切无碍。因此便有一类道士、儒生、闲僧泛参禅理者，皆说此言，便为臻极。不知此宗不但以此言为法。菏泽、江西、天台等门下亦说此理，然非所宗。[1]

---

[1]《禅源诸诠集都序》卷上之二。

这一派的主要代表人物是惠能的嫡传弟子们,他们的教学方法与第一派有很大的不同。他们主张顿悟,不主张坐禅,比前者有更多的中国佛教的特点。

第三派是"直显心性宗":

> 三直显心性宗者,说一切诸法,若有、若空,皆唯真性。真性无相、无为,体非一切,谓非凡非圣,非因非果,非善非恶等。然即体之用而能造作种种,谓能凡能圣现色现相等。于中指示心性,复有二类。一云即今能语言、动作、贪、嗔、慈忍,适善恶,受苦乐等,即汝佛性,即此本来是佛,除此无别佛也。了此天真自然,故不可起心修道。道即是心,不可将心还修于心。恶亦是心,不可将心还断于心。不断不修,任运自在,方名解脱。性如虚空,不增不减,何假添补?但随时随处息业养神,圣胎增长,显发自然神妙,此即是为真悟、真修、真证也。二云,诸法如梦,诸圣同说,故妄念本寂,尘境本空。空寂之心,灵知不昧。即此空寂之知,是汝真性。任迷任悟,心本自知,不借缘生,不因境起,知之一字,众妙之门。由无始迷之,故妄执身心为我,起贪嗔等念。若得善友开示,顿悟空寂之知,知自无念无形,谁为我相人相?觉诸相

空，心自无念。念起即觉，觉之即无，修行妙门唯在此也。故虽备修万行，唯以无念为宗，但得无念知见。[1]

这一派是第二派（泯绝无寄宗）的发展，与第二派有密切的思想渊源。宗密虽然在这里没有讲这一派的主要代表有哪些人，而他实际所指的是禅宗后期和华严宗后期合流后的新情况。宗密认为上述三宗的基本原理并不矛盾，它们之间可以互相调和。他认为当时佛教禅宗流派很多，甚至互相敌视，是不应该的：

十师资传授须识药病者，谓承上传授方便，皆先开示本性。方令依性修禅。性不易悟，多由执相。故欲显性，先须破执。破执方便，须凡圣俱泯，功过齐袪，"戒"即无犯无持，"禅"即无定无乱。三十二相都是空花，三十七品皆为梦幻。意使心无所著，方可修禅。后学浅识，便但只执此言为究竟道。又以修习之门，人多放逸，故复广说欣厌，毁责贪恚，赞叹勤俭，调身调息，粗细次第。后人闻此又迷本觉之用，便一向执相。唯根利志坚

---

[1]《禅源诸诠集都序》卷上之二。

者,始终事师,方得悟修之旨。其有性浮浅者,才闻一意,即谓已足,仍恃小慧,便为人师,未穷本末,多成偏执。故顿渐门下,相见如仇雠,南北宗中,相敌如楚汉。洗足之诲,摸象之喻,验于此矣。[1]

宗密还在他的《圆觉大疏抄》卷三下讲到禅宗的"七家":

(1) 神秀、普寂等凝心入定,住心看净,起心外照,摄心内证。

(2) 成都净众寺无相(其传法世系为弘忍—智诜—处寂—无相),以无忆、无念、莫忘三句为宗。

(3) 成都保唐寺无住(无相之弟子)以无妄为宗,起心即妄,不起即真。释门事相,一切不行。礼忏、转读、画佛、写经,一切毁除。所住之院,不置佛事。但贵无心而为妙极。

(4) 江西道一以触类是道,任心为修,所作所为,贪嗔烦恼并是佛性。扬眉动睛,笑欠声咳,或动摇拂子,皆是佛事。不断不修,任运自在,名为解脱。无法可拘,无佛可作。

(5) 牛头山慧融、智威、慧忠、鹤林马素、径山道钦以心境本空,非今始寂。了达本来无事,心无所寄,方免颠倒,

---

[1]《禅源诸诠集都序》卷上之一。

始名解脱。

（6）南山念佛门以念佛为宗。

（7）菏泽神会以无念为宗，知之一字，众妙之门。但无妄念，即是修行。

宗密是华严宗的第五祖，他也吸取禅宗的一些观点。他讲的"十室""三宗""七家"只是大体的分类。从宗密的《都序》中可以反映出唐中期以后的禅宗的基本状况：

第一，禅宗在唐中期以后已蔚为大宗，它传播的范围已相当广泛；

第二，由于派别纷立，他们内部已开始分化，并有尖锐斗争，"顿渐门下，相见如仇雠，南北宗中，相敌如楚汉"；

第三，惠能一派在十宗中势力和影响最大。

我们把惠能当作中国禅宗的真正创始人，是有事实根据的。菩提达磨以下五世，只是惠能禅宗的先驱。后来中国哲学史上所谓"禅学"，某人的学说近禅（如宋儒、明儒说陆九渊、王守仁的哲学体系近禅），都是说他们的学说和思想方法和惠能以后的禅学接近，而不是指的惠能以前的禅学，更不是指的禅定的禅学。

隋唐政权与南北朝时期的政权性质有所不同。隋唐中央政府一方面和相沿数百年、享有政治和经济特权的门阀士族相勾结；另一方面也和当时数量更广大的一般寒门素族的地主阶级相联系。唐帝国的巩固、统一和繁荣富强之所以在当时达到全世界封建文化的高峰，和它得到当时新、旧、大、小的地主阶级各个阶层的支持有关，也和它夺取了隋末农民起义的成果有关。

隋唐时期的其他宗派，比较着重烦琐的章句解释、经院学派式的钻研。那一些显贵的僧人，可以交接官府，出入宫廷。他们占有广大的土地，拥有众多的奴仆。佛教一方面宣扬要看轻世俗富贵，摒弃物质享受，但是在佛教徒和寺院经济特别发达的情况下，将不可避免地要走向奢侈、腐化、享乐的道路，在人民面前失去了它的欺骗作用[1]。为了挽救当时佛教面临的危机，在内部产生了像禅宗这样的宗派。他们没有很多的学问，甚至有不识字的宗教领袖，他们多半出身于一般平民家庭，在生活作风上比较能够刻苦。他们没有占有大量的庄园，不要累世修行，不要大量的布施，不要许多麻烦的宗教仪式，不要背诵那些浩如烟海、穷年累月还不能完全记诵的经卷。

这样的革新运动，他们要有自己的武器。他们没有隋唐佛教其他宗派的优越条件，没有很多的"理论"和旧的佛教宗派相抗衡。他们唯一的武器就是用主观唯心主义，他们不要论

---

[1] 据佛教历史的记载，从武则天开始，用赐法腊（按：佛教徒以出家年岁计算法腊）、赐官职、赐品级的办法，收买佛教徒。薛怀义被任命为新平道行军总管；法朗等九人封为县公，赐紫袈裟、银龟袋；不空封爵为开府仪同三司，封肃国公、食邑三千户；赐杜义、玄巗法腊三十岁；赐刘总法腊五十岁。

证、不要引经据典，只要凭借每个人主观信仰和良心。因此，禅宗从惠能以后，从客观唯心主义转向主观唯心主义，不能仅仅看作禅宗本身的转变，它标志着唐代佛教发展中遇到危机后的新趋势。

惠能以后，经过几代的传播，禅宗在中国广大地区发展为五个较大的支派，禅宗这些支派曾流传到日本与朝鲜，并且有了进一步的发展。这五个支派是：沩仰宗，开创人是沩山灵祐和他的弟子仰山慧寂；临济宗，开创人是临济义玄；曹洞宗，开创人是洞山良价和他的弟子曹山本寂[1]；云门宗，开创人是云门文偃；法眼宗，开创人是法眼文益。这五宗所创立的时代都在晚唐末五代的时候。灵祐的生卒是771—853年，义玄死于866年；洞山良价的生卒年代是807—869年；文偃的活动年代在宣宗、懿宗时代（847—872）；文益死于958年，这时唐帝国已灭亡。

这正是唐帝国从衰亡到崩溃的时期，农民革命大规模爆发，最大的一次是875到884年的黄巢起义。全国各地，甚至包括当时的首都长安在内，都经常受到军阀战争的灾害。佛教的寺院经济和当时的门阀士族以及一般地主阶级的命运一样，在农民起义的震荡下，纷纷破产。唐帝国中央政府为了挽救财政的危机，曾在845年进行了一次规模最大的灭佛运动，佛教

---

[1] 后人为了音调的协调，不称"洞曹"而称曹洞宗。

各宗派遭到极为严重的打击。[1]

安史之乱到唐末,这一时期人民的生活比过去更加痛苦了,农民起义的军队遭到地主武装勾结外族军队的镇压而失败了。在广大的人民群众生命财产没有丝毫保障的时候,在反抗遭到失败的时候,在敌人过于强大,不具备起义的条件,他们对自己的力量失去信心的时候,他们往往要在宗教中求安慰。在马克思主义经典著作中已不乏论述。

这时的佛教其他宗派的物质条件所遭到的摧残已难以恢复,寺院经济从此一蹶不振。禅宗的宣传方式,和它所采取的精神修养方法的"优越性"就特别突出地显现出来。

从宗教哲学的发展看来,每当客观唯心主义失去它的欺骗作用时,主观唯心主义经常是接替者。因为宗教只能是唯心主义的,而唯心主义总不外是客观唯心主义和主观唯心主义两种基本形式。这时的阶级斗争更加尖锐了,随着唐帝国统治阶级的崩溃和倾覆,旧秩序已失去统治威力时候,统治者对人们思想束缚暂时失势的时候,人们有可能重新估价过去一切思想权威。在宗教信仰的领域内,由客观唯心主义转入主观唯心主

---

[1] 会昌五年八月,唐武宗下令,限期拆毁天下寺院四千六百所,兰若四万所。把佛寺的木材及建筑材料用来修理政府房屋,金银佛像交归国家的财政机关,把铁制的佛像用来改制农具,把铜制的佛像以及铜制的法器用来铸钱。没收了良田数千万亩,奴婢十五万人,僧尼还俗的有二十六万余人。佛教徒称这次的打击为"会昌法难"。

义,那就成为极自然的事。

禅宗从惠能以后,呈现了崭新的面貌。它号召人们选择"成佛"的道路时,只要有坚定的主观信仰,相信自己的内心,就可以解脱苦难,避免错误。惠能有两首著名的偈:

菩提本无树,明镜亦无台,佛性常青(清)净,何处有尘埃。
心是菩提树,身为明镜台,明镜本清净,何处染尘埃。[1]

同样,在《六祖法宝坛经》中也有一首流行更广的类似的记载:

菩提本无树,明镜亦非台,本来无一物,何处惹尘埃。

这里,惠能所谓"觉悟",不是外在的东西,而是由主观决定的。他认为要求解脱,不能向外面找寻原因,只能向自己的内心找寻原因,所以他又说:

---

[1] 敦煌本《坛经》。

> 东方人造罪,念佛求生西方;西方人造罪,念佛求生何国?凡愚不了自性,不识身中净土,愿东愿西;悟人,在处一般。所以佛言,随所住处,恒安乐。[1]

他分明告诉人们不要向现实世界中寻求自由和平等;不要对现实世界的不合理提出任何抗议;痛苦的根源是由于自己的认识错误造成的;只要思想上有了转变,接受佛教的基本原理,马上即可得到解脱。他说:

> 菩提只向心觅,何劳向外求玄?听说依此修行,西方只在目前。[2]

又说:"佛向性中作,莫向身外求。"[3]

禅宗在这里积极宣扬逆来顺受的奴化思想,它教人们安于环境,向不合理的社会现象妥协。这一点,仍然是佛教以及一切宗教的基本立场。

据说惠能是一个不认字的和尚,生活刻苦,曾在黄梅五祖弘忍处做行者,后来成了禅宗的真正创始人。从他开始,主

---

[1]《坛经》,《大正藏》卷四八。
[2]《坛经》,《大正藏》卷四八。
[3]《坛经》,《大正藏》卷四八。

张不要背诵佛经,而是要体会佛经的精神;不需要累世修行,也不需要大量布施财物,只要主观上有觉悟,就可以成佛。这一简单速成的道路,对当时那些陷于极度困苦,而又看不出解放自己的道路的广大群众,有着极大的引诱力;对于反动统治者来说,这种宗教学说,恰好投合了他们不劳而获的阶级性格。哪怕犯了残害人民的大罪,只要"放下屠刀",即可"立地成佛"。这样廉价地出售进入天堂的门票,当时的统治阶级也是欢迎的。

而这些特点,恰恰是隋、唐时期其他宗派所缺少,而为禅宗所独有的。禅宗的发展和滋长,就不值得惊讶了。

在哲学体系上看来,禅宗自从惠能以后,开始放弃了佛教的经典,不但不坐禅(虽然在名义上叫作"禅宗"),而且也不念经。

> 王常侍一日访师,同师于僧堂前看,乃问:"这一堂僧还看经么?"师云:"不看经。"侍云:"经又不看,禅又不学,毕竟作个什么?"师云:"总教伊成佛作祖去。"[1]

在惠能以前,禅宗大师还是允许坐禅,比如四祖道信,

---

[1]《镇州临济慧照禅师语录》,《大正藏》卷四七。

据《高僧传》记载,他曾"胁不至席者四十年",虽然菩提达磨以后的禅法和过去的旧禅法有所不同。可是到了惠能,就更进一步提出反对坐禅:

> 师曰:道由心悟,岂在坐也?经云,若言如来若坐若卧,是行邪道。何故?无所从来,亦无所去。无生无灭,是如来清净禅。[1]

惠能认为旧的坐禅方式,"住心观净","长坐不卧",是错误的方法,《坛经》指出:"住心观净,是病非禅。"又说偈曰:

> 生来坐不卧,死去卧不坐。一具臭骨头,何为立功课。[2]

惠能的禅学,表面上废除了禅定的修行方式,而实质上却扩大了禅定的修行范围。因为,禅定的目的,在于通过禅定的方法,达到否认客观世界真实性的目的,从而教人放弃对现实社会的斗争。如果能从思想意识上,从世界观上达到了否认客观现实世界的目的,又何必一定要用禅定的方法呢?所以惠能以后的禅宗不把坐禅当作一种可靠的宗教修养方法,而是把

---

[1]《大正藏》卷四八(《坛经》宣召第九)。
[2]《大正藏》卷四八(《坛经》顿渐第八)。

宣传主观唯心主义的认识论作为主要的宗教修养方法,要通过认识论的途径以建立他们的宗教唯心主义世界观。形式上,对宗教的仪式、清规戒律的要求放松了,实质上,是对宗教唯心主义的世界观的宣传加强了。它把修养方法、认识论和宗教唯心主义的世界观,进一步统一起来。

> 时有风吹幡动。一僧曰风动,一僧曰幡动,议论不已。惠能进曰:不是风动,不是幡动,仁者心动。[1]

可见惠能这一学派,否认外在事物的存在和发展。他们认为这些变化都是由于人们主观意识来决定的。还有一段著名的对话:

> 马祖道一,师(怀让)之弟子也。初居南岳传法院,独处一庵,唯习坐禅,凡有来访者都不顾。师往,彼亦不顾。师观其神宇有异,遂忆六祖谶,乃多方而诱导之。一日,将砖于庵前磨。马祖亦不顾。时既久,乃问曰:"作什么?"师云:"磨作镜。"马祖云:"磨砖岂得成镜?"师云:"磨砖

---

[1]《大正藏》卷四八(《坛经》顿渐第八)。

既不成镜,坐禅岂能成佛?"祖乃离座云:"如何即是?"师云:"譬牛驾车,车若不行,打牛即是,打车即是?"又云:"汝学坐禅?为学坐佛?若学坐禅,禅非坐卧;若学坐佛,佛非定相。于无住法,不应取舍。汝若坐佛,即是杀佛。若执坐相,非达其理。"[1]

又据记载,越州大珠慧海禅师初至江西参谒马祖,求问佛法。(马)祖曰:

> 今问我者,是汝宝藏一切具足,更无欠少,使用自在,何假向外求觅?

这一观点,来源于《坛经》:

> 汝今当信,佛知见者,只汝自心,更无别佛。[2]
> 佛向性中作,莫向身外求。[3]
> 尔欲得作佛,莫随万物。心生,种种法生;心

---

[1]《景德传灯录》卷六,《古尊宿语录》卷一。
[2]《大正藏》卷四八。
[3]《大正藏》卷四八。

灭，种种法灭。一心不生，万法无咎。[1]

惠能以后的五宗，对禅宗的主观唯心主义思想方法向神秘主义方面有所发展，但基本上和惠能的思想方法是一致的。他们强调"真如"不可以用语言和文字表示。他们认为语言所能表达的只是个体事物，或属于某一类的事物。而他们精神所寄托的理想，却不在任何个体事物以内。他们不仅认为坐禅、念佛不能使人解脱苦痛，即使用任何语言文字的表现方式，也不能把佛教的"真理"表达出来。下面的故事可以说明后期（五宗时期）禅宗的精神特点：

> 师（义玄）初在黄檗会下，行业纯一。首座乃叹曰："虽是后生，与众有异。"遂问："上座在此多少时？"师云："三年。"首座云："曾参问也无？"师云："不曾参问，不知问个什么。"首座云："汝何不去问堂头和尚如何是佛法的大意？"师便去。问声未绝，黄檗便打。师下来……如是三度发问，三度被打。师来白首座云："……自恨障缘，不领深旨，今且辞去。"……师去辞黄檗。（黄）檗云："不得往别处去，汝向高安滩头大愚处去，必为汝说。"

---

[1]《大正藏》卷四七。

师到大愚。大愚问:"什么处来?"师云:"黄檗处来。"大愚问:"黄檗有何言句?"师云:"某甲三度问佛法的大意,三度被打,不知某甲有过无过?"大愚云:"黄檗恁么老婆心切,为汝得彻困,更来这里问有过无过!"师于言下大悟,云:"原来黄檗佛法无多子!"大愚揞住云:"这尿床鬼子,适来道有过无过,如今却道黄檗佛法无多子。你见个什么道理?速道!"师于大愚胁下筑三拳。大愚托开云:"汝师黄檗,非干我事。"师辞大愚,却回黄檗。檗见来便问:"这汉来来去去,有什么了期。"师云:"只为老婆心切。"……黄檗云:"大愚有何言句?"师遂举前话。黄檗云:"作么生得这汉(按:这汉,指大愚)来,待痛与一顿。"师云:"说什么待来,即今便吃。"随后便掌。黄檗云:"这疯颠汉,却来这里捋虎须!"师便喝。黄檗云:"侍者引这疯颠汉参堂去。"[1]

从以上的例子,不难看出,后期禅宗,有以下两个特点:

第一,他们否认正面语言的表述能够说明禅宗的基本原理,因此,他们用比喻,用隐语,用拳打脚踢的动作来表述的

---

[1]《古尊宿语录》卷五。

方法。照禅宗的观点,认为语言不能正确地表达出真理的正确性。他们根本否认概念、推理、判断,一切理性思维、逻辑抽象可以反映真实情况。实际上他们否认人类正常的认识能力和认识作用。

第二,他们所以否认人类有通过逻辑思维认识客观真理的可能,是由于他们认为禅宗所相信的真理是超现实的,在现实世界中不存在,因而不能用认识现实世界的方法来认识真理。他们所谓真理内容和性质,是建立在宗教信仰、宗教感情、主观意识的基础上的,而不是通过科学实践可以证实的。

根据以上两点,我们可以看出,禅宗仍然继承了佛教宗教哲学的基本立场,否认世界的客观真实性,从而否认了人类正常的认识作用。

从他们颠倒了的世界观出发(否认有客观世界),如果还要承认人类有正常的认识能力,并承认人类可以认识客观世界,这在禅宗的哲学体系里是不允许的。如果客观世界与主观认识不一致时,禅宗采取了"修正"客观世界的方法以服从主观认识。禅宗认为"真如"是最完全、最圆满的主观精神(本心),它不可以用语言表达。语言所表达的只能是有限的,不圆满的东西。禅宗认识到人类认识能力有它的局限性,就这一点来说,它见到了事实的一方面,但禅宗的失足处,在于夸大了这一方面。他们认为要认识真理,不能靠感觉、经验,也不能靠语言、文字,不能靠理性思维,认为这些途径会造成认识上的错误,从而做出神秘主义的结论来。他们认为世界真相,不能说,它不属于人类感觉和思维的对象。因为禅宗所谓真理,根本是一种主观神秘境界。这使他们不得不陷入荒谬的结论。

禅宗还意识到哲学上的根本问题是主观思维和客观现实的矛盾如何统一的问题。在哲学史上,禅宗以严肃的态度对待哲学上这一根本问题。它以主观吞没了客观,以心代替了物,但是,作为反面教材,它使中国哲学史上的认识论比过去更加深刻、丰富了。例如,临济宗的"四宾主""四照用"等宣传方式即体现了禅宗的唯心主义认识论原则和它如何对待认识论原则。

"四宾主",是临济宗经常使用的师生(或宾主)问答的方法,也是他们衡量双方真伪的标准。如果问学的人更能体会禅宗主观唯心主义的世界观,叫作"宾看主"。相反的情形,师傅能坚持禅宗的观点,问学的人不能体会这种主观唯心主义世界观的,叫作"主看宾"。问答双方都能接受这种主观唯心主义世界观的,叫作"主看主"。问答双方都不理解禅宗的观点,但又装模作样,互相卖弄"机锋",就是"宾看宾"。

"四照用",是禅宗从主观唯心主义的认识论的立场对参学者进行说教的四种方式。这四种方式都是环绕着思维和存在的关系提出的。禅宗和佛教其他宗派的基本观点一样(这也是一切宗教哲学的基本观点),认为人们之所以不能接受佛教的认识论,都是由于存在着"我""法"两种"偏见"。佛教通常把这种"偏见"叫作"我执"和"法执"。当一个人没有放弃自己主观精神作用符合常识、符合科学的一般见解,对自己的认识能力抱有肯定的态度时,禅宗说这是"我执""妄生分别",它坚决反对人们通过正常的途径,可以认识真理。所以它要破除"我执",或"我见"。禅宗也反对人们坚持一切事物和它的规律有客观真实性。它深恐人们一旦坚持事物的存在和它的规律也是客观的,就会背叛唯心主义而接受唯物主义的观点。所以禅宗和佛教其他宗派一样,坚决反对人类有认识能力(认为认识活动只能给人们带来偏见);坚决反对有客观存在的物质世界及其规律(他们认为客观世界不过是一幻觉)。所以他们要破除"法执"。

临济宗所提出的"四照用"就是捍卫他们的主观唯心主义的认识论四个原则和教学方法。

有人已放弃"我执",还没有放弃"法执"时,禅宗对这种人说教时,要肯定他放弃"我执"的一方面,而批判他坚持"法执"的一方面。这就是临济宗所谓"先照后用",也叫作"夺境不夺人"("境"是"法","人"是"我")。禅宗有时用文学形象化的语言,把这种情况比作"上苑花已谢,车马尚骈阗"。这里,"上苑花"喻"境","车马"喻"人"。

和上述情况相反,有人放弃"法执",但坚持"我执"这种偏见,在说教时就要肯定他放弃"法执"的一方面,而批判他坚持"我执"的一方面。对这种人,要"先用后照",也叫作"夺人不夺境"。禅宗有时用文学形象化的语言,把这种情况比作"是处有芳草,满城无故人"。"有芳草"是"不夺境","无故人"是"夺人"。

有人能够完全放弃"我""法"二执,很好地接受禅宗的认识论观点,对这种人,就要全部肯定,即"照用不同时",也叫作"人境俱不夺"。禅宗有时用文学形象的语言,把这种情况比作"一片月生海,几家人上楼"。"月生海",是"不夺境","人上楼"是"不夺人"。

最严重的是有些人坚持"我""法"二执,禅宗认为这是带有根本性质的错误,对于这种反唯心主义的认识论要进行严酷的思想斗争,就好像"驱耕夫之牛,夺饥人之食",给他们以致命打击,要"敲骨取髓,痛下针椎"。禅宗有时用文学形象的语言,把这种情况比作:"云散水流去,寂然天地空。"这是既无"境"也无"人"。对于这种错误的人要"照用同时",要"人境两俱夺"。

此外,曹洞宗的"五位君臣"的原则(按:五位君臣即"正中偏""偏中正""正中来""偏中至"又称"兼中至""兼中到"。它和临济宗的"四照用"相似,都是针对学禅的人、在本体论或认识论方面所能接受禅宗的思想体系的程度而提出的说教的方法),云门宗的"三句"(按:云门三句,即云门宗有本体论方面三个主要范畴:"函盖乾坤句""截断众流句""随波逐浪句")都是利用禅宗特有的"机锋",以宣扬它的宗教神秘主义。

曹洞宗另有"五位君臣"的说教方式,有所谓"五位功勋图"：

  正中偏　　君位
  偏中正　　臣位
  正中来　　君视臣
  偏中至　　臣向君
  兼中到　　君臣合

  所谓"正中偏""偏中正"等五位君臣，是曹洞宗唯心主义本体论的一套神秘主义说教方式。他们认为作为万法根源的是佛性、真如，这是世界的最后的本体，也就是精神实体，曹洞宗的宗教哲学，把这样的精神性的本体叫作"君"（体），本体所显现出来的现象（幻相，假相）他们叫作"臣"（用）。

  禅宗否认现实世界的物质存在是一切现象的基础，但是他们为了欺骗和麻痹群众，不得不虚构出现象与本质的关系。因为哲学上体用问题，即现象世界之"后"、之"上"有没有更根本的基础作为现象世界的依据。在魏晋时期如本末问题就是关于本质与现象的关系问题的初步探索。唐代的华严宗也曾对这一方面的问题做过系统的唯心主义的说明。因为他们知道，这一块阵地如果不去占领，对唯心主义的巩固不利。

  曹洞宗提出了比较系统的唯心主义的体用观点——君臣

五位图。他们认为一切事物都是幻相,它们存在的关系也不是真实的。有一段对话,可以说明他们否认外物的观点:

> 曹山答僧曰:"但有一切,总归斩尽。"
> 僧曰:"忽逢父母则将如何?"
> 师(曹山)曰:"拣什么?"
> 曰:"争奈自己何?"
> 师曰:"谁奈我何?"
> 曰:"为什么不杀?"
> 师曰:"无下手处。"

这里的"师曰"都是曹山本寂的话,它代表曹洞宗认为正确的意见。这一段的大意是教人否认一切存在是真实的,要人们和现实世界的客观存在斩断联系,对任何现象都不能例外,即使"忽逢父母"也要毫不容情。在封建社会里,天地君亲师是有绝对权威的,对父母也要"斩尽",虽是一个比喻的说法,却可以看出禅宗怎样把问题提得尖锐而坚定。他们认为对一切存在都要毫不容情地与它斩断联系,不承认它们的存在。禅宗所谓"斩尽",并不是真正用刀去斩杀,而是教人从思想上与唯物主义世界观划清界限,所以僧人问"为什么不杀",他答曰"无下手处"。意思是,并不是真正有那么一个具体的现实世界可以用刀"斩尽",而是改变一下对世界的认识,换一换观点,就可以算是"斩尽"了。

在他们否认外物存在的基础上，论证他们的唯心主义本体论。禅宗认为涉及本体论的问题，最容易发生的"片面性"，它有四种可能：

有一种人承认有所谓本体（或真如），但还不懂得事物（现象、用）是从精神本体派生的关系。这种情况，曹洞宗叫作"正中偏"，要求学人由体起用。

另一种人，承认现象是假，但还不懂得透过现象进一步探寻佛教的"本体"（真如），曹洞宗对这种情况叫作"偏中正"，要求学人由用归体。

还有一种人，承认有所谓精神性的本体（真如），并已开始努力由体到用，这种情况叫作"君视臣"。

也有一种人，承认现象是假，并力图透过所谓幻相去探求精神性的本体，这种情况叫作"臣视君"。

前两种人是学佛入门的初步阶段，后两种人是学佛入门后的较高的阶段。但都有"片面性"，这种片面性都使他们不能掌握禅宗否认外界、否认事物存在的完整的宗教唯心主义世界观。他们认为理想的"正确"的宗教世界观是坚决从唯心主义立场对待现象与本体的关系问题，这就是曹洞宗所谓"兼中到"，也叫作"君臣合"。

从曹洞宗的五位君臣的关系的学说，可以看出唯心主义在向唯物主义思想斗争中是怎样地不放过每一方面的哲学问题而全力以赴的宗教唯心主义立场。

禅宗所谓"机锋"，是因人因时因地而进行的一种宗教神秘主义的教学方法。有时对同一问题做出不同的回答，有时对不同的问题做出相同的回答，有时对提出的问题不做回答。只就它的教学方法而论，也还不是全无可取之处，他们叫作"对病施药"。

如云门宗回答学人问"如何是祖师西来意？"师云："日里看山。"意思可能是说，本来分明，只有不去看的人，才会看不见。

　　问："如何是吹毛剑？"
　　师云："骼。"

这段问答大意是：问者以为用般若（智慧）慧剑无比锋利可以斩断一切烦恼，好像最锋利的剑，把毛发向它的刃上吹去，毛发立断。但是骨骼根本无毛，纵有吹毛的利剑，也无所施。是说无涅槃可得，无菩提可证。

　　问："不起一念，有过无过？"
　　师云："须弥山。"

禅宗反对任何固定的、肯定的认识。如果有人把"不起一念"作为精神解脱的原则，执着在"不起一念"上，这个"不起一念"的念头本身也是不对的（过失）。所以他们回答"须弥山"。须弥山是佛经中经常讲到的最大的山。意思是说，即使不起一念，不言不动（像须弥山那样），它（过）仍然是存在的。

问："如何是佛法大意？"
师云："面南看北斗。"

北斗只能向北看，面南看当然看不到。但是，一旦回过头来，北斗又恰在对面。意思是叫人不要向外面用力，回头即是。禅宗叫人用神秘的内心反省工夫。

他们认为言语、文字、概念只能给人们增加负担，而不能教导人们发现佛教的真理，他们反对求知，认为用求知的方法去理解禅宗的宗教原理，就像"头上安头，雪上加霜，棺木里眨眼，灸癞上更著艾爝"。雪峰义存曾说："饭箩边坐饿死人，临河渴死汉。"玄沙师备更进一步强调说："饭箩里坐饿死人，水里没头浸渴死汉"。意思是，只记得一些佛说的字句，即使这些经典上的字句勉强塞进自己的肠胃，也不能解决对"真理"的饥渴。光靠外来的灌输，不通过每个人的自觉的理解，是不能达到"解脱"的目的的。这种人好像饿死在饭箩里，渴死在河里的人那样愚蠢可笑。

禅宗的认识论的原则和科学的、常识的认识情况完全相反。他们所谓"正确"，实际上是错误；他们所谓"觉悟"，实际上是迷惑。这种颠倒的世界观、认识论是荒谬的。我们要指出，禅宗在哲学史上深刻地揭示了哲学上的根本问题，而且在这方面留下丰富的反面教材。中国哲学史上的许多学派,即使不同意禅宗的观点的,也要通过批判、扬弃的过程,而不能对它置之不理。这也就是后来许多宋明理学家,不得不"出入于佛老"的原因。

三　禅宗哲学思想的评价

禅宗虽然讲的是哲学，它毕竟还是宗教。它的哲学是为它的宗教目的服务的。它有它的特殊性，这种特殊性乃是在宗教一般性之下表现的特殊性。因而，它首先要具备宗教的本质，它必须宣扬那些落后的、忍受压迫的温驯的道德品质。它必须反对科学，反对认识的作用，反对革命的社会实践。

马克思在他的《〈黑格尔法哲学批判〉导言》中说过：

> 他破除了对权威的信仰，却恢复了信仰的权威。他把僧侣变成了俗人，但又把俗人变成了僧侣。他把人从外在宗教解放出来，但又把宗教变成了人的内在世界。他把肉体从锁链中解放出来，但又给人的心灵套上了锁链。[1]

马克思在这里虽然在批判马丁路德宗教改革的实质，和中国封建时期的禅宗有所不同。但这一分析，对于我们理解中

---

[1]《〈黑格尔法哲学批判〉导言》，《马克思恩格斯选集》第1卷。

国佛教的禅宗,有极重要的启示。禅宗在一定程度上,也是"把俗人变成僧侣",把佛性灌输到人的内心,"给人的心灵套上了锁链"的,其作用是反动的。

禅宗从客观唯心主义向主观主义的转化,使它更深地陷入唯心主义的泥坑。它把一切存在(法)的客观真实性完全抹杀,采取了更粗暴、更独断、更主观的极端唯心主义的认识论。在它建立主观唯心主义认识论的同时,它比过去的哲学学派更深刻、更集中地对待思维对存在的问题。在中国哲学史上,它引起了人们对认识论问题的重视,虽然它走的方向错了。它构成了认识论上不可缺少的一个环节。它起着反面教员的作用,它把认识论引向深刻化的道路。

我们不同意有些哲学家对禅宗思想所做的抽象的估价,说禅宗的价值在于它有"独立思考""大胆怀疑"的精神。仅从字句上看,禅宗似乎有些"左"的表现,这种现象和王阳明所提出的"良知"学说十分相似。王阳明提出让人不要盲从,要学会独立思考。王阳明教人独立思考,是在他们的唯心主义世界观的前提下,去独立思考的。尽管他教人思考问题要本着自己的良知,可是王阳明对于事父事君的封建道德规范从来没有独立思考过,相反,假使有人对这些伦理关系引起怀疑,王阳明倒是认为他没有独立思考,丧失了良知。王阳明所宣扬的天赋观念的支配力量经常和反理性的主观盲动主义结不解之缘。

禅宗的大胆怀疑,独立思考,和王阳明的哲学观点基本上有类似之处。禅宗教人大胆地怀疑那些不够专诚、不够主观的宗教学说，禅宗没有教人怀疑成佛、出世可以脱离苦海的可能性。禅宗的独立思考，大胆怀疑，只能在它的宗教观点所容许的范围以内进行活动。

总起来考查，禅宗是中国哲学史上所特有的一种宗教哲学。以宗教麻痹人心，是它的主要方面，它和其他宗教一样，教导人们忍受苦难，把苦难看作无足轻重，甚至教人当作快乐去迎接它，培养人们逆来顺受的奴化性格。它号召的思想解脱，正是对人们的思想束缚。尽管它在一定条件下起过某些进步作用，并有一些有价值的思想资料，但不能忘记它首先是宗教，其次才是哲学。这种哲学是深刻的，但是头脚颠倒的。

禅宗力图把佛性从彼岸世界拉回到每个人的内心，把依靠佛教的经典转向引导人们相信个人的顿悟（内心的神秘启示），把拜佛转向呵佛骂祖，这就埋藏下了毁灭它自己的炸弹。遇到一定的条件，遇到革命的阶级或进步的集团，或者这一武器拿到不满意现实剥削制度人们的手上，它将会沿着另一个方向——佛教教义所反对的方向前进。

禅宗后期，发展为宗教神秘主义、直觉主义，完全走向反科学、反常识的道路，这是禅宗思想发展的主流。另外一方面也值得我们注意，那就是禅宗哲学思想中潜伏着从理论上导致破坏宗教的倾向，这虽不是禅宗思想的主流，却也是不可忽视的一种倾向。如果忽略了这一方面，对于禅宗的评价就不全面。

禅宗后期，把人类一切活动，把世界一切事物都看作寻求解脱的"妙道"。它认为在一切事物中都体现了"真如"。所以禅宗说："青青翠竹，尽是法身；郁郁黄花，无非般若。"[1]

禅宗企图用主观唯心主义、神秘主义吞没物质世界，但物质世界毕竟客观地存在着，是不可能任意抹杀的。禅宗把"真如"溶解在自然界里面，因而破坏了"真如"的超自然的精神实体；把"佛性"从"西方极乐世界"移植到人们的内心，使"佛性"人性化，因而贬低了"佛性"的尊严；把"般若"的绝对超越性还俗为"运水搬柴"的生活琐事，因而模糊了世间和出世间的严格界限。以上这些观点，在一定的意义下，都对宗教唯心主义起着破坏作用。

禅宗消除彼岸世界与现实世界的差别，说极乐世界并不在西方，而是在人的心内，禅宗说，佛无一法与人，佛法不过"着衣、吃饭、屙屎、送尿"，"我见犹如厕孔"[2]。

像以上这些思想，表现得不是那么温良驯顺，一遇到另外的机会，为进步的阶级和集团所掌握改造后，就会完全起着另外的作用。

禅宗从惠能开始，并没有打算建立一支破坏佛教的宗教哲学。但自从把彼岸世界与此岸（现实社会）的藩篱撤除后，

---

[1]《景德传灯录》第二八。
[2]《古尊宿语录》卷四。

却在理论上也会给佛教带来了危机。就在禅宗鼎盛的时候,已经出现了"离经叛道"的倾向。

文益的弟子延寿(904—975)也曾呼吁禅宗面临的危机:

> 近代相承,不看古教,唯专己见,不合圆诠。或称悟而意解情传,设得定而守愚暗证。所以后学讹谬,不禀师承。[1]

又说:

> 今时学者,全寡见闻。恃我解而不近明师,执己见而罔披宝藏。[2]

如果认为禅宗的危机仅仅是不读佛经,缺少知识,这还不算什么大问题。问题在于"唯专己见",会走向背离佛教的道路。不同的阶级,不同的政治集团,都各有他们自己的"己见"。各种思想都反映一定阶级的要求。如果有人认真地从无神论的立场去理解禅宗,就会成为一个天不怕地不怕的叛教者。佛既然"无一法与人",又何必信佛呢?西方极乐世界既然在每人的心中,又何必礼佛、敬菩萨?既然一

---

[1]《宗镜录》,卷四三。
[2]《宗镜录》,卷六一。

切思想束缚都要打破才可以获得彻底解脱，最好连和尚也不必做了。在古代，宗教神学势力笼罩着思想界的条件下，泛神论经常是宗教神学内部的破坏力量。它把神融化于自然界中，否认有所谓超自然的本源，西方的资产阶级初期的进步思想家，如布鲁诺、斯宾诺莎都是通过泛神论从宗教神学的迷雾中自己解放出来的。中国的禅宗时代比他们早得多，它不是以新兴的资本主义作为内部推动力量，而是在佛教内部反对贵族僧侣阶级的斗争中出现的，这一派是以世俗地主阶级中不当权派的中小地主阶级作为它的社会基础的，它的主要锋芒指向当权派的豪门贵族、特权阶级。

经过了唐末五代，北宋时期的大唯物主义哲学家张载和王安石都是出入于佛老，利用佛教（特别是禅宗）的泛神论思想的萌芽作为酵母，通过酝酿、改造，最后形成他们的唯物主义哲学体系。也有一些唯心主义者，谨守禅宗的唯心主义观点，扬弃了禅宗的僧侣宗教生活，而吸取了它的僧侣主义，形成了直接为世俗地主阶级服务的唯心主义理学，如程颢、程颐、陆九渊、朱熹、王守仁都是这一派人物的代表。还有一些进步的思想家，利用禅宗所倡导的不信权威的口号，敢于正面攻击封建正统思想的权威，相信自己的理性，如明末进步思想家李贽就是从左的方面批判继承禅宗的主观唯心主义思想的代表；清末的谭嗣同则是深受禅宗泛神论萌芽思想影响的资产阶级改良主义激进派。

最后，必须指出，李贽用主观唯心主义抗拒传统的封建正统思想，不失为一种武器，但不是最好的可以摧毁敌人的武器，因为它的理论不是建立在有充分根据的唯物主义基础上的。泛神论在宗教神学盛行的条件下，不失为一种披着神学的外衣偷运唯物主义的哲学表现形式，但是它毕竟没有和宗教神学划清界限，因而也不是最有效的反宗教神学的思想武器。谭嗣同的时代是在马克思主义出现以后，但他的哲学却属于马克思主义以前的。这种理论武器用于19世纪末、20世纪初的中国思想战场上，必然显得陈旧无力，达不到"冲决网罗"的目的。

现在，和李贽、谭嗣同所处的时代已有更大的不同。帝国主义为了对抗唯物主义，他们也在宣扬泛神论。泛神论不但不像古代那样，成为酝酿无神论和唯物主义的酵母，它反倒是培育宗教神学和唯心主义的温床。今天世界上流行的泛神论是彻头彻尾的资产阶级唯心主义的反动思想。

〔附注〕禅宗的远祖旧说西土佛祖相传历二十八祖。《禅宗传法正宗记》《景德传灯录》《坛经付嘱品》并有此说。以禅宗《传灯录》传行最广，影响亦最大。此说最晚出，遂成定论。先乎此者，则众说纷纭。

（一）八代说。神会于滑台之会，答崇远法师问，引《禅经》曰：

> 佛灭度后，尊者大迦叶、尊者阿难、尊者田末地、尊者舍那婆斯、尊者优婆崛、尊者婆须密、尊

者僧伽罗义、尊者达磨多罗、及至尊者不若蜜多罗，诸持法者，以此慧灯次第传授。

此神会误以达磨多罗 Dharmatrāta 为菩提达磨 Bodhidhama。

（二）五十一代说。马祖门下惟宽禅师，以达磨为五十一世，惠能为五十六世。（见白居易《传法堂碑》）此或据僧祐《出三藏记集》中萨婆多部世系而言。

（三）三十五代说。敦煌本《六祖坛经》如来为七代，达磨为三十五代。

（四）三十代说。李华《天台左溪大师（玄朗）碑》云，佛以心法付大迦叶，此后凡二十九世，至梁魏间有菩提达磨禅师传楞伽法。（《全唐文》三二〇）

（五）七代说。东都净觉以求那跋陀罗为一祖，菩提达磨为第二祖。

（六）六代说。杜朏《传法宝记》即以达磨为初祖。禅宗北宗诸师多守此说。

（七）二十八代说。最早见于《付法藏传》（即《付法因缘传》）元魏西域三藏吉迦叶共昙曜译。此说即为后来《景德传灯录》及诸书所据之张本。

西土传法世系完全无征，有诸祖之名但无衣钵相授之实，以上七说没有一个说法是可信的，附列于后，以澄清这些不正确的旧说的影响。

禅宗传法世系表

```
菩提达磨[1] ── 慧可[2] ── 僧粲[3] ── 道信[4] ── 弘忍[5] ┬─ 神秀[6] ┬─ 普寂[7]
                                                      │         └─ 义福[7]
                                                      └─ 惠能[8]
    ├─ 南岳怀让[9] ── 马祖道一[10] ── 百丈怀海[11] ┬─ 沩山灵佑[51] ── 仰山慧寂[52]
    │
    ├─ 青原行思[28] ── 石头希迁[29] ┬─ 天皇道悟[30] ── 龙潭崇信[31] ── 德山宣鉴[32]
    │                              └─ 药山惟俨[44] ── 云岩昙晟[45] ── 洞山良价[46]
    │                                                              ┌─ 曹山本寂[47]
    ├─ 荷泽神会[42] ── 圭峰宗密[43]                                └─ 云居道膺[48]········天童正觉[49]
    │
    ├─ 永嘉玄觉[50]
    ├─ 其他五十九人
    │
    ├─ 雪峰义存[33] ┬─ 云门文偃[34] ── 香林澄远[35] ── 智门光祚[36] ── 雪窦重显[37]
    │              ├─ 天衣义怀[38]
    │              └─ 玄沙师备[39] ── 罗汉桂琛[40] ── 法眼文益[41]
    │                                              └─ 永明延寿[53]
    │
    ├─ 黄檗希运[12] ── 临济义玄[13] ── 兴化存奖[14] ── 南院慧颙[15] ── 风穴延沼[16]
    │
    ├─ 首山省念[17] ── 汾阳善昭[18] ── 石霜楚圆[19] ┬─ 杨岐方会[20] ── 白云守端[21]
    │                                              └─ 黄龙慧南[25] ┬─ 黄龙祖心[54]
    │                                                              └─ 东林常总[26] ── 宝峰克文[27]
    │
    └─ 五祖法演[22] ── 佛果克勤[23] ── 大慧宗杲[24]
```

[1]《唐高僧传》十六,《景德传灯录》三,《传法正宗记》五。
[2]《唐高僧传》十六,《景德传灯录》三,《传法正宗记》六。
[3]《景德传灯录》三,《传法正宗记》六。
[4]《唐高僧传》二十六,《景德传灯录》三,《传法正宗记》六。
[5]《宋高僧传》八,《景德传灯录》三,《传法正宗记》六。
[6]《宋高僧传》八,《景德传灯录》四。
[7]《宋高僧传》九。
[8]《宋高僧传》八,《景德传灯录》五,《传法正宗记》六,《古尊宿语录》一。
[9]《宋高僧传》九,《景德传灯录》五,《传法正宗记》七,《古尊宿语录》一。
[10]《宋高僧传》十,《景德传灯录》六、二十八,《传法正宗记》七,《古尊宿语录》一。
[11]《宋高僧传》十,《景德传灯录》六,《传法正宗记》七,《古尊宿语录》一。
[12]《宋高僧传》二十,《景德传灯录》九,《传法正宗记》七,《古尊宿语录》二、三。
[13]《宋高僧传》十二,《景德传灯录》十二、二十八,《传法正宗记》七,《古尊宿语录》四、五。
[14]《景德传灯录》十二,《古尊宿语录》五。
[15]《景德传灯录》十三,《古尊宿语录》七。
[16]《景德传灯录》十三。
[17]《景德传灯录》十三,《古尊宿语录》八。
[18]《景德传灯录》十三,《古尊宿语录》十,《续传灯录》一。
[19]《古尊宿语录》十一,《续传灯录》三。
[20]《古尊宿语录》十九,《续传灯录》七。
[21]《续传灯录》十三。

[22]《古尊宿语录》二十二,《续传灯录》二十。
[23]《续传灯录》二十五。
[24]《续传灯录》二十七,《明高僧传》五。
[25]《续传灯录》七。
[26]《古尊宿语录》四十七,《续传灯录》十六。
[27]《续传灯录》二十。
[28]《宋高僧传》九,《景德传灯录》五。
[29]《宋高僧传》九,《景德传灯录》十四。
[30]《宋高僧传》十,《景德传灯录》十四。
[31]《宋高僧传》十,《景德传灯录》十四。
[32]《宋高僧传》十二,《景德传灯录》十五。
[33]《宋高僧传》十二,《景德传灯录》十六。
[34]《传法正宗记》八,《古尊宿语录》十五、十六、十七、十八。
[35]《传法正宗记》八。
[36]《古尊宿语录》三十九。
[37]《续传灯录》二。
[38]《续传灯录》六。
[39]《宋高僧传》十三,《景德传灯录》十八、二十八。
[40]《宋高僧传》十三,《景德传灯录》二十一、二十八。
[41]《宋高僧传》十三,《景德传灯录》二十四、二十八、二十九,《传法正宗记》八。
[42]《宋高僧传》八,《景德传灯录》二十八,《传法正宗记》七。
[43]《宋高僧传》五,《法界五宗略记》。
[44]《景德传灯录》十四、二十八,《传法正宗记》七。
[45]《宋高僧传》十一,《景德传灯录》十四。
[46]《宋高僧传》十二,《景德传灯录》十五、二十九。
[47]《宋高僧传》十三,《景德传灯录》十七。

[48]《宋高僧传》十二,《景德传灯录》十七。
[49]《明高僧传》五,《续传灯录》十七。
[50]《宋高僧传》八,《景德传灯录》三十。
[51]《宋高僧传》十一,《景德传灯录》九。
[52]《宋高僧传》十二,《景德传灯录》十一。
[53]《景德传灯录》二十六,《传法正宗记》八。
[54]《续传灯录》十五。

任继愈谈汉唐佛教思想 下卷

任继愈 ◎ 著

石油工业出版社

图书在版编目（CIP）数据

任继愈谈汉唐佛教思想 / 任继愈著 . —北京：石油工业出版社，2018.3
 ISBN 978-7-5183-2348-7

Ⅰ. ①任… Ⅱ. ①任… Ⅲ. ①佛教－研究－中国－汉代 ②佛教－研究－中国－唐代 Ⅳ. ① B948

中国版本图书馆 CIP 数据核字（2017）第 305287 号

任继愈谈汉唐佛教思想
任继愈 著

出版发行：石油工业出版社
　　　　　（北京安定门外安华里 2 区 1 号楼　100011）
网　　址：www.petropub.com
编辑部：（010）64523783
图书营销中心：（010）64523633
经　　销：全国新华书店
印　　刷：北京晨旭印刷厂

2018 年 3 月第 1 版　2018 年 3 月第 1 次印刷
880×1230 毫米　开本：1/32　印张：17.25
字数：370 千字

定价：68.00 元（全二册）
（如发现印装质量问题，我社图书营销中心负责调换）
版权所有，翻印必究

辑二

汉唐佛教思想·下卷

敦煌《坛经》写本跋*

---

* 禅宗《坛经》流传于海内外,版本甚多。近年日本禅宗研究学者柳田圣山教授编有《六祖坛经诸本集成》一书,汇集诸本合为一编,由中文出版社出版,给研究禅宗学者以极大方便,世界宗教研究所郭朋同志出版《坛经对勘》,山东齐鲁书社1981年出版,对《坛经》各主要版本异同做对勘,有益于士林。

任继愈谈汉唐佛教思想

《坛经》在我国佛教发展史及思想史上有过深远影响。它也曾引起国内外学术研究者的重视。中国僧人的语录，被后代学人（当然是禅宗一派）尊奉为"经"的，只此一家。隋唐以后，出现过不少伪经，但这些伪经的作者都不敢说出作者的时代、姓名，只能伪托"佛说"。《坛经》没有伪托佛说，而是明目张胆地标明这是惠能的言行录。当年释迦逝世后，他的说教也是在他逝世百年之后才开始结集的。《坛经》记录惠能的言行，汇编成书，需要一个过程，中国经历了若干传播者的手和口，难免有些意思与原意有出入。

　　据日本柳田圣山教授主编的《六祖坛经诸本集成》，所列版本共十一种，它们是：

　　一、敦煌本[1]

　　二、兴圣寺本

---

　　[1] 敦煌本全称为《南宗顿教最上大乘摩诃般若波罗蜜经六祖惠能大师于韶州大梵寺施法坛经》。

三、金山天宁寺本

四、大乘寺本

五、高丽传本

六、明版南藏本

七、明版正统本

八、清代真朴重梓本

九、曹溪原本

十、流布本

十一、金陵刻经处本

此外尚有西夏文断片，及金泽文库本断片，及手抄本曹溪大师传。

现存《坛经》的十几个版本中，分歧较大的莫过于惠能的"传法偈"。这个问题曾引起古今佛教研究者们的注意。

神秀偈云：

身是菩提树，心如明镜台，时时勤拂拭，莫使有尘埃。

敦煌本《坛经》记录的惠能偈有两首：

（一）菩提本无树，明镜亦无台，佛性常清净，何处有尘埃。

（二）心是菩提树，身为明镜台，明镜本清净，何处染尘埃。

近人陈寅恪先生有专文[1]，论及这两个偈比喻不适当和意义不完备两大缺失。陈文指出，菩提树为永久坚牢之宝树，冬夏不凋，光鲜无变，佛祖在此树下成最正觉，不应比喻变灭无常之肉身，所以说这是比喻不适当。陈文又指出，后一偈开首两句，心身两字为书写者写颠倒了，应作"身是菩提树，心为明镜台"，极是。根据修辞通例，偈文必须身心对举，言身则为树，分析皆空；心则如镜，光明普照。今偈文只讲到心的方面，而对于身的方面，只用了一个比喻作为开头，缺少继续之下文，仅得文意之半，所以说意义不完备。

陈文指出，千百年来人们对此偈一味称赞，以为绝妙好辞，而忽略了它的缺失。陈文给后人以有益的启发。

现在从另一个角度来考察敦煌本《坛经》传法偈的问题。

据嵩山少林寺《法如碑》等文献记录，可以推证弘忍死后，禅宗南北二宗传法世系尚未正式建立，所谓顿渐之争还未提到日程上来。

禅学自东汉传入后，从安世高介绍小乘禅法起，到菩提达磨介绍南天竺一乘宗的大乘禅法，都是一面静坐，一面思维，用思想的集中以调整呼吸，内观因果，冥想成佛境界（如

---

[1]《禅宗六祖传法偈之分析》，《金明馆丛书》二编，上海古籍出版社，1980年版，第166页。

"四禅""人道四行"等),都是身、心配合的宗教训练方法。

敦煌本《坛经》,神秀一偈与惠能两偈,说的都是身、心如何训练的问题。但神秀与惠能两人的侧重处不同。神秀偈强调坐禅者的主观训练,"菩提树""明镜台"都是一种比喻,要求不犯身、口、意等过失,调练身心,尽力防范邪念滋生,使它们像菩提树一样坚牢、光洁[1],像明镜那样不容灰尘污染。惠能两偈也是讲的习禅训练方法,但侧重于佛教的宗教世界观的培养。"佛性常清净"(第一偈)、"明镜本清净"(第二偈)更偏于积极树立佛教的宗教世界观,其禅法宗旨不只限于防范过失,而是致力于树立佛性"常清净""本清净"的宗教世界观。从坚定佛教宗教立场看,用菩提树做比喻,不一定算比喻不适当;惠能的第二偈要求习禅者体认佛性的自身清净,以树立其信心,也不一定算作意义不完备。

敦煌本《坛经》惠能两偈,后来各种版本的《坛经》都写作一偈,就是现在世界流行,几乎家喻户晓的"菩提本无树,明镜亦非台,本来无一物,何处惹尘埃。"

佛教研究者多着眼于辨析后来各《坛经》版本惠能偈为伪造或篡改。唯神秀偈各本相同,遂信其为真出于神秀之手,而未尝疑其"伪"。

喜得近年佛教考古有新的发现[2],这个五祖传法故事有多

---

[1] 《大唐慈恩传》讲到佛成道的菩提树,有冬夏常青、不遭虫害等特性。
[2] 温玉成《读禅宗大师法如碑书后》,《世界宗教研究》1981年第1期。

少真实性，还值得怀疑。

据《法如碑》(此碑刻于698年，保存完好，在少林寺）记载，法如在弘忍门下共十六年，咸亨五年（674）弘忍死后，他才离开东山寺，转到少林寺，后来当了住持。又据神秀碑载，神秀在弘忍门下"服勤六年，不舍昼夜"[1]。以后，离开了弘忍。弘忍死时，神秀未在身边，惠能早已离去。这就是说，弘忍单独传法给惠能（无论有无衣钵为信），固然出于后人附会，单独传法给神秀，同样出于后人的附会。各种版本《坛经》的传法偈，都是法如死（永昌元年，689）后约半个世纪以后的事。这些是非都是弘忍的再传门人分别门户，制造出来的。当然，这种争论也不排斥各派争取统治者的支持、争夺寺院财产的继承权等因素在内。以今例古，其理不殊。又据《唐大证禅师碑》(《金石萃编》卷一九）、《唐少林寺同光禅师碑》(《金石萃编》卷八)、《法如禅师碑》(《金石萃编》卷六)，各派虽都以传得道统自任，却还未见有独占法统，自称嫡系，排斥其他系统为异端的记载。[2] 按法如死后又过了十七年（神龙二年，706）神秀死。张说为神秀撰碑文，亦说"东山之法，尽在秀矣"，未说神秀是达磨以后的唯一的嫡传法嗣。只是到了神秀死后又过了三十年（736）他的弟子普寂、义福才

---

[1]（唐）张说《荆州玉泉寺大通禅师碑》。

[2] 参看汤用彤先生《隋唐佛教史稿》，中华书局，1982年版，第188页，有关禅宗部分。

正式为神秀争得六代祖师的地位。神秀死后,又过了三十九年(745),神会在滑台大会又为惠能争得六代祖师的地位。

《坛经》各种版本的传法记载,都是禅宗后代学人逐渐增补的。所有佛经,每卷开头都是"一时佛在舍卫国(或其他地点)……",有时对国王说法,有时在龙宫,有时在林中,有时在山上。佛说经都有时间有地点,以示可信。事实表明,凡佛说经,都是后代佛徒"结集"成的,所谓"结集"就是后来的学派按照他们各自的理解来编凑的"言论集",把它挂在释迦名下,称之为"经",虽无其事,当有其理。唐中期以后,禅宗风行海内,蔚为大宗,其门徒根据自己的理解和主张,"结集"师说,汇编为《坛经》,自在情理中,尽管敦煌本与后来的各种版本出入较大,却不能说后来的各种版本的《坛经》篡改或伪造。

现在的敦煌本《坛经》产生的时代约为 780 年[1],上距惠能之死,已六十七年。现存最古的禅宗史《祖堂集》编于五代南唐保大十年(952)[2],上距惠能之死为二百三十九年,距敦煌本《坛经》为一百七十二年。《祖堂集》记录的这个传法偈,神秀偈一首,卢行者偈一首(不称惠能),神秀偈与传世各本相同,惠能偈为:

---

[1] 参看柳田圣山《六祖坛经诸本集成》解题,日本中文出版社,1976 年版。

[2] 题为泉州招庆寺主净修禅师文僜述。

身非菩提树，心境亦非台，本来无一物，何处有尘埃。

　　文句与后来通行本略异，而大旨不差。此偈早于北宋《景德传灯录》五十年。

　　各本《坛经》都认为神秀偈没有彻底了解禅宗的宗旨，基本上持否定态度；只有对惠能偈（不论是敦煌本的两首，还是后来各版本的一首）持肯定态度。惠能偈为惠能后学所编制，自无疑问；神秀偈是否即神秀所做，似未见有人提出疑问。从神秀当时的活动及关于其弟子普寂、义福的记载中，却看不出他有做此偈的可能。如果没有弘忍传法于神秀或惠能的事实，当然没有传法的偈颂。史传记载，弘忍门下千百徒众，传法人不只是一个神秀，或一个惠能，而是有一大批继承者，其中也有相从最久、享有盛名的法如等。从敦煌本《坛经》开始流布之日起，就带有张大惠能学派的倾向。我们可假设，所谓神秀偈，只是为了作为惠能偈的陪衬，为了显示神秀的"不了义"，反衬惠能的彻悟和高明而制作出来的，它与神秀及其弟子无甚瓜葛，倒是与惠能及其弟子的关系甚大。正因为这样的缘故，所以用作陪衬的神秀偈，诸本《坛经》尽同，而用作正面教材的惠能偈，却由惠能后学们一代一代地踵事增华，而变得完备起来。可以说，传法偈就是为了争禅宗六代祖师的正统地位才创制的。不打破神秀的垄断地位，就难以确立惠能的六祖的嫡系继承权。因为神秀经历了几代皇帝的吹捧,号称"两京法王,三帝国师",势力太大了,法海、神会等惠能门徒必须把神秀作为靶子来打。先丑化对手,再说明自己的正确,这种事情,古来屡见不鲜。要警惕唐代名气很大的政治和尚,并不那么天真可信。

做翻案文章,必先有一个"正面"文章作为靶子,翻案文章才好做。缺少这个靶子,翻案文章即无从做,可以设想,如果没有神秀的偈在前,惠能偈即显不出它的警辟。历观佛教思想发展,如没有小乘的一切有部,大乘空宗的破相就成了无的放矢;没有大乘空宗的挥斥八极、扫荡一切的作用,后来的大乘有宗的圆成实性,也无从区别于小乘有部。人类思想就是沿着这条不断地否定之否定的途径前进的。

敦煌本《坛经》,写成的时代约为780年。惠能传法偈与后来诸本有异,从敦煌本《坛经》到最早的《祖堂集》的中间相距约一百七十年,后三十年乃《景德传灯录》的传法偈,惠能传法偈遂成定论。禅宗不立文字,而重在直观的体验。敦煌本《坛经》错字别字连篇累牍,说明传抄者的文化水平不高,是个小知识分子,但其中道理却不可低估,见解是深刻的。弟子们记录容有出入、有详略,但各种版本的《坛经》确实是惠能禅宗的言行录,不容置疑。敦煌本《坛经》的发现足以表明,禅宗思想当年传播的广袤程度。从常情推论,内地关于《坛经》的记录当不止一本,惠能弟子除法海外,尚有多人,神会就是比法海活动能力更强的一个。各种抄本内容有出入,是自然的。如"风幡之辩"不见于敦煌本《坛经》,而见于《历代法宝记》,该书成于大历年间(766—779),略早于敦煌本《坛经》。敦煌本《坛经》足以说明禅宗势力已远及河西走廊,中原地区流行的其他版本和说法还不能由此一个版本就做出判断,认为其他版本都是伪造的。

禅宗早期不重著述,大量著述是在五代以后,语录已泛滥成灾。早期禅宗多为口传心印,以后各种版本《坛经》虽达十余种,而基本思想完全是惠能一派的,而不属于神秀、普寂、义福以及《禅源诸诠集》中所收集的其他流派。我们今天研究惠能的思想,敦煌本《坛经》给人们提供了较早的一件有价值的资料。[1] 但也要考虑到,此后的其他版本,成书迟,其中包含的思想可以很早。此种事例,中外不乏先例。如《老子》成书于战国,其中有战国的时代痕迹,但此书基本上可以代表老子的思想,这一事实已被学术界所承认。从《老子》一书的完成上溯到春秋时的老聃本人,达一二百年,比敦煌本《坛经》的写定到惠能传法时期要长得多。再如《山海经》一书写成图文并存的定本,约在晋朝,其中许多事迹多为史前传说,利用《山海经》以解释远古史地,不失为一种可行的依据。远古史前传说到《山海经》的汇编成书,当在几千年以上。因此,运用敦煌本《坛经》同时兼采宋以后的现存各种版

---

[1] 李富华《惠能和他的佛教思想》,见《世界宗教研究》1981年第3期第110—113页关于《坛经》节,可参看。

本的《坛经》作为原始资料，说明惠能的禅宗思想，指出它的思想特征，不但是可行的，而且是必要的。

至于弘忍从《楞伽经》转授《金刚经》，敦煌本《坛经》已有明证。拙著《汉唐佛教思想论集》出版后，见解未变，这里就不再重复说明了。然据《法如碑》，法如从弘忍处接受《楞伽经》，这也足以说明弘忍以前以《楞伽经》为主要经典，弘忍开始兼授《金刚经》，法如专主《楞伽经》，惠能专主《金刚经》，学术源流，痕迹显然。

神秀北宗禅法

任继愈谈汉唐佛教思想

中国禅宗是中国佛教特有的一个流派，不但印度没有这类学说，中国佛教流派中也属独树一帜。

学术界一贯认为禅宗弘忍以后，分为南北两派，南派以惠能为代表，北派以神秀为代表，时称"南能北秀"。南派禅法弥漫天下，著作流传广泛。北派禅法，只有少数北派禅宗大师的碑铭中保留一些言论记录，且语焉不详，很难看到它的学说的全貌。如果按照南派禅宗提供的资料来论述北派禅宗，北派显得十分浅薄，似乎没有达到禅宗的起码水平。最明显的莫过于《坛经》记录的《传法偈》。据说，五祖弘忍出了题目，要弟子们回答，考验他们理解是否正确。神秀偈云：

身是菩提树，心如明镜台。时时勤拂拭，莫使惹尘埃。

惠能听了神秀偈，认为神秀没有把道理讲透，便另外做了一首偈：

菩提本无树，明镜亦非台。本来无一物，何处染尘埃。

这两首偈语，经过《坛经》及各种南派禅宗的传播，几乎成了南北两宗分别高下的凭证。我曾有文章专门辨析这个故事可能是虚构的，这两首偈，也不尽可信，神秀偈可能是惠能一派编造的。[1] 现在只谈神秀的禅法。

神秀[2]（605—706），俗姓李，汴州尉氏人……至蕲州双峰山忍禅师所，受得禅法。禅灯默照，言语道断，心行处灭，不出文记，后居荆州玉泉寺。大足元年，召入东都，随驾往来二京教授……

则天……问神秀禅师曰，所传之法，谁家宗旨？答曰：禀蕲州东山法门。问：依何典诰？答曰：依《文殊说般若经》，一行三昧。

则天曰，若论修道，更不过东山法门。以秀是忍门人，便成口实也……神龙二年逝，遗嘱三字

---

[1] 见本书《敦煌〈坛经〉写本跋》。
[2]《楞伽师资记》，《宋高僧传》卷八，《景德传灯录》四。据张说《大通禅师碑》卒年推算，享寿约百岁。

云"屈曲直"[1]。寿百余岁,赠大通禅师。(《楞伽师资记》)

神秀是弘忍的十大弟子之一,他的学说不但耸动京洛,后来名满天下。宗密认为神秀属于"息妄修心宗",不无根据,神秀的思想中有"修心""心为万法之源"的观点。为了使心不受外界干扰,教人排除外界干扰,内净其心,这也是达磨以来的一贯方法。

神秀著作,已失传。慧琳《一切经音义》中曾提到,神秀著有《观心论》。近在敦煌发现手抄本《观心论》,文中基本观点可以代表神秀宗旨。

神秀是弘忍以后的又一重要流派,可惜后来受惠能一派的排挤、曲解,长期被淹没。据唐人张说《大通禅师碑》,神秀宗旨是:

> 专念以息想,极力以摄心。其入也,品均凡圣;其到也,行无前后。趣定之前,万缘尽闭;发慧之后,一切皆如。捧奉《楞伽》,递为心要。

只靠张说的上述介绍,还不足以说明神秀思想。北宗

---

[1] "屈曲直"三字,后人多臆解,每失于穿凿。其实指的是历经曲折艰险,最后归于平淡。是为学经历的否定之否定的辩证过程。

禅的首领，应当有他的独到的见解和号召群众的一些主要言论。幸好敦煌手写佛典文献中还保留了一部分材料，其中有几种可以代表神秀一系的禅法。敦煌本《菩提达磨观心论》及《绝观论》等著作，借用达磨的名义，阐述北宗禅的一些主要思想。[1]

禅宗以不立文字相标榜，各种抄本中，文字有歧义，详略有出入，各个流派的传教人根据各自的理解在禅宗的大方向、总体系范围内有所发挥。研究禅宗与研究其他宗派的方法也应有所不同。如研究法相宗，一字一义必须搞清楚，否则难以理解。对禅宗文献资料，则不能一字一句地抠字眼，而是要把握其总体脉络，用禅宗的思维方法来探究禅宗，才可以更好地理解它。

现在以《无心论》《观心论》《绝观论》等写本进行剖析，从而考察其确立时期北宗神秀一系的概貌。北宗禅提出"无心论"：

假如见终日见，由为无见，见亦无心；闻终日

---

[1] 佛教经典都是依托佛说，宣传本教派的学说的，禅宗也有假借古代大德以自重的风气。唐人手抄佛经中禅宗著作有《北宗五方便门》《大乘北宗论》《大乘五方便》《菩提达磨观心论》《绝观论》《三藏法师菩提达磨绝观论》《达磨和尚绝观论》《入理缘门论》《缘门论》《导凡趋圣悟解脱宗修心要论》《最上乘论》等，有的是同书异名，有的大同小异，有的详略互补。可以认为是一个系统的不同版本。

闻,由为无闻,闻亦无心;觉终日觉,由为无觉,觉亦无心;知终日知,由为无知,知亦无心。

夫无心者即真心也。真心者即无心也。问曰:今于心中作若为修行?答曰:但于一切事上觉了,无心即是修行,更不别有修行。故知无心即一切,寂灭即无心也。弟子于是忽然大悟——始知心外无物,物外无心。举止动静皆得自在。断诸疑网,更无挂碍。(《无心论》题为《释菩提达磨制》)

"无心"是从扫除执着的观点提出的,这是大乘佛教破除法执的一种教人方法。无心不是一切皆无,一片空无。他的"无心"即教人不起执着心,破除执着心,才可以体验真心。

我尚不起布施心,何况悭贪心?我尚不起持戒心,何况触犯心?我尚不起忍辱心,何况杀害心?我尚不起精进心,何况懈怠心?我尚不起禅定心,何况散乱心?我尚不起智慧心,何况愚痴心?我尚不起天堂心,何况地狱心?我尚不起慈悲心,何况毒害心?我尚不起清净心,何况秽浊心?我尚不起饶益心,何况劫夺心?(《大乘北宗论》,《大正藏》卷八五)

一切心不起,乃是无心,这是教人不要计较世俗的日常生活中的是非得失。所谓不计较，不是不分是非得失，而是要超脱是非得失。不脱世俗心，就不能超脱世俗的忧乐，即不得解脱。它说：

> 忧从心忧，乐从心乐，若忘于心，何忧何乐？
> 有文有字，名曰生死，无文无字，名曰涅槃；有言有说，名曰生死，无言无说，名曰涅槃；有修有学，名曰生死，无修无学，名曰涅槃；有智有慧，名曰生死，无智无慧，名曰涅槃。

又说：

> 断烦恼名曰生死，不断烦恼名曰涅槃；见解脱名曰生死，不见解脱名曰涅槃；见涅槃名曰生死，不见涅槃名曰涅槃；厌世间名曰生死，不厌世间名曰涅槃；乐大乘名曰生死，不乐大乘名曰涅槃。（《大正藏》卷八五）

北宗认为：

> 诸般若中以无心般若而为最上。故《维摩经》云，以无心意无受行，而悉摧伏外道。又《法鼓经》若知无心可得，法即不可得，罪福亦不可得，生死

涅槃亦不可得，乃至一切尽不可得，不可得亦不可得。(《大正藏》卷八五)

关于心性问题，神秀一派提出安心和息妄心的主张。安心：

> 云何名心，云何安心？
> 汝不须立心，亦不须强安，可谓安矣。
> 问曰：若非心念，当何以念？
> 答曰：有念即有心，有心即乖道，无念即无心，无心即真道。
> 凡有所得，即有虚妄，圣无所得，即无虚妄。
> 无心即无物，无物即天真，天真即大道。

息妄心：

> 众生妄想，云何得灭？
> 答曰：若见妄想及见灭者，不离妄想。
> 夫言圣人者，当断何法？当得何法而云圣也。
> 一法不断，一法不得，即为圣也。
> 不断不得，与凡何异？
> 答曰：不同。一切凡夫妄有所断，妄有所得。
> 凡有所得，圣无所得。然得与不得，有何异？

> 答曰：凡有所得即有虚妄……有虚妄故，即论同与不同，无虚妄故，即无异无不异。
>
> 若无异者，圣名何立？
>
> 答曰：凡夫之与圣人，二俱是名。名中无二，即无差别。
>
> 空为道本，空是佛不？
>
> 答曰：如是。
>
> 若是空者，圣人何不遣众生念空，而令念佛也？
>
> 答曰：为愚痴众生，教令念佛。若有道心之士，即令观身实相，观佛亦然。夫言实相者，即是空无相也。

天台荆溪湛然有"无情有性"之说，为佛教理论界所推重，认为是佛性说的一大推进。禅宗与此同时，也提出了类似的命题。

> 问曰：道者为独在于形灵之中耶？亦在于草木之中耶？
>
> 〔入理〕曰：道无所不遍也。
>
> 问曰：道若遍者，何故杀人有罪？杀草木无罪？
>
> 答曰：夫言罪不罪，皆是就情约事，非正道也。

但为世人不达道理，妄立我身。杀即有心，心结于业，即云罪也。草木无情，本来合道，理无我故，杀者不计，即不论罪与非罪。

夫无我合道者，形视如草木，被斫如树林，故文殊执剑于瞿昙，鸯掘持刀于释氏。此皆合道，同证不生，不知幻化虚无，故即不论罪与非罪。（以上皆引自《绝观论》）

上述问者问的是佛教本体论，而答语说的是无心论的道德观。问者还要追问个究竟：

问曰：若草木久来合道，经中何故不记草木成佛，偏记人也？

答曰：非独记人，亦记草木。经云：于一微尘中具含一切法。又云：一切法亦如也，一切众生亦如也。如，无二无差别。

这里已明确回答了一切法（存在）都体现佛性，佛性普遍显现于一切存在（一切法）中。这是禅宗的无情有性说。我们不可断言天台宗、禅宗谁拥有这种发明权，如从人类认识史的角度来观察这个问题，可以说在中华民族认识世界达到了一定的理论准备阶段，其哲学本体论都能提出类似的问题和答案。这类问题，在先秦哲学不可能提出来，在两汉也提不出来。这是人类的认识逻辑所决定的。

小乘破我执,用分析法分解人五蕴和合,不可妄执为有。大乘进而破法执,教人不要拘泥于经书上的文句教导。佛经教人,首先要遵守五戒(不杀、不盗、不淫、不妄语、不饮酒),北宗佛教对于这类问题都做出相应的解说。关于杀生:

> 问曰:巨有因缘,得杀生不?[1]
>
> 答曰:野火烧山,猛风折树,崩崖压兽,泛水漂虫,心同如此,合人亦杀。若有犹豫之心,见生见杀,中有心不尽,乃至蚁子亦系你命也。

关于偷盗:

> 问曰:巨有因缘,得偷盗不?[2]
>
> 答曰:蜂采池花,雀衔庭粟,牛飡泽豆,马啖原禾,毕竟不作他物解,合山岳亦擎取得。若不如

---

[1]《观心论》,旨同,文字有差别:"一切众生,如幻如梦,弟子煞(杀)之,有罪不?答:若见有众生是众生,煞(杀)之得罪。不见众生是众生,即无可煞(杀)。如梦中煞(杀)人,寤时毕竟无物。"(《观心论》卷七六)

[2]《观心论》:"蜂采池花,雀衔庭粟,牛餐泽豆,马啖原禾,毕竟不作自他物解者即得。若生彼我心,乃至针豪,亦计作奴婢业。"(《观心论》卷二六)

此，乃至针锋缕叶，亦系你项作奴婢。

关于戒淫：

> 问曰：巨有因缘，得行淫不？[1]
> 答曰：天复于地，阳合于阴，厕承上漏，泉澍于沟，心同如此，一切行处无障碍。若情生分别，乃至自家妇亦污你心也。

关于妄语：

> 问曰：巨有因缘，得妄语不？[2]
> 答曰：语而无主，言而无心，声同钟响，气类风音，心同如此，道佛亦是无。若不如此，乃至称佛，亦是妄语。

关于饮酒：

---

[1]《观心论》作："天覆于地，阳合于阴，心如同此者，一切无碍。若生情分别，自家妇亦污汝心。"（《观心论》卷二七）

[2]《观心论》作："语而无主，言而无心，声同钟响，气类风阴，心同此者，骂佛无辜。若不如此，乃至念佛，亦堕妄语。"（《观心论》卷七四）

> 问曰：若人醒时致醉何在？
>
> 答曰：如手翻复。若手翻时，不应更问手何在。

又云：

> 如人醉时非醒，醒时非醉，然不离醉有醒，亦非醉即是醒也。

佛教对信徒的基本戒律（五戒），北宗禅看来，也要扫除其执着。

> 问：有人饮酒食肉，行诸五欲，得作佛法耶？
>
> 答：心尚不有，谁作是非？
>
> 问：何名佛法？
>
> 答：心知法无，即是佛法。
>
> 问：何名如来藏？
>
> 答：觉知色尘是自心现，想即不生故，即是如来藏。

六度（六波罗蜜）之说起于大乘，小乘只讲三学（戒、定、慧）。大乘六度指的六种修行解脱途径，大乘空宗在六度之中强调般若解脱，认为只有般若才是最为上乘的解脱法门，其余五途均不及般若。大乘六度说主张空一切法，彻底扫荡

名相,宣称:"色即是空,空即是色;色不异空,空不异色。"北宗禅继承了大乘六度之说,提出:

> 能舍眼贼,离诸色境,心无固客,名为布施;能禁耳贼,于彼声尘,勿令纵逸,名为持戒;能除鼻贼,等诸香臭,自在调柔,名为忍辱;能制舌贼,不贪邪味,赞咏讲说,无疲厌心,名为精进;能降身贼,于诸触欲,其心湛然不动,名为禅定;能摄意贼,不顺无明,常修觉惠,乐诸功德,名为智慧。若能永除六贼,常修净六根,是名六波罗蜜行。(达磨《观心论》)

北宗禅法力破"法执",教人莫将如来藏看作实体,息妄可以见心,却又怕把"心"当成实体;教众人作佛,又怕众人把佛当作实体。它随立随破,所立处即所破处。

> 问:云何无名相法。
> 答:心里所求,证无人我,说即假名,言即假相。见闻知觉,有何名相?
> 问:作何行即生无色界?
> 答:此人不知方法,皆是息妄见心。虽得心静,久后还发。经云:当来比丘,如犬逐块,人已掷块,犬不知块从人起,犬咬块,不咬其人;若也咬人,

块即自息。修道之人若了心量，亦复如是。

这里讲的习禅方法，教人不要用息妄念的方法以见心。教人从本体上体认心之非妄。这里已超过道信、弘忍等人静生澄心（息妄）的方法，进一步提出动静皆禅，动中有禅，静中有禅。从此打开了宋儒习静、守一、主敬的大门。

解脱的宣传者（佛）与被宣传者（众生）是什么关系，北宗禅对此也有过明确的解释。

> 问：佛度众生尽，然后成佛。〔何以〕众生未度，佛已成佛？
> 答：佛自有解，譬如有客坐在暗室，主人吹火，意吹照客。但火著时，主人先照。菩萨意度众生，然功德具足，在前成佛。

北宗禅法教人，求道不必外求，而在返求自己，识心本体即是佛，即可得到彻底解脱。

> 若人求道不习此，千劫万劫枉功夫……智者求心不求佛，了本心源即无余……

禅宗自达磨以下，都不出文记，口说玄理，师徒传授多耳提面命。由于禅法中一部分要讲道理，一部分要讲修炼。修炼时如何守一，如何静心，必由老师亲身传授、示范，不能依靠文字。其讲道理部分，也要多方解说，因人示教。而且禅师们多来自田间，多为农民，有的识字不多，有的不识字，不善于文字表达，这也是禅宗不立文字的客观原因。禅学大师们文化不高，但智力超常，未悟时下同凡俗，一悟即可径超十地。这又是与佛教其他宗派大不相同的地方。

学术界长期误认为，南北两宗的宗旨相去天悬地隔，南宗重言下顿悟，北宗重渐次修习；南宗重慧解，北宗尚禅行。这恐怕是一种误解。北宗禅法不是不重义解，也不是不重顿悟，其中有些精辟见解，与南宗禅几乎没有什么差别。如果不加说明，在今本《坛经》里，恐怕也没有人会相信不是惠能的宗旨。从现存关于神秀一派的资料看，神秀与惠能毕竟都属于禅宗，应当认为是一宗中的两大支派，它们共同的地方比相异的地方更多。从基本倾向说，南宗倾向于顿悟，北宗倾向于渐修。这种分歧在禅宗后期较为突出。神秀、惠能时代，南北两宗都有顿悟、渐修的思想。渐修是达到顿悟的手段。顿悟以后，也非无事可干，还要时时提醒自己，使顿悟的成果得以巩固。两派之间有差异，但不像神会等人所描绘的两派有着是非真伪的大问题。把神秀、惠能的学说，与同时天台、华严、法相宗对照，禅宗与其他三派的差别更大。禅宗南北两派的差别是存在的，但不很大。

敦煌写本《观心论》有无名僧《序》：

> 道在身心，理无绳墨，真如幽隐，超对治门，不因言无以筌其幽，不立心无以授法印。若迷名滞相，则三界轮回；趣寂沈空〔则〕自埋佛性。般若不有，而超有有之因；妙用不无，乃越空空之境。任心着相者，自欺于圣，不免轮回；灭心取空者诳于凡，轮埋苦海。是以达磨和尚愍彼迷津，说破相论……空有不舍，二谛恒存。

这篇托名达磨的《破相论》，不同于般若空宗扫荡一切的观点，而提出明见本心，可以永超生死轮回，与达磨的"入道四行"的教义一致，体现了禅学早期的一些特点，也符合神秀北派的宗旨。

《观心论》认为心有两种，一为净心，一为染心。净心、染心同时并存，习禅者在于使净心增长，染心消退。净心是成佛的基础。染心本来无体，只是受三毒的障蔽，才使得净心不得萌发，修心、观心都是为了增长净心，消除染心。后来这一派的继承者强调观心，修净舍染，不能离开渐修功夫。

但观心、修行，不离于心，"欲得净佛土，当净其心，随其心净，则佛土净"。这等于说，世界的净和染不在外界而在人们的内心。净土在内不在外。因而，他们反对念佛。《观心论》说：

> 夫念佛者，当须正念。〔了义〕为正，不了义为

邪……念者忆也。

念在于心,非在于言。

在口曰诵,在心曰念。故知念从心起,名为觉行之门;诵在口中,即是音声之相。

禅宗的念佛,在于念念不忘,强化思想意识的训练,而不在于口诵佛号。

既然一切差别都是内心所造,佛教训练的一些外在形式就没有必要。从此打开了禅宗后期更加自由思考的闸门。

神秀一派北宗禅[1],由于长期接近政府中枢,得到帝王及贵族上层的支持,利用嵩洛邻近东都洛阳的便利,他们能够发展,历久不衰。安史乱后,唐中央政府政局不稳,内战频繁,北宗禅仍维持了一百多年,直到唐武宗会昌五年(815)废佛,北宗禅与佛教其他宗派一齐受到严重打击,从此一蹶不振。据《景德传灯录》《金石萃编》《宋高僧传》及出土有关碑铭等文献记载,北宗禅出过不少有名望的禅师。法如有弟子李元珪[2](644—716),神秀弟子景贤[3](亦作敬贤,660—723),景贤弟子法宣、慧献、敬言、慧林等。尚有慧空(?—773)、

---

[1] 北宗禅学的传授情况,温玉成有专文论述,见《世界宗教研究》1983年第2期。

[2] 《大唐中岳东闲居寺故大德珪和尚纪德幢》。

[3] 《金石萃编》卷七八。

灵著（690—746）、[1]思公（701—784）、石藏（？—800）、真亮（701—788）、[2]同光[3]（700—770），为普济弟子，灵运（？—729）、坚顺（？—750）、[4]普寂弟子24人。义福与僧一行，从金刚智学密宗。甄公（739—829）、崇演（753—837）、恒政（？—843）、[5]日照（？—咸通中）、寰普、庆诸（806—888）、[6]道树[7]（733—825）、澄观[8]（760—820）、法玩[9]（715—790）问道于普寂。

禅学北派与唐中央政府接近，宗教倾向受政府帝王贵族的影响也较多。玄宗时，密宗传入，受朝廷重视，北宗禅师也有不少兼习密宗的。普济弟子义福，从密宗大师金刚智传密宗，宝畏、明畏从善无畏，密宗大师惠果（753—805）也传密宗，神秀弟子温左曾参加密宗经典的翻译工作，神秀弟子景贤从善无畏受菩萨戒。古代僧人谋求佛教发展，没有不结交官府的，北宗禅表现得更为突出。

古代帝王、大臣死后有谥号，僧人有谥号是从唐武后时

---

[1]　慧空、灵著，见《景德传灯录》卷九。
[2]　思公、石藏、真亮，均见《景德传灯录》卷十。
[3]　同光塔铭。
[4]　灵运、坚顺，见《金石萃编》卷八八。
[5]　甄公、崇演、恒政，均见《宋高僧传》卷一一。
[6]　日照、寰普、庆诸，均见《宋高僧传》卷一二。
[7]　《宋高僧传》卷九。
[8]　澄观曾谒禅宗大师问禅法，见《宋高僧传》卷五。
[9]　《大唐东都敬爱寺故开法临坛大德法玩禅师塔铭并序》。

开始的。神秀谥为"大通禅师",义福谥为"大智禅师",普寂谥为"大照禅师"。这都说明北宗禅得到政府及时的关注。南方禅师后来也得到政府的谥号,惠能为"大鉴禅师",行思为"弘济禅师",道一谥"大寂禅师",都是后来追加的,有的在死后一百多年以后才追加了谥号。这都说明政治上南宗不像北宗那样受到政府重视。

南北两宗传法定祖争夺正统,是在神秀、义福死后逐渐激烈的。李邕撰《嵩岳寺碑》说:

> 达磨菩萨传法于可,可付于粲,粲授于信,信咨于忍,忍遗于秀。秀钟于今和尚(普)寂。

碑建于739年,时普寂尚未死,已写上他是菩提达磨到神秀的嫡传继承人。

嵩洛一带长期是北方禅宗的根据地,但南方禅学也不断向北方扩张。如丹霞天然禅师(738—824),曾从南方到洛阳龙门香山传法,"洛下翕然归信"[1]、惟宽[2](745—817)、休静[3],都先后在洛阳一带传教。

南方禅宗延伸到北方,北方禅学势力却不曾延伸到南方,

---

[1] 《宋高僧传》卷一一。
[2] 《宋高僧传》卷九。
[3] 《宋高僧传》卷一三。

这种变化说明南方禅学势力不断扩大,南方禅学逐渐占领全国的趋势。

前面已经说过南宗禅与北宗禅后来衍变为势不两立的仇敌,但在思想上并不是根本对立、毫不相干的两个流派。南北禅宗的对立,不是纯学术的争论,学术争论不至于拼性命。在现存的南北禅宗双方资料看来,其修行方法、宗教理论、思维方式都比较接近。比如《坛经》的激烈破除名相、扫荡执着的观点,神秀也有;不废坐禅又不拘泥于坐禅,不主张读经却又不废读经的主张,神秀、惠能都有。神秀的禅法比起早期禅宗的慧可、道信来,有明显的突破。神秀禅法的保守派形象是后来惠能后学塑造出来的,神秀的思想也相当解放。南北之争,与其说是学术之争,倒不如说是政治地位的争夺。

神秀一派的北宗禅学不但影响到嵩洛,还扩散到甘肃河西走廊及敦煌一带。据敦煌文书及藏传佛教的文献资料记载,在唐德宗年间,入藏禅宗大师摩诃衍曾与藏地佛教开展过辩论,这场辩论前后持续了十几年。[1] 据藏文记载,藏僧胜利,汉地禅师被遣回沙州;据汉文资料,汉地禅师胜利,在西藏地区大宏禅教,法人戴密微倾向此说。从实际情况看,禅宗教义在辩论中很难获胜。因为禅宗是明心见性之学,它的得失在体认,而不在于言说。禅宗的宗教训练也一贯轻视言说,禅宗不

---

[1] 辩论的详细记载,参看法国学者戴密微的《拉萨的辩论》(中译本译作《吐蕃僧诤记》),甘肃人民出版社,1984年版。

适于对面互相辩论。现在藏地佛教流派颇多,却不见有禅宗在流传。这也说明禅宗是中原地区小农经济在佛教中的反映,[1] 它适应于汉地文化发达地区,而不适于汉文化影响较小的地区。它是中国传统文化的一部分,北宗禅与南宗禅对中国哲学发展史的心性论都做出过贡献,和中国古代心性论有着同样的失误。这是另外的问题,这里不说了。

---

[1] 参看任继愈《禅宗的形成及其初期思想研究》序,《哲学研究》1989年第11期。

从佛教到儒教
——唐宋思潮的变迁*

---

* 关于儒教，见任继愈《论儒教的形成》(《中国社会科学》1980年第1期）及《朱熹与宗教》(《中国社会科学》1982年第2期）、《儒教的再评价》(吉林《社会科学战线》1982年第2期）、《宗教词典》(上海辞书出版社，1983年版，第1148页）儒教专条。

秦汉奠定了中国大一统的格局，两千多年来，统一成为主流，认为是正常现象，中华民族的凝聚力，从秦汉打下了基础。

认清古代国情，总要摸清古代中国的社会性质。中国古代何时进入封建社会，关于中国古代社会历史分期问题，史学界至少有四种说法[1]，本文不打算从社会分期的角度来判析国情，试从中国古代社会结构的基本矛盾的角度进行初步探索。

秦汉建立了中央集权的大一统的国家。从结构上看，存在着一对矛盾：一方面中央政府要有高度集中的权力，政权不集中，这样广大的领域就无法统一；另一方面广大小生产者要有生产的能力和兴趣，否则政权集中统一无从说起。政治上，中央拥有高度集中的权力；经济上是极端分散的个体小农经济。高度集中的政治，极端分散的经济，构成贯穿两千多年对

---

[1] 西周封建说（范文澜为代表），春秋战国封建说（郭沫若为代表），秦汉封建说（翦伯赞为代表），魏晋封建说（尚钺为代表）。

立统一的矛盾。中央集权，总希望越集中越好，小农经济，自给自足，它的本性是分散自主，它不要求政府过多地干预。这两者互相离不开。历代政治家、思想家都要面对这种现实提出因时制宜的方案。两者关系处理得好，天下就太平，号称治世；反之，就是乱世。秦汉以来，两千年间都是在这一对矛盾中发展过来的，这就是中国秦汉建国直到鸦片战争这一漫长历史时期的国情。

一　隋唐时期的三大宗教（佛、道、儒）

东晋南北朝时，这三教都已有相当势力，三教的名称始于北周，三教名称通用于朝野上下，那是唐朝的事。[1] 三教都深刻影响着中华民族的文化生活、社会生活、家庭生活以及政治生活。三教之间又交互影响。唐宋以来，一千多年间的文化总体结构都与三教有关，当专文详论，这里不及详说。

道教、佛教同时活跃在中国历史舞台上，约在东汉末年。当时天下大乱，中央政府失去控制全局的能力，儒教衰落。这为佛教、道教提供了丰沃的土壤。道教与农民起义有牵连[2]，起义失败，道教一度遭到限制。佛教利用有利时机，在帝王贵族的支持下，招纳了大量信徒，日益兴旺起来。道教本来与佛教有同样的机会，但起步落后了，一步落后，步步落后，一直没有达到佛教发展的规模。唐朝皇帝力图与老子李姓攀亲，道教受到特殊恩宠，发展较快。即使在它最盛时期，道教的宫观

---

[1]　武则天当政时，明白宣示三教有共同任务，令人撰写《三教珠英》。(《唐会要》卷三六) 唐文宗诞日，召秘书监白居易、安国寺沙门义林、上清宫道士杨弘元入麟德殿内道场谈论三教。(事见《白氏长庆集》卷六七)

[2]　东方有黄巾起义，西方巴蜀汉中有张陵、张鲁等反对中央的活动。

数量和徒众数量也只有佛教的二十分之一。[1]

隋唐时，三教中势力最大的是佛教：

> 开皇元年，高祖普诏天下，任听出家。仍令计口出钱，营造经像。而京师及并州、相州、洛州等诸大都邑之处，并官写《一切经》[2]，置于寺内，而又别写，藏于秘阁。天下之人，从风而靡，竞相景慕，民间佛经多于六经数十百倍。（《隋书·经籍志》）

又据道教徒的记载，也认为三教之中，佛教势力最大：

> 天尊（按：道教教主）化于天上，主宰万物，若世人之父也。世尊（按：佛教教主）化于世上，劝人以善，若世人之母也。儒典行于世间，若世人之兄长也。举世人如婴儿焉，但识其母，不知其父兄之尊。故知道者少，重儒者寡，不足怪也。（《历世真仙体道通鉴后集》卷三；《云笈七籤》卷一一六，王奉仙条略同，文句稍异）

---

[1] 据唐末道士杜光庭的记载。

[2] 一切经，是佛教所有经典的总称，后来称为《大藏经》，当初称"一切经"或"众经"。

佛教势力盛大，拥有田宅，有众多徒众，占有各方面的优势。佛教寺院是宗教传播中心自不待言；寺院有大量藏书，有佛教典籍，也有世俗典籍，它是文化中心；寺院用钱物经营信贷，收取利息，它起着经济中心的作用；寺院把多余房舍租赁出去，提供住宿，由应考士子租住，利用藏书，准备科举考试，它又是一个联系知识分子的场所。[1]

熟悉唐代历史的都认为唐朝文治、武功、文学、艺术、诗歌、绘画、音乐、舞蹈都达到世界第一流水平，唯独唐代的哲学、哲学家的成就似与强大的政治经济地位很不相称，不免令人感到困惑。人们产生这种疑问，原因在于未把哲学、哲学家和唐代的三教发展联系考察，只在儒家的小圈子里寻找，找来找去，只不过韩愈、柳宗元、刘禹锡等人，没有把佛教哲学看作中国哲学的一部分。当时主要的哲学著作和杰出的哲学家都不在儒门而在佛门。[2]不把三教放在一起考察，就无法全面理解、正确说明唐代思想的发展。[3]

与佛教兴旺发达的形势对比，儒教的势力不免相形见绌。终唐一世，儒教通行的经典是《五经正义》。这是唐初孔颖达等人奉命编纂教育士人、科举取士的教材。这部《五经正义》

---

[1] 唐人小说，多记书生在寺院与青年女子相遇的故事。故事出于虚构，这种背景则不是虚构。

[2] 宋人张方平曾说过，"儒门淡泊，收拾不住"，人才流向佛教。

[3] 参阅《中国哲学发展史》（隋唐卷），这里不详说。

到宋代还在通用。《五经正义》杂收南北朝时期几家的经疏，有南朝的玄学思想，也有北朝的经学思想，严格讲，这是拼合起来的选本，它没有形成完整的体系，没有反映出唐王朝大一统的宏大开阔的风貌。汉代董仲舒的哲学体系，后人看来，属于比较粗疏的神学体系，但它是专门为汉王朝构建的思想体系，它反映出汉代大一统的宏伟气概。用阴阳五行、天人感应的理论去说明当时社会、自然伦理、宗教诸多现象，基本上可以解答（不是解决）汉人可能提出的重大问题。《五经正义》却未能完成它的历史使命。解答唐代人所遇到的宇宙、人生各种重大问题，不得不由佛、道二教承担，佛教的担子更重一些。儒教直接为政权服务，起了它应起的实际功能，涉及高度抽象思维的造诣，儒教的发言权不多，显得薄弱。

二 佛—禅—儒

从南北朝以来,佛已成为中国的"圣人",佛、老子、孔子,并称"三圣"。佛教传入后,不断接受中国的封建宗法制度,君臣、父子、纲常名教思想也成为佛教宣讲的内容之一。这一现象早已为广大学术界人士所承认。这里还应当指出,佛教在中国早期传播中,佛经汉译时,已译进不少中国儒教思想,儒家的伦理观、价值观有的通过译文写进了汉译佛经,成了佛的教导。[1]

晋宋间佛教理论家参加了当时玄学家的论战,与世俗学者共同探讨本体论的问题。[2]这种辩论推动了中国哲学的发展。南北朝时期,佛教理论界由般若学转向涅槃学的讨论。涅槃学即哲学的心性论(佛教称为佛性论,即人性论)。由本体论进入心性论是当时思想界又一热门话题。从般若学到涅槃学(由本体论到心性论)恰恰与中国哲学史发展的逻辑同步开展,当时中国哲学史就是由本体论向心性论转移的。

---

[1] 参看日本学者中村元的《儒教思想对佛典汉译带来的影响》,《世界宗教研究》1982年第2期。

[2] 参看《中国哲学发展史》(魏晋南北朝卷)中《魏晋南北朝的佛教经学》有关"六家七宗"的论述,人民出版社,1988年版,第452—465页。

安史之乱是唐王朝由盛转衰的转折点，佛教也受到战乱的影响。对佛教打击最重的一次是唐后期武宗会昌五年（845）的废佛运动。这次废佛运动除佛教受损失最大以外，还有几种外来的其他宗教。[1] 会昌废佛，佛教各宗派的物质设施受到严重破坏，难以恢复，寺院经济从此一蹶不振。只有禅宗得到比以前更多的传播机会。

心性论是隋唐佛教各宗派共同关心的问题。各宗派用各自的观点、方法分别建立心性论体系。[2] 晋宋间竺道生的涅槃学代表早期的心性论，道生有创见，但还要依傍印度佛教的经典，如果北本《涅槃经》未被发现，竺道生将遗恨终生。[3] 唐代佛教有更强的创造性，有没有佛教经典文句的根据，看得并不重要。唐代佛教各宗派都借用佛经创建自己的体系，天台宗之于《法华经》、华严宗之于《华严经》，都是用佛经作为凭借，他们都大胆发挥、连墨守师承的玄奘译经时也有时用编纂或挟带的方式表达自己的观点，[4] 更不用说大胆创新的禅宗了。

---

[1] 祆教、景教等，寺庙被拆除，信徒被取缔。

[2] 天台宗、华严宗、法相宗、唯识宗、禅宗都有自己的心性论，《中国哲学发展史》（隋唐卷）及《中国佛教史》均有专章。

[3] 竺道生提出"一阐提人皆有佛性""孤明先发"，人们认为他缺乏佛典的根据，认为他是邪说，被逐出佛教团体。后来得见北本《涅槃经》，经中有明文规定，竺道生得到僧徒的拥护，恢复了名誉。

[4] 《成唯识论》为糅译，译者参以己意。见吕澂：《观所缘缘论会释》，《内学》第四辑。

各宗衰落了,而禅宗独盛。时当乱世,唐中央政府对全国完全失去控制,禅宗更加发展了。因为禅宗有自己劳动养活自己的传统,不靠寺院经济放高利贷、收田租过活——禅宗百丈怀海制定《百丈清规》,有"一日不作,一日不食"的规定——用小农经济、小生产的方式共同维持僧团的生活。

禅宗内部有不少流派,后人分为南派、北派,七家十室,细分起来不止百家,各流派有独自强调的重点方法,这里不去详说;各派也有共同点——自己解救自己,如果自己没有自悟,佛祖也无能为力。这种自我解缚、自我解脱的思想方法和修养方法,即中国古代小农经济自给自足生产方式的反映。

本文开始提到,中国国情是中央权力高度集中与小农经济极端分散的矛盾统一。禅宗自我解脱的口号尤为突出。唐末五代,皇帝形同虚设,集中统一与个体分散的矛盾已失去平衡,失去协调,中央政府政令不行,国家权力四分五裂。五代十国政权更迭频繁,天下无中心,禅宗恰在这时大行其道。

要维持大一统的正常秩序,必须使政权集中与经济分散恢复平衡、协调。分散的小农经济与中央统一集中纳入完整的思想体系,只有儒教可以完成这一历史任务,改变极端分散的状况。

儒教在北宋时期,继承了韩愈、李翱的强化集中统一的路线,同时吸收了佛教,特别是禅宗的心性论,把佛教的心性修养、禅宗的明心见性,改造为主敬、涵养、守一,与治国平天下的政治目标相结合。心性之学主治内,治国平天下主治外。《中庸》《大学》《论语》《孟子》作为必读的经典,号称"四书"。内以治心,外以治国,宋儒称为"内圣外王之道","极高明"指强化内心修养;"道中庸"指参与日常社会生活,不脱离生活。禅宗宣称禅学不离开日常生活,"运水搬柴,无非妙道"。既然运水搬柴可以见性明心,为什么事父事君就不是妙道?由禅到儒只差一小步,宋儒就是按照禅宗的思维方式,宗教修养方式又向前迈进一步,把宗教修养与社会生活打成一片,"极高明而道中庸"。唐朝《五经正义》没有完成的任务,宋儒用《四书》代替了《五经》,这是秦汉以后经学的一大变革。

用《四书》为指导思想,就可以更好地协调中央高度集中权力与小农经济极端分散的矛盾。君主(集权的象征)是天子又是家长(民之父母),本来处在对立的地位,经过新经学的解释,说成家人父子的关系。《大学》的格物、致知、诚意、正心、修身、齐家、治国、平天下,这样的思想体系既解释了中央政权高度集中的绝对性(天理),又说明了小农自然经济分散的合理性(理一分殊)[1]。对于持续了几千年的一对矛盾(中央与农户)从理论上找到一个合理的答案。

儒教建成,意味着佛、道两教势力衰退。韩愈排佛,没

---

[1] "分殊"的"分"应读作"份",职分、名分,每个人有自己的岗位。君有君的岗位,臣有臣的岗位,父、子、夫妇都有各自的岗位。社会秩序称为人伦,各尽职分,谓之尽伦尽职。

有吸取佛教的心性论，所以未能排掉佛道两教的影响。宋儒不是打倒二教，而是吸收了佛道两教的宗教心性修养理论以充实自己，变成佛教体系的一部分，它成功了。

宋以后的三教，表面维持着三教（佛、道、儒）的门户，三教都力图以另外二教充实自己。宋以后的三教势力也不平衡，不同于唐代的三教，在于儒教成了主流，佛、道二教处在依附的地位，起着配合儒教的作用。

从佛教到儒教，看似不同教义教理的变换，事实上这两家是接着讲的，讨论的问题是衔接的，思想发展的深度是逐步加深的。形式上、文字上有攻击，实质上是一贯的。因为儒教和佛教都是中国哲学，有继承关系，有内在联系。

从佛教经典的翻译看上层建筑与基础的关系

任继愈谈汉唐佛教思想

佛教开始传布于尼泊尔、印度、巴基斯坦一带，以后南到锡兰，北到中亚细亚。随着中国与中亚各国经济、文化的交流，佛教于东汉初年传入中国，在中国的社会历史条件下，开始有所发展，形成中国封建社会上层建筑的组成部分。

佛教经典绝大部分是在东汉到唐中期（约八百年）的时间内逐渐译成汉文的。唐以后虽有些零星译述（约五百卷左右），但其内容多为旧译佛经的补充，译出的也只是一些零星小品，在社会上没有起过什么影响，可以略而不论。隋唐时期在翻译的同时已开始了中国僧人自己撰述的新阶段，用中国僧人的著作代替了翻译。

从公元67年（汉明帝永平十年）到公元220年（东汉末），佛经译本，据记载有二百九十二部（包括三百九十五卷），[1]翻译者有十二人。[2]这些译出的佛经到了唐朝，只残存

---

[1] 见（唐）智昇《开元释教录》卷一。
[2] 译经人数，只算主要译者，助手不在内。

九十七部（二百六十四卷），到了今天，已残存无几。东汉的重要翻译家，有来自天竺、安息、康居、月氏等国的摄摩腾（亦称竺摩腾或迦叶摩腾）、安世高、支娄迦谶（简称支谶）[1]等。摄摩腾译的《四十二章经》保存下来了，可能是《阿含经》中的若干章节的节译或编译，今天已难以确指现存的《四十二章经》究竟属于《阿含经》中哪些章节。"译所不解，则阙不传，故有脱失，多不出者。"[2]译者不懂的，就不译，当然会有阙失。事实上即使译者自以为懂得的，其译文也未必就是真正的原来的意思，经常是用当时当地的中国人的理解去理解佛教的。

汉代译经，都不是有计划地选定的。晋朝著名和尚道安说：

> 此土众经，出不一时，自孝灵光和[3]已来，迄今晋宁康[4]二年，近二百载，值残出残，遇全出全，非是一人，难卒综理。[5]

---

[1] 摄摩腾、安世高、支娄迦谶的事迹均见《高僧传》卷一。
[2] 《法句经序》，《出三藏记集》卷七。
[3] 光和是东汉灵帝的年号，为178—183年。
[4] 原作康宁，误。宁康是东晋孝武帝的年号，为373—375年。
[5] 《出三藏记集》卷五。

这是说,遇到什么就翻什么,所译经典有全译的,也有删节本;给后来整理佛经目录的道安留下不少困难。还有一些佛经原文虽然携来中国,由于没有译出,后来连原本也散失的:"洎章和[1]以降,经出盖阙。良由梵文虽至,缘运或殊,有译乃出,无译则隐。"[2]

东汉的佛经翻译家,除了摄摩腾以外,还有两个比较重要的僧人,一个是安息国的安世高[3],一个是月氏国的支娄迦谶[4]。安世高所介绍的以流行于安息一带小乘禅法为主;支娄迦谶所介绍的以流行于月氏一带的大乘般若空宗为主。安、支的翻译虽然把西域的佛教学说介绍到中国,译述也算比较多的,但他们在汉代社会上起的作用,却仍不如《四十二章经》;他们的介绍,直到魏晋以后才引起人们的注意。

汉代的佛教始终没有脱离当时在中国流行的神仙方术宗教迷信,据《后汉书·楚王英传》中说:

……楚王英……晚节更喜黄老,学为浮屠斋戒祭祀。

---

[1] 章和是东汉章帝的年号,为87—88年。
[2] 《出三藏记集》卷二。
[3] 安世高的译经中,主要有《安般守意经》《阴持入经》《人本欲生经》《大十二门经》《小十二门经》《道地经》等。
[4] 支娄迦谶的译经中,重要的有《道行般若波罗蜜经》《无量清净平等觉经》(即《大阿弥陀经》)《般舟三昧经》等。

当时皇帝（明帝）说他"诵黄老之微言，尚浮屠之仁祠"。这里都是把黄老和浮屠看作一回事。据《后汉书·孝桓帝纪》，讲到汉桓帝，"饰芳林而考濯龙之宫，设华盖以祠浮图、老子"。

从楚王英直到后来的桓帝、襄楷，百年来，社会上信奉佛教的，都把佛教（浮屠）和黄老并称。襄疏中说：

浮屠不三宿桑下，不欲久生恩爱，精之至也。天神遗以好女，浮屠曰，此但革囊盛血，遂不盼之。其守一如此。

《四十二章经》也说：

日中一食，树下一宿，慎不再矣。使人愚蔽者，爱与欲也。
天神献玉女于佛，欲以试佛意，观佛道。佛言，革囊众秽，尔来何为？……去，吾不用尔。

襄楷疏，讲到黄老浮屠之道时，说："此道清虚，贵尚无为。好生恶杀，省欲去奢。"

《四十二章经》也说："人怀爱欲，不见道。""心中本有三毒，踊沸在内，五盖覆外，终不见道。""佛道守大仁慈，以恶来,以善往。"

又据袁宏《后汉纪》,讲到佛教时,说:

> 沙门者,汉言息也。盖息意去欲,而归于无为也。

旧译"涅槃"为无为。"守一"出于《老子》的"守雌""抱一",这都说明,汉代人所理解的佛道即是黄老之道。东汉末年,牟子《理惑论》说:

> 昔孝明皇帝梦见神人,身有日光,飞在殿前。欣然悦之。明日博问群臣,此为何神?有通人傅毅曰:臣闻天竺有得道者,号之曰"佛",飞行虚空,身有日光,殆将其神也。

能"飞行虚空","身有日光",这是神仙。

汉代神仙方术,往往通过符咒、治病、占星,制造宗教迷信的预言以俘虏信徒。汉代佛教的传教徒也往往迎合当时社会上的神仙方术之士的传教手法。他们都要兼用一些占验、预卜吉凶、看病等小手法以欺骗拉拢群众。汉代的外国僧人几乎都会一些宗教欺骗伎俩。如摄摩腾,《高僧传》说他"善风仪,解大小乘"。安世高"博学多识,综贯神模,七正盈缩,风气吉凶,山崩地动,针脉诸术,观色知病,鸟兽鸣啼,无音不照"[1]。《高僧传》也说安世高通晓"外国典籍及七曜五行，医方异术"。汉末、三国时，康僧会"明解三藏，博览六经，天文图纬，多所综涉"[2]。昙柯迦罗"善学四韦陀，风云星宿，图谶运变，莫不该综"[3]。此外，如外国僧人求那跋陀罗"天文书算，医方咒术，靡不该博"[4]，求那毗地"明阴阳，占时验事，征兆非一"[5]。

《后汉书·乌桓传》："……使〔犬〕护死者神灵归赤山……如中国死者魂归岱山也。"《水经注·汶水注》引《开山图》曰："泰山在左，亢父在右，亢父主生，梁父主死。"三国时汉译佛经，有把"地狱"译为"泰山"的。[6]

可见汉代人对佛教的看法，不论在理论方面及传教僧人的行动方面，都是从对待中国神仙方术的眼光去迎接这一外来宗教的。神仙方士的宗教迷信，是适应中国封建贵族要求长生不死，永远过着他们的剥削享乐生活的一种迷信思想。佛教也被赋予这种中国土生土长的宗教迷信思想的内容，才得到传

---

[1] 《安般守意经序》，《出三藏记集》卷六。
[2] 《高僧传》卷一。
[3] 《高僧传》卷一。
[4] 《高僧传》卷三。
[5] 《高僧传》卷三。
[6] 《六度集经》卷一："命终魂灵入于泰山地狱，烧煮万毒……"卷三："捐佛至诚之戒，信鬼魅之欺，酒乐淫乱，或致破门之祸，或死入泰山，其苦无数。思还为人，犹无羽之鸟欲飞升天，岂不难哉？"

布的。

东汉末年时爆发了全国规模的黄巾起义[1]，起义军遭到武装的镇压，虽失败了，但从此动摇了东汉王朝的统治基础。以后就开始了地方势力的武装割据。经过长期的地主阶级武装混战，形成魏、蜀、吴三国。经过西晋短暂的统一，中国进入南北朝对峙的局面。这一段时期为220—589年。

魏晋南北朝的政治特点是门阀士族地主阶级专政。门阀士族地主阶级占有大量土地，甚至跨州连县，拥有大批的依附农民。门阀士族地主阶级的社会地位随着他们的经济地位的巩固而日渐巩固，他们享有一切特权。因而表现在思想意识和生活态度方面，特别具有"超脱""高傲"的虚伪态度。他们口里说"不为物累"，正是因为他们已占有了充足的财富。他们崇尚虚无，"以无为本"，正是由于他们用行政和法律的形式把农民束缚在固定的土地上，坐享剥削成果，用不着费一点心思。他们口里说看不起富贵、名位，正因为他们已经充分据有了这些特权，他们不必担心贫贱的命运会降临到他们的头上。南北朝的皇帝尽管可以更换，但门阀士族的经济地位、政治地位却是牢固不可动摇的。魏晋南北朝时期门阀士族的哲学家，就是从各方面给当时的剥削制度和生活方式制造理论根据的。

魏晋玄学唯心主义，利用古代哲学家老子、庄子的一些

---

[1] 黄巾起义发生于184年。

词句，给以符合门阀士族地主阶级利益的新解释。有一派主张"贵无"。以无为本，认为"无"是世界万物的根源，世界上形形色色的事物，都被认为是从"无"派生的。他们把这个虚构的、精神性的本体，叫作"无"，由于它是世界最后的根源，他们又叫作"本"；与此相对待的，客观世界的万物，叫作"有"，又由于它是从"本"产生的，又叫作"末"。有、末是第二性的，只是事物的现象，而不是本质。

例如王弼把他的唯心主义本体论用以说明社会问题，在于宣称精神性的"无""本"是最主要的。王弼曾说过，"夫少者多之所贵也；寡者众之所宗也"[1]。他在《论语释疑》中解释"一以贯之"，说"贯犹统也……譬犹以君御民，执一统众之道也"。他以为以寡治众，以少统多，少数特权贵族骑在人民头上，是一种普遍原则。王弼在论证一与多的关系时，曾说"万物万形，其归一也……由无乃一，一可谓无"[2]。王弼就是从以寡治众，以一统多的观点论证他的以无为本的唯心主义谬论的。他宣称，只要认识了"本"，"末"是无足轻重的。佛教理论在魏晋南北朝的流行，主要是它适应了当时中国玄学唯心主义的潮流，符合门阀士族地主阶级的利益。

魏晋南北朝时期，佛教在门阀士族的大力扶持下，得到

---

[1]《周易略例·明象》。
[2]《老子注》。

广泛的传播，[1] 佛经翻译有了显著的增加。佛经翻译者在汉代才十二人，魏晋南北朝增加到一百一十八人。在三百六十九年中，共译出佛经一千六百二十一部，包括四千一百八十卷。[2] 外国传入中国的佛经，一般是"随天竺沙门所持来经，遇而便出"。虽然"遇而便出"，而译出的以大乘空宗的经典最多，原因是"以斯邦人老庄教行，与方等经兼忘相似，故因风易行也"[3]。据佛经目录记载，译出的多数是大乘佛经。[4] 魏晋南北朝的佛教徒是用当时人们所理解的老庄学说的标准去理解佛教的。这种情况恰恰像汉代以中国的神仙方术的观点去理解佛教一样。比如在魏晋广泛流行的般若学说，在印度，是用"否定一切"的思辨方法以论证现实世界的虚幻不实的。它不但认为一切物质现象和精神现象是虚幻不实的，连关于物质现象或精神现象的原理也认为是虚幻的。这一派学说并没有按照印度原来的观点介绍过来。当时重要佛教领袖道安是般若学说的大力提倡者，他就认为佛教般若学说阐明魏晋玄学"本无"原则

---

[1] 北朝的佛教传播，据《洛阳伽蓝记》，北魏首都洛阳人口有十万九千户，有寺一千三百六十七所；南朝与北魏同时的梁朝，首都建业有佛寺五百余所，僧尼十余万，梁朝地郡县僧及依附于寺院的人口，使"天下户口，几亡其半"（《北史》卷七〇《郭祖深传》）。

[2] 据（唐）智昇《开元释教录》卷一至卷七。

[3] （晋）道安《鼻奈耶序》。

[4] 见《开元释教录》。

的。他说:"无在万化之先,空为众形之始。"[1]道安对于佛教般若原理描述有:

> 其为象也,含弘静泊,绵绵若存。寂寥无言,辨之者几矣。恍忽无形,求矣漭乎其难测。圣人有以见因华可以成实,睹末可以达本,乃为布不言之教,陈无辙之轨。[2]

又说:

> 寄息,故有六阶之差;寓骸,故有四级之别。阶差者,损之又损之,以至于无为;级别者,忘之又忘之,以至于无欲也。[3]

从道安的经序中可以看出,无论所用的名词和对于佛经做出的解释,都是在发挥魏晋玄学唯心主义思想。像"寂寥无言""恍忽无形""睹末可以达本""损之又损之,以至于无为""忘之又忘之,以至于无欲",都是直接来自老子的。道安是个操行谨严、志向虔诚的佛教徒,他并不是故意与佛教哲

---

[1]《名僧传抄》引《昙济传》。
[2]《道地经序》,《出三藏记集》卷一〇。
[3]《安般注序》,《出三藏记集》卷六。

学的本来意义相违背,但是他只能用玄学唯心主义的观点去理解佛教,并用他所理解的佛教的基本思想来指导佛经的翻译。道安和当时的一些佛教徒,主观上也认为不能用中国固有的概念和范畴去套佛教的概念、范畴。他认为"先旧格义,于理多违",但是他理解的佛教并未超出魏晋玄学家对于老庄的理解,[1]所谓"格义",是用中国旧有的哲学名词、概念去比附和解释佛教的哲学名词、概念,格义,就是生搬硬套。道安反对格义,他自己还是用的格义的方法。这种情况,也表现在翻译中。

汉魏译经中的"意"字,原当梵文的两个字,一指心意,一指忆念。所谓"安般守意"者,乃禅法的十念之一,并不是指守护心意。言其守护心意,不使放逸,是中国道家的修养方法,如"损之又损""忘之又忘",都与佛教原意不合。例如支谦译的《大明度经》中的第一品,就是从中国玄学唯心主义的立场去理解佛经的:

> 善业[2]言,如世尊教,乐说菩萨明度无极。欲行大道,当自此始。夫体道为菩萨,是虚空也,斯道为菩萨,亦虚空也。

---

[1] 魏晋玄学的老庄之学,与老庄本来的思想是有区别的。
[2] 善业,即须菩提的意译。

"般若"被译为"大明","波罗蜜多"被译为"度无极"。以"道"与般若波罗蜜多相比附。魏晋玄学以无为本,译经时,则云"道亦虚空"。汉代支娄迦谶、吴支谦、秦竺佛念所译不同的《般若经》,都把经中的"真如品"译为"本无品"。到了鸠摩罗什,才改译为"大如品",刘宋时代把"佛母般若"译为"真如品"。"真如"与"本无"意义是不同的,由于当时中国没有与"真如"相当的概念,于是译为"本无"。既译真如为本无,于是与本无相对待的即"末有"。很自然地完全与魏晋玄学唯心主义的本体论,和"崇本息末"的思想体系合流了。如支谦所译的《本无品》说:

一切皆本无,亦复无本无,等无异于真法中本无,诸法本无,无过去当来今现在,如来亦尔,是为真本无。

与"真如"这一佛教基本概念相关的,魏晋玄学唯心主义把"无"理解为佛教的"实相",以本末与佛教的真谛(本)、俗谛(末)相比附。基本概念既然与魏晋玄学混淆不分,结果必然导致佛教玄学化。

也应当指出,魏晋佛教的翻译,到了后期,有些名词改变了初期那种"格义"的办法,翻译得比较严格,"真如"不再译为"本无"。如鸠摩罗什就曾在建立佛教专用名词方面做出不少努力。名词得到订正,可以使译文对原著更为忠实,但是它不能代替社会上对于佛教哲学的基本理解。有了比较可靠译本是一回事,当时社会上人们如何理解这些译著,又是一回事。

汉魏时期的翻译是:"梵客[1]华僧,听言揣意。方圆共凿,金石难和……咫尺千里,觌面难通。"[2]鸠摩罗什虽称"转能汉言,音译流便"[3],但实际上他们的汉语的笔译能力是很差的。据《高僧传》卷七《僧叡传》说:

> 昔竺法护出《正法华经·受决品》云:"天见人,人见天。"什译经至此,乃言曰:"此语与西域义同,但在言过质。"叡曰:"将非人天交接,两得相见?"什喜曰:"实然。"

这两句话并不难翻译,而鸠摩罗什对此感到束手,他的弟子,也是得力助手,也不懂得原文,所以说"将非……"。在翻译《大智度论》时,僧叡还讲到鸠摩罗什由于语言不通,在翻译中遇到的困难情形:

---

[1] 这里的"梵客",是泛指西域人、印度人。
[2] 《宋高僧传》卷三。
[3] 《高僧传》卷二。

> 法师[1]于秦言大格……苟言不相喻，则情无由比……进欲停笔争是，则校竞终日，卒无所成；退欲简而便之，则负伤手穿凿之讥。[2]

鸠摩罗什读了他的弟子僧肇的《般若无知论》，对僧肇说："吾解不谢子，辞当相挹。"[3]《般若无知论》这篇宣扬佛教唯心主义的文章还在，它所讲的佛教仍然没有完全摆脱魏晋玄学的影响。鸠摩罗什自己承认，他的汉文不如僧肇。鸠摩罗什的翻译，都是通过他的得力助手僧融、僧叡、僧肇等协助进行的。译成汉文后，也要由他们作序，介绍所译经的大意。他们的序文，几乎和道安的经序一样，都是用魏晋玄学唯心主义的观点去阐明佛教经典，向读者推荐的。

当时佛经翻译的内容可分为以下四类：

第一，关于佛教基本知识的入门书，佛教名词、概念的解释。这是佛教徒每个人都要学习的，不论大乘和小乘，如《成实论》《俱舍论》等，属于"佛教知识手册"之类的。

第二，关于佛教戒律的，这是用来维持僧众的集体生活的纪律的。

第三，关于佛的传记、故事的。

---

[1] 这里指鸠摩罗什。
[2] 《大智释论序》，《出三藏记集》卷十。
[3] 《僧肇传》，《高僧传》卷七。

第四，关于佛教宗教基本理论的。

前三类多属于佛教徒内部学习的经典，社会影响不大，唯有最后一类（关于宗教基本理论的）影响所及，不限于佛教徒内部，它是面向广大社会的，与当时社会思潮有极密切的关系。

魏晋南北朝翻译出的几千部经典中，只有少数经典得到广泛流布。当时经常讲授的有《成实论》，上面已经说过，属于"佛教知识手册"性质的，为僧众所必读。《般若经》很受重视，当时流行的有若干译本，[1]《维摩诘》《涅槃经》《法华经》都有两种到七种的译本，在社会上有着广泛的影响，[2] 如殷浩："被废徙东阳，大读佛经，皆精解。"殷浩"始看佛经，初视《维摩诘》，疑'般若波罗蜜'太多，后见《小品》，恨此语（按：'此语'即'般若波罗蜜'这个词）太少"[3]。这都说明当时《维摩诘经》和《小品般若经》是十分流行的。《般若》讲空，与本无学说相呼应，它得到流行是容易理解的。《维摩经》在南北朝也引起社会上广泛的兴趣，《京师寺记》云：

---

[1] 朱士行译《放光般若》、支娄迦谶的《道行般若》、竺法护《光赞般若》、支谦的《大明度经》、鸠摩罗什译的《大品般若》（即《放光般若》之异译）、《小品般若》（即《道行般若》之异译）等。

[2] 南朝皇帝，几乎没有一个不信佛教的，其中梁武帝达到了迷信的程度。当时门阀士族贵族，如王洽、刘惔、孙绰、郗超、许询、殷浩、王濛、王修、袁弘、王羲之、谢安、谢朗、谢长遐、曹石兴、卫协、顾恺之等都与佛教有关系。

[3] 《世说新语·文学篇》。

兴宁[1]瓦棺寺初置，僧众设会，请朝贤鸣刹注疏。其时士大夫莫有过十万者。既至长康[2]，直打刹，注百万。长康素贫，众以为大言。后寺众请勾疏。长康曰："宜备一壁。"遂闭户，往来一月余日，所画维摩诘一躯，工毕，将欲点眸子。乃谓寺僧曰："第一日观者请施十万，第二日可五万，第三日可任例责施。"及开户，光照一寺，施者填咽，俄而得百万钱。[3]

这里是说，当时首都南京新建成一座庙，和尚们借机会捐一笔钱。当时官僚贵族们在捐款的簿子上认捐的数目没有超过十万的。捐款簿子送到顾恺之时，顾恺之写上他将捐钱百万。顾恺之是个有名的穷画家，别人以为他在吹牛，劝他勾掉他认捐的钱数，免得到时拿不出。顾恺之只要求和尚们给他准备一面墙壁，他用了一个多月的工夫，画了一幅关于维摩诘的故事的壁画，并告诉寺里的和尚们，凡是来参观壁画的，第一天向每一个人收钱十万，第二天来参观的，每人收钱五万，第三天以后由参观者任意捐助。壁画开放后，前来参观的人拥挤不堪，不一会儿就收得钱百万。

---

[1] 晋哀帝年号，363—365 年。
[2] 长康，即名画家顾恺之。
[3] 《历代名画记》卷五。

上述这个故事，固然说明顾恺之画得好，也说明由于维摩诘这个人物是南北朝门阀士族地主阶级认为最值得学习的理想人格。所以从后来发现的壁画和文学著作中涉及维摩的很多，甚至到了唐朝的诗人王维，字摩诘，显然也是受了《维摩经》的影响。[1]

南北朝的门阀士族地主阶级垄断当时政治上、经济上一切特权，他们有条件口头上讲清高，宣扬不关心富贵，不羡慕荣利，甚至连直接统治人民的皇帝，也口谈玄理，想当起隐士来了。如：

> 简文帝[2]入华林园，顾谓左右曰："会心处不必在远，翳然林水，便有濠濮间想也。"[3]

这种假装清高的生活态度，是有其思想渊源的。在西晋时，郭象[4]早已给当权的统治者的脸上涂上一层光艳的油彩。他在《庄子·逍遥游》注中说：

---

[1]《维摩经》，旧译为《净名经》或《无垢称经》，"净"即"无垢"的同义词，"名"即"称"的同义词。"维"即"无"，王维，字摩诘，名字取得很没有道理，这里只是说《维摩经》影响之广泛。

[2] 司马昱，他在位时为371—372年。

[3]《世说新语·言语篇》。

[4] 郭象（252—312），见《晋书》卷五〇。

> 夫神人即今所谓圣人也。夫圣人虽在庙堂之上，然其心无异于山林之中，世岂识之哉？徒见其戴黄屋，佩玉玺，便谓足以缨绂其心矣；见其历山川，同民事，便谓足以憔悴其神矣。岂知至至者之不亏哉？

"神人""圣人"即政治上最高的统治者。他宣称，圣人虽然形式上过着世俗的、看来十分忙碌的生活，但是圣人在精神上是十分"清高""飘逸"的，"虽在庙堂之上，然其心无异于山林之中"！郭象把这批利欲熏心、脑满肠肥、热衷于腐化享乐生活的统治者，描绘成肖然物外、一尘不染的神仙。这样，统治者们的卑鄙龌龊的现实生活中却被描写为蕴藏着高洁超俗的灵魂！他们理想中的"圣人"，"虽终日挥形，而神气无变；俯仰万机，而淡然自若"[1]。经过这样一装扮，贵族统治者既有清高之名，又有享乐之实。他们越是参加污浊的政治活动，反而越能表现贵族统治者的清高。

《维摩诘经》中所描绘的一个中心人物即维摩诘居士。这个居士，有广大的田园财产，有妻子儿女，又有神通，又有学问，连佛也要让他三分。佛的弟子们的知识、理论与这个不出家的居士相比，只有感到自惭形秽。以致当维摩诘居士生病，

---

[1]（晋）郭象《庄子·大宗师注》。

佛派他的得力弟子去问疾,那些弟子们,一个一个地都推托,不敢去。维摩居士是个什么样的人物呢?《维摩诘经》中有一段描写:

> 尔时毗耶离大城中有长者名维摩诘……资财无量,摄诸贫民;奉戒清净,摄诸毁禁;以忍调行,摄诸恚怒;以大精进,摄诸懈怠;一心禅寂,摄诸乱意;以决定慧,摄诸无智。

以上是说维摩诘这个脑满肠肥的大地主,生活富有而道德高尚,他有比佛弟子更全面的宗教道德修养。又说:

> 虽为白衣,奉行沙门清净律行;虽处居家,不著三界;示有妻子,常修梵行;现有眷属,常乐远离;虽服宝饰,而以相好严身;虽复饮食,而以禅悦为味。

这是说他过着世俗贵族的生活,但能经常保持超世俗的比出家人还要纯洁的精神状态。又说:

> 若至博弈戏处,辄以度人;受诸异道,不毁正信;虽明世典,常乐佛法;执持正法,摄诸长幼。一切治生谐偶,虽获俗利,不以喜悦。入治正法,

> 救护一切；入讲论处，导以大乘；入诸学堂，诱开童蒙；入诸淫舍，示欲之过；入诸酒肆，能立其志。

这是说维摩诘尽管在吃喝嫖赌，他的精神境界却是与众不同的。一般人吃喝嫖赌，是精神堕落，维摩诘去做这些坏事，就别有境界。这正是中国门阀士族地主阶级所欣赏的"虽居庙堂之上，然其心无异于山林之中"的谎话的印度版。维摩诘这种人物的思想境界和生活方式，正是南北朝门阀士族地主阶级所追求向往的。

据《世说新语·言语篇》："竺法深在简文坐，刘尹问：'道人何以游朱门？'答曰：'君自见其朱门，贫道如游蓬户。'"一个出入宫廷，接交官府的势利和尚，还要大言不惭地说，"游朱门""如游蓬户"！简直是自欺欺人。用旷达掩盖其奔竞趋走的丑态，这就是当时社会上的"风流"和"清高"。

当时《法华经》与《涅槃经》得到广泛流行，主要是这些佛经中提出人人都能成佛的口号。人人都有佛性，在佛教大乘经典中如《维摩诘经》《法华经》都已透露了这类思想。人是否能成佛，这本来是个虚构的问题，没有必要去认真考虑它是否可能。但是宗教问题是现实世界的反映，只是"人间的力量采取了超人间的力量的形式"（《反杜林论》，《马克思恩格斯选集》第3卷）。广大人民要求摆脱现实世界的苦难，向往幸福，它表达了门阀士族地主阶级严重压迫下，人民的愿望。列宁说：

被剥削阶级由于没有力量同剥削者进行斗争，必然会产生对死后的幸福生活的憧憬，正如野蛮人由于没有力量同大自然搏斗而产生对上帝、魔鬼、奇迹等的信仰一样。对于工作一生而贫困一生的人，宗教教导他们在人间要顺从和忍耐，劝他们把希望寄托在天国的恩赐上。对于依靠他人劳动而过活的人，宗教教导他们要在人间行善，廉价地为他们的整个剥削生活辩护，廉价地售给他们享受天国幸福的门票。(《社会主义和宗教》《列宁全集》第10卷）

在南北朝时期门阀士族地主阶级统治下，剥削者利用宗教宣传，论证他们今生的富贵是过去"修福"的结果，并告诉人们对于现实的苦难不必计较，在将来的极乐世界里可以得到补偿。他们大力"保证"在另一个世界里得到平等，正是为了在现实世界里保持着不平等。如《法华经》宣称人人"悉皆与授记，未来当成佛"[1]。还一再保证"我不敢轻于汝等，汝等皆当成佛"[2]。在封建社会中女子比男子还多受一重夫权的压迫，在《法华经》中也讲到"龙女成佛"的故事。

《涅槃经》和《法华经》都宣传人人都有佛性，只是人们自己不去认识它，就像贫女藏有黄金，忘记了收藏的地方，才

---

[1]《授学无学人记品》第九。
[2]《常不轻菩萨品》卷二〇。

遭受贫困,一旦找到,立刻变得富足。这些思想,都起了巩固当时门阀士族地主阶级政权的作用。因为它教人面向虚无缥缈的西方乐土,就可以放弃了对现实社会的斗争。后来,《涅槃经》的四十卷本还进一步宣称"犯四重罪,谤方等经,作五逆罪,及一阐提悉有佛性"[1]。他们慷慨地打开进入天国的大门,给每个人都颁发一张永不兑现支票。宗教对于另一个精神世界的大量恩赐,正是对现实世界统治的严酷。

可见上述这些佛经译本得到重视,主要是符合了当时封建地主阶级的利益。我们不是用宗教去说明历史,而是用历史的实际去说明宗教。

佛教在隋唐时期,由南北朝的讲学的学派,进而建立了佛教的宗派。佛教徒中有了更多的精通梵文的翻译人才,如玄奘就是其中最有名气的一个。道宣论及玄奘的翻译时,说:

> 自前代以来,所译经教,初从梵语倒写本文,次乃回之,顺同此俗,然后笔人观理文句。中间增损,多坠全言。今所翻传,都由奘旨,意思独断,出语成章。词人随写,即可披玩。[2]

以前文字语言对翻译的障碍,到了隋唐时代总算清除了,

---

[1]《大般涅槃经》卷二二,《光明遍照高贵德王菩萨品》。
[2]《续高僧传》卷五。

翻译的准确性也大胜于前。在隋唐时期，从隋初（581）到唐贞元五年（789），共二百零八年，这二百年间，共有译人五十四人，译出佛经四百九十二部，二千七百一十三卷。其中只玄奘一人即译出佛经和有关佛教以外的其他宗教著作七十四部，一千三百三十五卷。从翻译的数量和翻译的质量看，都达到佛经翻译前所未有的水平。

隋唐的佛教翻译和过去比较，有以下的特点。

魏晋以前，佛经原本主要是依据西域胡本，而只有少数是梵文本，译经也多为节译、选译。隋唐时期，多译全集，如《大般若经》一部书即达六百卷之多，它是佛教大乘空宗的一部丛书。魏晋以前主译者多为外国僧人，必须通过中国助手才可译成中文。隋唐时期主译者多是本国僧人，主译者既精通佛教教义，也通晓梵汉语言。隋唐时期佛经翻译的目的性也较从前更为明确，系统性也显著的加强。魏晋以前，基本上是遇着什么经，就译什么，只有特殊情况下，有目的地到西方求法，如朱士行求《般若经》，法显求戒律。南北朝，鸠摩罗什开始系统地介绍大乘空宗的经典。唐代玄奘所译的一千余卷，除了他自己所信奉的法相宗经典外，还译了法相宗以前的大乘空宗的经典，如《大般若经》等。他还译了早期的小乘佛教、佛教以外其他流派的著作，以及有关思辨工具，"因明"学，等等。

玄奘以后，另一个唐代译经大师义净也是对佛经翻译有成绩的。唐代还翻译了大部分密教的经典。隋唐以后，读者足以从翻译为汉语的佛经中，了解印度佛教的基本面貌。

从佛教经典的翻译看上层建筑与基础的关系

佛教在隋唐时期，比魏晋南北朝有了更大的发展。寺院经济比从前更为巩固，并形成了许多独立的宗派[1]。佛教发展了，翻译的佛经也相应地得到重视。但历史表明，隋唐时期，佛教翻译的质量和数量尽管是超过了前代，像玄奘的翻译虽有一千余卷，可是在社会上得到流行的，只是极少数。绝大部分译出后，就搁置起来，没有人理睬它了。它的社会影响不及前代。赵宋以后，又继续译了几百卷的佛经，译出的经典虽然好好地保存在那里，但是这些书的内容和译者，都逐渐被人们忘记了。

这里不得不提出一个问题：当翻译佛教经典十分匮难的时期，译本却引起了广泛的社会影响。隋唐和以后的佛经翻译质量提高了，影响反而差了，甚至没有什么影响，这是什么原因？

我们认为，一种思想所起的影响，不能只从思想本身去找寻它的原因。宗教也是上层建筑中的一种，它必须为它的基础服务，佛经的翻译也不例外。它给它的基础服务得好，它就得到发展、传播，到处蔓延。它为它的基础服务得不好，就吃不开。汉末到魏晋初期，佛教的翻译多用"格义"，不免生搬硬套，译文对原文来说，不能算是忠实的。但是当时佛经翻译力求为它当时的基础服务，符合当时统治阶级的需要，尽管

---

[1] 主要的有天台宗、华严宗、禅宗、法相宗等。

译文有些蹩脚，还是起了不小的影响。隋唐时期佛经翻译只做到了忠实于印度佛教的介绍，而没有做到密切配合当时中国政治的需要。汉魏佛经的翻译虽然不及后来的精确，但是它密切结合了当时的政治需要。汉代的《四十二章经》的内容，就是汉代的神仙方术的宗教迷信。它之所以流布和黄老思想得以流布，有着同样的社会基础，也起了同样的政治作用。

魏晋时期，介绍过来的佛教哲学理论被认为是玄学唯心主义的一个流派。玄学唯心主义是为当时门阀士族地主阶级的政治服务的，佛教的理论也起了密切配合作用。

魏晋时期译成中文的佛经有几千卷之多，而起作用、引起社会广泛重视的只有少数的几部，如上面我们已经讲过的，正是由于上面讲到的那些佛经（如《般若》《涅槃》《法华》《维摩》等）的内容更能符合中国门阀士族地主阶级的政治利益。也可以说，当时中国门阀士族是按照他们的实际需要，去认识并宣扬这些佛经的。因此，这些少数佛经，不胫而走。它们得到传播和被重视，和魏晋玄学唯心主义得到传播和重视有着同样的社会基础。

隋唐时期，中国封建社会进入了新的阶段，门阀士族地主阶级专政的政治局面不存在了，地主阶级的社会地位进行了重新编组。因而，在思想意识方面，也有它特殊要求。隋唐佛教各宗派都在大力制造更加密切配合为当时地主阶级的政治服务的思想体系。如天台宗、华严宗、禅宗等宗派的主要思想家，都是用注解佛经的方式为政治服务的。有的甚至撇开翻译，独立发挥佛教的宗教理论。因为翻译是介绍外来的思想，不能完全符合本国的需要。宗教，即使它看来和当时的现实政治距离较远，讲的都是另一个世界的事，实际上它归根到底不能不为它的基础服务。隋唐佛教宗派中如法相宗，它的创始人即玄奘，确是一位杰出的翻译家，但恰恰就是这个宗派的寿命最短，只经历了短短的三四十年，即衰落了，倒是那些用著述为主的另外几个宗派得到了发展。

从隋唐时期几个主要的佛教宗派兴衰过程，我们不难看出，凡是密切配合当前的基础需要的那些宗派就得到发展；配合不密切的就停滞；生硬移植，不问自己的土壤气候的，就枯萎。正如恩格斯所说的：

……每一时代的社会经济结构形成现实基础，每一个历史时期由法律设施和政治设施以及宗教的、哲学的和其他的观点所构成的全部上层建筑，归根到底都是应由这个基础来说明的。(《反杜林论》，《马克思恩格斯选集》第3卷)

中国佛教经典的翻译，又一次说明了一切文化，连看来超世俗的宗教在内，都必须为一定的基础服务。宗教好像是超现实的，实际上它又是现实的反映。佛经的翻译，在最初虽然没有什么选择，遇到什么就翻译什么，看来带有偶然性；但是翻译过来之后，它能不能流行，起不起影响，就不再是偶然的而是必然的了。佛经翻译者能力、水平有高有低,这种差别只能决定翻译的质量,却不能决定译本是否能够传播。对翻译的佛经的理解,有深有浅,有的甚至误解了原文,它反映了注释者的水平。但是,一种外来的宗教思想真正在社会上造成影响的,未必就是那些对原著理解正确的,倒是那些用当时流行的思潮来说明它的常常占了上风。这都说明,宗教是为基础服务的,从来就不是超政治的,离开了具体的基础,就无法理解宗教的活动。

胡适为论证他的实用主义,对中国古代佛经翻译事业发表了一些荒谬的论点。他说:

> 佛教徒要人传教,不能没有翻译的经典;中国人也都想看看这个外来宗教讲的是些什么东西,所以有翻译的事业兴起来。[1]

他把佛教翻译的兴起,说成由于中国人的好奇心,"都想看看这个外来宗教讲的是些什么东西"。这简直是把历史事件当作了儿戏。翻译事业何以在中国长期继续,胡适也做了荒谬的解释:

---

[1] 胡适:《白话文学史》。

> 却不料不翻也罢了，一动手翻译便越翻越多，越译越不了，那些印度和尚真有点奇怪，摇头一背书，就是两三万偈；摇笔一写，就是几十卷……所以这翻译的事业足足经过一千年之久。[1]

他认为只是由于印度和尚能写作，数量大，所以中国人的翻译不得不继续了一千年之久！这真是海外奇谈。

近人梁启超认为佛教经典的翻译的流行或不流行，取决于译文优美或译文的拙劣。他说：

> 绝对主张直译之道安，其所监译之《增一阿含》《鞞婆沙》《三法度》诸书，虽备极矜慎，而千年来鲜人过问。而〔罗〕什译之《大品》《法华》《维摩》以及四《论》（中、百、十二门、大智度）不特为我思想界辟一新天地，即文学界之影响亦至巨焉，文之不可以已，如是也。[2]

如果把佛经的流布不广说成译笔拙劣，影响广泛，则认为是由于译笔流畅、精美，也是错误的。唐玄奘的译笔不能说不精美，却仍然长久以来被束之高阁。可见，脱离了社会和阶

---

[1]　胡适《白话文学史》，第158页。
[2]　《翻译文学与佛典》，《梁任公近著》第1辑。

级的原因，从译文技术去说明思想，只能越讲越支离，不可能找到佛经翻译兴废的真正原因。

  法国学者沙畹，讲到何以中国大乘佛教流行，完全归之于外来的影响，认为中国最早求法的和尚所去的区域是大乘教流行，所以携回的和传布的也都是大乘佛教。这种说法也是毫无根据的。[1] 这是脱离了社会内部的具体条件，专从外面来找原因。他就无法说明何以后来中国僧人也曾接触了小乘，仍不能使小乘在中国得到流行，也还不能说明中国有了大乘，何以只有大乘的般若空宗在魏晋南北朝得到流行，同样都是大乘佛教，而大乘的法相宗并未流行。

  我们认为只有历史唯物主义才是认识历史的真正钥匙。历史唯物主义是一种伟大的科学武器，它可以帮助我们扫清长期笼罩在历史领域的各种迷雾，使我们能够比前人更接近历史的真实。历史唯物主义告诉我们，社会的精神生活所由形成的来源、社会观念，并不是要到观念、理论、观点本身中去找，而是要到社会的物质生活条件、社会存在中去找。因为理论、观点等，是社会存在的反映。离开了基础，空谈上层建筑，是讲不清楚的。通过佛经翻译的剖析，使我们从中进一步理解历史唯物主义的基本原理，对于加深学习马列主义著作是有帮助的。

---

  [1] 参看（法）沙畹《宋云行记笺注》，冯承钧译《西域南海史地考证译丛》第6编。

编辑《中华大藏经》（汉文部分）的意义*

---

*1982年受国务院古籍整理小组委托，主持《中华大藏经》的编辑工作。从开始编辑到现在，已出版三十九卷，编辑到六十二卷。这是为中华书局《书品》第四期写的一篇介绍性文章，发表于1989年。

佛教经典最初靠口头传播，后来，在长时期内，口头传播与文字传播并行。由于印度造纸术兴起较晚，直到4世纪时，法显到印度求法，还深感写本不易得。佛教典籍增多，总称为"三藏"，即经、律、论三大部类。

佛教传入中国内地，结合中华民族及各地区文化的特点，逐渐形成具有中国特色的中国佛教文化。中国佛教在中国生根、开花、结果，前后差不多有一千多年的历史。南北朝时期中国建立了"佛教经学"，佛教经学与中国本土的儒家经学占有同等地位，就它的社会覆盖面看，还远远超出儒家经学的影响。隋唐时期，佛教与儒道两教并列为三教，释迦、孔子、老子同样被尊为"圣人"。人们早已忘了佛教为外来宗教，释迦牟尼也不被看作外国人。诽谤"圣人"有罪，谤佛与谤孔子都为社会所不容。佛教社会的影响广泛而深远，研究中国文化、中国历史都离不开佛教。

1982年国务院的古籍整理出版规划小组，把"中国佛教全集"《中华大藏经》列入规划。我们没有把佛经的整理看作是宗教界少数佛教徒的事，而是看作中华民族共同的文化遗产之一。这正如中国文化界、学术界把敦煌莫高窟佛教艺术当作全民族的文化宝库而不把它仅仅看作佛教徒的宗教遗迹的道理一样。凡是有价值的文化遗产，理应为全人类所共同享有，共同关心，共同爱护，共同研究，而不应视为少数信奉者的私事。中国的佛教典籍，内容浩繁，它不只是佛教的经典，既是佛经书，也涉及哲学、历算、医药、建筑以及保健气功等领域的包罗宏富的古籍，对中国和世界文化都曾产生过深远的影响。

　　中国历代刊印佛教大藏经，都不外为国家祈福、为国君增寿，为刊印者祈求带来好运气。唯独《中华大藏经》（汉文部分）的编辑旨趣与过去不一样，它是作为中国古籍整理工作的一部分而上马的。编辑者是为了建设中华民族的社会主义新文化，才下决心彻底整理中国古老的传统旧文化遗产的。

一 不同于历代刊印的大藏经

汉译佛教典籍,绝大部分是东汉、魏晋南北朝、唐朝时期译出的。从两晋南北朝开始,中国僧人及佛教信奉者写下不少著作,有经序、注疏、论文、工具书、史料编辑,还有一些假托译出的佛经,正统佛教徒称为"伪经"。这些大量的中土著述,丰富和发展了佛教传统的"三藏"(经、律、论)的内容,使大藏经成为一部具有中国特色的佛教百科全书。

随着汉译佛经和华人著述大量涌现,约在7世纪后半期即有人从事目录整理,隋以后,手抄佛经盛行,经录之学发展起来,出现了当时编辑者对佛经分类标准的分歧。对后来影响最大的是唐代僧人智昇的《开元释教录》[1],它正式承认中国学者的佛教著述的地位,列入目录,并分类排定次序。

汉文大藏经的编辑、雕印,以它的鸿篇巨制、版本众多、历时久远闻名于世。雕版印刷发明以前,佛经主要靠手写流传。北朝已有石刻佛经,雕凿在岩石上,与造像都以祈福为目的。隋以后,佛教徒中为了保存佛教文书,以防兵火战争的破

---

[1] 据新发现资料,《开元释教录》最初的形式与今天的分类法不尽相同。

坏，系统地雕造石版佛经。10世纪，北宋开宝年间开始以木版雕印佛经，世界上第一部大藏经问世。后来历辽、金、元、明、清都投入了大量人力物力雕印藏经。现存公家私家刊印的大藏经达十七种之多。[1]民国以后还出版过两种铅字排印本《频伽藏》和《普慧藏》。在国外，汉文版藏经有《高丽藏》[2]《弘教藏》《卍续藏》《大正藏》。综观国内外刊印的各种版本大藏经，都有收录不全、排印错漏等缺点，都不是理想的版本。

为避免过去刊印的许多种大藏经的缺失，《中华大藏经》（汉文部分）力求做到版本要"精"，内容要"全"。编辑《中华大藏经》（汉文部分）共用了八种版本[3]与《赵城金藏》对校。《赵城金藏》20世纪30年代初被发现后，引起国内外学术界的重视，它是《开宝藏》的覆刻本，装帧、版式保留着《开宝藏》的基本特点，在《开宝藏》几乎散佚殆尽的情况下，它不论在版本方面，或在校勘方面都有无可比拟的价值。在我国现存藏经中，未经传世的孤本还有《房山云居寺石经》

---

[1] 宋有《开宝藏》《崇宁藏》《毗卢藏》《圆觉藏》《资福藏》，辽有《辽藏》，金有《赵城藏》，金元之际有《碛砂藏》，元有《普宁藏》《官版藏经》，明代有《洪武南藏》《永乐南藏》《永乐北藏》《武林藏》《万历藏》《经山藏》，清有《龙藏》。

[2] 《高丽藏》，据北宋《开宝藏》翻刻，经版两次毁于水，今本《高丽藏》已非原貌。

[3] 八种版本是：《房山云居寺石经》《资福藏》《影宋碛砂藏》《普宁藏》《永乐南藏》《径山藏》《清藏》及《高丽藏》。

《辽藏》《元官版藏经》《洪武南藏》《武林藏》和《万历藏》六种，这几种大藏，除残缺严重者外，多为《碛砂藏》和《永乐南藏》的覆刻本，所收经籍少于《赵城金藏》，不宜作为底本使用。《赵城金藏》收录经籍近七千卷，现存五千三百八十余卷，虽有缺佚，可用《高丽藏》补入。《高丽藏》和《赵城金藏》同属《开宝藏》系统的覆刻本，版式完全一致，用《高丽藏》补《赵城金藏》可谓"天衣无缝"。

二 不同于过去的校勘方式

《中华大藏经》（汉文部分）以《赵城金藏》为底本，与上述八种版本的大藏经对勘，逐句校对，只勘出各种版本的文字异同，不加案断。我们采取这种方法，有以下几方面的原因。

校勘版本学界，习惯于崇信古本，我们经过实际勘察，发现任何版本都不是十全十美，都有差错。善本中（包括《赵城金藏》在内）各有优缺点，因此，我们要求集诸版本之长，不主张"定于一尊"。

《赵城金藏》以外的八种版本都有它的特点，有的属于海内珍本，有的是世界孤本，都可称为善本。众多善本不但专家学者无力备全，即使国家大图书馆也不能八种善本具备。我们借这次编辑整理《中华大藏经》（汉文部分）的机会，集诸善本于一编，有了这一部《中华大藏经》等于同时拥有九种版本的大藏经，为庋藏者和使用者、研究者提供了方便。

我们校勘的目的，不在于勘误而在于会同。经过检查，这些不同版本出现的文句异同，多半不涉及义理，往往各有道理（当然也有明显错误的），如果一定由编者决定取舍，难免失之于武断，徒耗人力，并不科学。还应指出，每一种善本的特殊价值并不是由于它的至美至善，而在于它体现了各自时代的某些特征，这类特征是别的版本不能代替的。如《房山云居寺石经》可谓善本，其中有些石刻佛经体现了《辽藏》的面貌，但其中也有刻工贪图省工，出现了许多上下文不相属连的"一"字，从一般校勘原理看这与字形、字音、字义或上下的错简毫无关系，只是由于刻工按版计酬，为了省力，又能占满版面，才出现了不应出现的许多"一"字，汉字中只有一字笔画最少，刻起来又省力，用来充字数最方便。像这类缺点，并不能动摇《房山云居寺石经》的历史地位，瑕不掩瑜。这里只是说明中国过去雕印的众多版本的"大藏经"没有一种是尽善尽美的。《中华大藏经》（汉文部分）的出版，博取众本之长，避免众本之短，会同诸本合校，标出异同，不下案断，正是极端负责的客观精神。

《中华大藏经》（汉文部分）编完《赵城金藏》为底本的第一辑以后，还将编辑过去未入藏的许多佛教典籍为第二辑。为此，我们一开始就从最大数量的手写佛经卷子本中进行了普查。敦煌卷子写本中佛经所占比重极大，比俗书的经史文书多得多。半个世纪以来，敦煌学者集中注意于搜求写本中关于社会、经济、民族文化等方面的资料，研究者利用的多为世俗文书，而对其中占绝大多数的佛教典籍注意得不够。手抄卷子一则数量大，二则内容专业性比较强，其中断裂的、残缺的，要找到它的归属，有的卷子分裂成几段，有的上段在英国，下段在法国，也有的头尾不全，不易判断归类，这都是很艰巨而又必须做的工作。我们几年来已经一篇一篇地逐件审查，现已初步有了眉目，确实可以从中找出应当收入大藏经的佛教典籍。我们还可以从佛教手抄卷子中推断出佛教在河西走廊传播的基本状况和唐代佛教经典大体流行的状况。我们在编辑中务期不发生遗漏，使《中华大藏经》成为名副其实的"佛教全书"，超过前人编辑的任何版本。

我们编辑大藏经，既为僧众讽诵供奉之用，同时也供学术界研究者使用。校勘原则，力求准确、客观。为了使读者便于阅览和检索，开始印行的几卷中，为保持《赵城金藏》的古籍文物面貌，把每卷之后漶漫不清的部分，作为附录，置于各卷之末尾，以保存文物的原貌。经文正文所缺部分，则用其他版本补足。因此，读者所看到的经文原文都是清楚的，经文也是衔接的。有些读者对这种安排的办法未曾细看，也未读原书的说明，只看到每卷后面附有漶漫不清的片段，认为妨碍阅读和讽诵，这是出于误解。附页不与正文相连，不是供阅读的。为了避免这种不必要的误解，后来印行的各卷，即不再附印《赵城金藏》的模糊部分。这也节省了人力物力。这一改进曾得到海内外读者的支持。

为了使我们的编辑工作做到心中有数，我们花了两年的时间，在国内外开展了一次版本普查。南到苍梧，北及紫塞，西渡流沙，东泛辽海，对国外几处东方藏书丰富的图书馆，也都进行了考察。从而对海内外所收藏的值得注意参考的版本，做到心中有数。在初步探索的基础上，我们有了初步计算，《中华大藏经》（汉文部分）种类总数可达四千二百余种，卷数二万三千余卷。这可以说是从古以来收罗最全的一部佛教全集。工作中还会有新的发现,也可能进行一些调整,但大体规模已经定下来了。

三 整理的目的是研究

佛教文化不是孤立的,它是中华民族传统文化的一部分,佛教文化不限于汉族。佛教大藏经,除了汉文部分已开始工作了六年,藏文部分也于去年着手编辑,这也是《中华大藏经》,它属于藏文系统。此外,如有条件,蒙文、满文大藏经也应刊行。它们都算是《中华大藏经》。由于中华民族包括多种民族成分,不同的文种的大藏经将会给中华民族的文化建设带来新的繁荣昌盛局面。比如佛教汉译本中,有关因明的部分比较薄弱,而藏文大藏经则保留得较多,因明在藏传佛教中有所发展。将来随着研究工作的开展,汉藏两种大藏经得以互相补充,必将使中国的因明有所突破。

又如,《中华大藏经》体现了中华民族对外来文化的高度吸收能力。华人著述在《中华大藏经》中所占比例越到后期越大。汉地佛教如此,藏传佛教也有同样现象,如宗喀巴的著作在原有的佛教理论基础上有所建树、有所创造,不但丰富了佛教文献,也丰富了中华民族的文化宝库。以上只是举几个例子说明各种《中华大藏经》可以互补、相得益彰的好处。

人们习惯地认为,佛教来自古印度。从地下发掘资料和文献记载来看,中国的佛教最初来源不在印度,而在中亚(古称西域)。新疆地下发掘文物中，有不少残存佛经，文字也多为当地语文。晋朝名僧、翻译家道安指出"译胡为秦"的种种困难。胡语非梵语，当时译经僧人都明白这一点。他们多自西域来华，用口诵记忆来提供译文，后来中印交通条件有所改善，才有较多的梵荚携来，供中国僧人笔译。如果我们资料工作做得好，即在充分占有资料的前提下，开展科学研究，我们新中国的文化史将比过去充实得多。它不但对中国文化有贡献，也将对世界人类文化有贡献。

关于《物不迁论》
——一篇形而上学的佛学论文

僧肇（384—414）是东晋十六国时期著名的佛教哲学的理论家。他的哲学思想体系集中地反映了南北朝中国佛教思想的历史特点。他在南北朝佛教史上的地位，正像王弼在魏晋玄学史上的地位一样的重要。僧肇的思想体系标志着佛教传入中国后理论发展的新阶段。他又是中国重要的翻译家鸠摩罗什的四大弟子之一，鸠摩罗什译经的重要助手。

印度大乘空宗是印度后期佛教客观唯心主义一派，大乘空宗在中国南北朝时期得到广泛的传播，有它的社会根源，而僧肇对佛教的滋蔓确曾起过推波助澜的作用。

《肇论》是僧肇的论文集，《物不迁论》是其中的一篇，此外，他还有《维摩经注》等著作。

《物不迁论》力图论证世界上一切事物看来似乎在变化着，其实是不变的。这篇形而上学论文的特点在于它不采取闭着眼睛对事物的变化装作看不见的态度，而是表面上承认有所谓变化，实质上抹杀了事物的变化。他比汉代董仲舒"天不变道亦不变"的死硬派形而上学狡猾多了。他是在巧妙含混的词句装潢下，把形而上学思想偷运给读者的。同时，他的形而上学体系又和他的宗教神学世界观联系着。他论证现实的世界一切事物似变而不变，为了佛教精神本体的万古长存寻找理论根据。

僧肇认为一般人所谓变化，不过是事物的假象。他夸大了事物变化过程中的不稳定性，并把它绝对化。他说，所谓变化必须是某一特定的事物在不同时间阶段里（过去、现在、将来）发生的性质或数量的改变。僧肇认为，过去的时间里的某种事物只存在于过去，现阶段的某种事物只存在于现在，它和过去的某种事物没关系。他说，人们常识上所认为的同一个人或同一件东西，它实际上在过去、现在、将来三个时间阶段没有延续的关系。这就是说，世界上一切现象，在他看来，不过是刹那生灭，各个独立的幻灯片式的映象，世界上根本不存在有物质性的"东西"，没有一个变化的主体，剩下的不过是幻象。

根据科学的理解，"运动是（时间和空间的）不间断性与（时间和空间的）间断性的统一"（《黑格尔〈哲学史讲演录〉一书摘要》，《列宁全集》第38卷）。僧肇夸大了运动的间断性，否认运动的不间断性，正是为了论证有一个精神性的本体永恒存在，永不变化。如果把这一篇文章和他的另一篇《不真空论》互相参照，将更能帮助认识他的形而上学是怎样建立在唯心主义体系之上的。

南北朝的文体比较注重形式的整齐，音调的和谐，用字也多偏于含蓄、模棱，但这些限制并没有妨碍僧肇以流畅、华丽的词句发挥他那诡辩文章的技巧。由于文章做得好，他的形而上学和唯心主义思想曾博得不少人的击节叹赏，俘虏过不少的信徒。

　　佛教哲学用宗教世界观作为判别真伪是非的标准，和一般人常识的看法相反。他们说一般人的认识是颠倒的，我们看来，他们才恰恰是颠倒着观察世界的。译文中所谓"真理""原则"，只能理解为他们的真理、原则。唯心主义与唯物主义常用同一名词，指的却不是一回事。真理是具体的，它和世界观、阶级立场有不可分割的内在联系。这篇文章作为哲学史上的反面教材，还是有它的意义的。现把它试译为现代汉语，与原文对照，以供参考。

〔附〕《物不迁论》今译	
夫生死交谢，寒暑迭迁，有物流动，人之常情。余则谓之不然。	〔以为〕死生、寒暑交互出现，有东西在变动着，这是人们通常的看法。我独认为不是这样。
何者？《放光》[1]云：法无去来，无动转者，寻夫不动之作，岂释动以求静，必求静于诸动。（转下页）	为什么？《放光经》说：事物没有生灭，没有变化。佛经所谓不变，何尝教人离开了变化去寻求不变？而是教人在变动中去认识不变。（转下页）

---

　　[1]《放光般若经》，西晋无罗叉译，卷五《衍与空等品》："所言摩诃衍，亦不见来时，亦不见去时，亦不见住处。何以处？诸法不动摇故。"

续表

[附]《物不迁论》今译	
（接上页）必求静于诸动，故虽动而常静。不释动以求静，故虽静而不离动。然则动静未始异而惑者不同。缘使真言[1]滞于竞辩，宗途[2]屈于好异。所以静躁之极未易言也。	（接上页）必须在变动中认识不变，所以说〔事物〕虽然在变动着，而实际却是不变的。不应在变动之外去追求不变，所以说〔事物〕虽然是不变的，但又不脱离变动。那么，变和不变本来没有区别，糊涂人才认为它们有区别。从而使真理陷于相互辩论中，大道（宗途）被好异的学说所歪曲。可见变与不变的道理不是容易讲得清楚的。
何者？夫谈真则逆俗，顺俗则还真。违真则迷信而莫返，逆俗则言谈而无味[3]。（转下页）	为什么？宣扬真理，就会与世俗之见不合；顺从了世俗之见，又违反了真理。违反真理，会使人迷惑本性以至丧失本性；与世俗之见不合，人们听了会不感兴趣，（转下页）

---

[1] 真言：佛的说教，佛教徒认为是真理。

[2] 宗途：总的道路，意译为"大道"。

[3] 《老子》三十五章："乐与饵，过客止。道之出口，淡乎其无味。视之不足见，听之不足闻，用之不足既。"我曾译作："音乐与美食，能使行路人为之止步。但是'道'，说出来，它淡得没有味道，看它又看不见，听它又听不到……"这里意译作"人们听了会不感兴趣"。

续表

〔附〕《物不迁论》今译	
（接上页）缘使中人未分于存亡，下士抚掌而弗顾[1]。近而不可知者其唯物性乎。然不能自已，聊复寄心于动静之际，岂曰必然？	（接上页）从而使得中等理解的人对真理将信将疑，〔使得〕下等理解的人对真理嘲笑而置之不理。摆在眼前，却又搞不清楚的问题，恐怕就是关于事物本性的问题吧。可是我忍不住还要分析一下变与不变的关系问题。不敢说一定正确。
试论之曰：《道行》[2]云：诸法本无所从来，去亦无所至。《中观》[3]云：观方知彼去，去者不至方。斯皆即动而求静，以知物不迁明矣。	试图论述如下：《道行经》说：一切事物不是从另外的地方变来的，也不会变到另外的地方去。《中论》说：事物好像变到另外的地方，但实际上没有变到另外的地方去。这都是通过事物的变以论证事物的不变。由此可知，事物不变，最明显不过。

---

[1]《老子》四十一章："上士闻道，勤而行之；中士闻道，若存若亡；下士闻道，大笑之……"我曾译作"上士听见了'道'的道理，赶快照着实施；中士听见了'道'的道理，将信将疑；下士听见了'道'的道理，就认为空洞而加以诽笑……"

[2]《道行般若经》，（东汉）支娄迦谶译，卷九《萨陀波伦菩萨品》："空本无所从来，去亦无所至。"

[3]《中论》，鸠摩罗什译，卷一《观去来品》："已去无有去，未去亦无去。离已去未去，去时亦无去。"

续表

[附]《物不迁论》今译	
夫人之所谓动者，以昔物不至今，故曰动而非静；我之所谓静者，亦以昔物不至今，故曰静而非动。动而非静，以其不来；静而非动，以其不去。然则所造未尝异，所见未尝同。逆之所谓塞，顺之所谓通。苟得其道，复何滞哉？	一般人所谓变，他们的根据是过去的事物不会延续到现在，从而说事物是变的而不是不变的；我所谓〔事物〕不变的根据也是说过去的事物不会延续到现在，所以说事物是不变的而不是变动的。认为事物是变，根据是过去的事物不延续到现在；认为事物是不变，根据是现在的事物没有消逝。可见〔持这两种见解的人〕所接触到的问题虽然是一个，双方的理解却大不相同。违反真理的就是错误，符合真理的就是正确[1]。如果真正掌握了真理，又有什么想不通的呢？
伤夫人情之惑久矣，目对真而莫觉！既知往物而不来，而谓今物而可往！往物既不来，今物何所往？	可怜呵，人们这种迷惑思想由来已久了，面对着真理，竟熟视无睹！既知过去的事物不会延续到现在，却说现在的事物可以延续到将来！过去的事物既然不能延续到现在，现在的事物又怎能延续到将来？

---

[1] 这里意译"逆之所谓塞，顺之所谓通"。

续表

[附]《物不迁论》今译	
何则？求向物于向，于向未尝无；责向物于今，于今未尝有。于今未尝有，以明物不来；于向未尝无，故知物不去。复而求今，今亦不往。是谓昔物自在昔，不从今以至昔；今物自在今，不从昔以至今。故仲尼曰：回也见新，交臂非故[1]。如此，则物不相往来，明矣。既无往返之微朕，有何物而可动乎？然则旋岚[2]偃岳而常静，江河竞注而不流，野马飘鼓而不动，日月历天而不周。复何怪哉？	为什么？在已过去的时间里找过去的事物，它在过去未尝没有存在过；在现在的时间里找过去的事物，的确找不到它。既然现在不包括过去的东西，可见〔过去的〕事物不曾延续到现在；过去的时间里本来包括过去的东西，可见事物不会延续到将来。反过来看现在的事物〔和将来的关系〕，现在的事物也不会延续到将来。这就是说，过去的事物本来只存在于过去，不应从现在联系到它的过去；现在的事物本来只存在于现在，不应从过去延续到现在。所以孔子说：颜回随时认识到事物的新变化。这样看来，事物不在时间里变化，是再清楚不过的。既然过去、现在之间没有丝毫联系的迹象，又有什么事物可以说它有运动变化呢？那么，说狂吹着的暴风十分安静，说滚滚的江河不在奔流，说飘荡着的微尘没有游动，说经天的日月未尝巡回，还有什么值得奇怪的呢？

[1] 《庄子·田子方》："丘以是日徂。吾终身与汝交一臂而失之。可不哀与？"《庄子》原意是说事物的变化一刻也不停留。

[2] 旋岚，元康《肇论疏》，岚作兰。这是梵文 Vairambhaka 的音译。慧苑的《音义》："毗兰风，正云吠兰婆。'吠'者散也，'兰婆'者所至也。曰此风所至之处，悉皆散坏也。又云毗者不也，兰婆者迟也。谓此风行最迅疾也。旧翻为迅猛风，是也。"又慧琳《一切经音义》十三，"吠岚僧伽，劫灾时大猛风也。此风猛暴，能坏世界"。

续表

[附]《物不迁论》今译	
噫！圣人有言曰：人命逝速，速于川流。是以声闻[1]悟非常以成道；缘觉[2]觉缘离以即真。苟万动而非化，岂寻化以阶道？复寻圣言，微隐难测。若动而静，似去而留。可以神会，难以事求。是以言去不必去，闲人之常想；称住不必住，释人之所谓（据元康疏，"住"应作"往"）耳。岂曰去而可遣，住而可留耶！	啊！圣人（佛）说得好：人的生命的消逝，比流水消逝得还快。因此，"声闻"的人，听到世界并非永恒的道理而相信了真理；"缘觉"的人通过对于事物现象的分析因而达到真理。如果只认为万物在变动而不是幻化，又怎能通过幻化以逐步上升到真理？反复体会圣人的教导，实在高深奥妙，难以常情揣测。世界看来像运动，实际是静止；看来像消逝，实际在停留。只能从精神上体会，难以从事实上寻求。因此，说消逝，未必真消逝，这是为了防止一般人所坚持的永恒观念；称停留，未必真停留，这是为了解除一般人所谓逝去的偏见罢了。怎么能一说到变化，就认为可以送走？一说到不变，就认为可停留？
故《成具》[3]云：菩萨处计常之中而演非常之教。（转下页）	《成具》说，菩萨生活在〔一般人〕认为不变的世界里，却进行打破不变的成见的说教。（转下页）

---

[1] 声闻，佛教认为有一种人只有听到佛的亲自教导才能理解和接受佛教宗教原理。

[2] 缘觉，佛教认为有一种人比声闻的人理解能力高明一些，他们可以通过分析事物的关系，从而认识到世界不过是许多关系（众缘）的集合体，其实现实世界是不存在的。他们由此接受佛教的宗教原理。

[3]《成具》，《成具光明定意经》的简称，汉支曜译。经文是"处计常之中，而知无常之谛"。

续表

[附]《物不迁论》今译	
(接上页)《摩诃衍论》[1]云：诸法不动，无去来处。斯皆导达群方，两言一会，岂曰文殊而乖其致哉？是以言常而不住，称去而不迁。不迁，故虽往而常静；不住，故虽静而常往。虽静而常往，故往而弗迁；虽往而常静，故静而弗留矣。然则庄生之所以藏山[2]，仲尼之所以临川[3]，斯皆感往者之难留，岂曰排今而可往？是以观圣人心者，不同人之所见得也。	(接上页)《大智度论》说，一切事物是不变的，没有来处，也没有去处。这都是为了开导世俗人而说的。两种典籍的说法（经说，非常即常；论说，不动而动），其实是一个道理，并非由于辞句不同而原理就有所分歧。因此，说不变并非停止，说消逝并非变化。〔由于事物〕不变，虽消逝而经常不变；〔由于事物〕不停止，虽不变而经常在消逝。虽不变而经常在消逝，所以虽消逝而没有变化；虽消逝而经常不变，所以虽不变而没有停留。那么，庄周之所以"藏山"，孔子之所以"临川"，都是深感事物逝去之难以挽留，何尝认为现在的事物延续为将来〔的事物〕？因此，能体会圣人的精神实质的人，和一般世俗见解是不同的。

[1]《大智度论》，鸠摩罗什译，卷五一，《含受品》："须菩提，一切诸法不动相故。是法无来处，无去处，无住处。"

[2] 藏山，《庄子·大宗师》："夫藏舟于壑，藏山于泽，谓之固矣。然而夜半有力者负之而走，昧者不知也。"这是说一切事物都在潜移默化，虽看不见，山也在变，舟也在变。

[3] 临川，《论语·子罕》："子在川上曰：逝者如斯夫，不舍昼夜。"

续表

[附]《物不迁论》今译	
何者？人则谓少壮同体，百龄一质，徒知年往，不觉形随。是以梵志出家，白首而归。邻人见之曰：昔人尚存乎？梵志曰：吾犹昔人，非昔人也。邻人皆愕然，非其言也。所谓有力者负之而趋[1]，昧者不觉，其斯之谓欤？	为什么？一般人总认为人从少年到壮年是同一个躯体，活到一百岁，还是这个躯体。他们只知道年龄在消逝而不感到人的躯体随着年龄一同变迁。所以梵志出家，头发白了，回家后，邻人们见了他，说从前的梵志还在吗？梵志说，我好像当年的梵志，又不是当年的梵志。邻人听了感到惊讶，认为他乱说。〔庄周〕所谓"有力者（造化）背着天地奔驰，熟睡的人还不觉得"，难道不正是这个意思吗？
是以如来因群情之所滞，则方言以辨惑，乘莫二之真心，吐不一之殊教，乖而不可异者，其唯圣言乎？	因此，如来佛根据世俗人想不通的地方，用种种解说消除人们的迷惑，用真理进行各种不同的说教。只有佛的教导才能使人们通过不同的途径达到唯一的真理！
故谈真有不迁之称，导俗有流动之说。虽复千途异唱。会归同致矣。而征文者，闻不迁，则谓昔物不至今；（转下页）	所以，就真理而言，就有事物不变的说法；为了引导世俗的人便于理解，就有〔事物〕有变化的说法。尽管有一千种不同的论调，而最后归宿到一个原理。至于那些死抠字眼的人，一听到不变之说，就认为过去的事物不会延续到现在；（转下页）

---

[1] "有力者负之而趋"，参看前页注[2]。

续表

[附]《物不迁论》今译	
（接上页）聆流动者，而谓今物可至昔。既曰古今，而欲迁之者，何也？是以言往不必往，古今常存，以其不动；称去不必去，谓不从今至古，以其不来。不来，故不驰骋于古今，不动，故各性住于一世。然则群籍殊文，百家异说，苟得其会，岂殊文之能惑哉？	（接上页）听到变化之说，就认为现在的事物可以联系到过去。既然叫作过去和现在〔就是认为过去的事物不同于现在的事物〕，为什么硬要认定事物有变化呢？因此，说〔事物〕过去了，未必它真正过去，古〔总是古〕今〔总是今〕的区别总是有的，因为它〔事物〕是不变的；说事物消逝了，未必它真正地消逝，只是说，不要从现在联系到它的过去，因为过去不会延续到现在。〔事物〕不会从过去延续到现在，所以不必枉费精神于古今之间，〔事物〕不变，所以它只分别地停留在它所停留的某一时间阶段。那么，〔尽管〕经籍的文句不同，百家的学说各异，如果掌握住它的纲领，文句的不同，难道就能困惑我们吗？
是以人之所谓住，我则言其去；人之所谓去，我则言其住。然则去住虽殊，其致一也。故经云[1]：正言似反，谁当信者？斯言有由矣。	因此，一般人所谓不变，我就说它是消逝的；一般人所谓消逝，我就说它是不变的。那么，消逝与不变，在说法上有差别，而原则上没有两样。所以《佛经》说，正面的话好似反面的话，几个人能懂呢？〔但是〕这话是有根据的。

---

[1] 这里的"经云"是指的《普曜经》西晋竺法护译，《商人奉麨品》："万物无常，有身皆苦。身为非身，空无所有。众人不解，庸苦疲劳。所有亲戚家属，悉非人所。正言似反，谁肯信者？"

续表

〔附〕《物不迁论》今译	
何者？人则求古于今，谓其不住；吾则求今于古，知其不去。今若至古，古应有今；古若至今，今应有古。今而无古，以知不来；古而无今，以知不去。若古不至今，今亦不至古，事各性住于一世，有何物而可去来？然则四象风驰，璇玑[1]电卷，得意毫微，虽速而不转。是以如来功流万世而常存，道通百劫[2]而弥固。（转下页）	为什么？人们总是在现在中寻找过去，因为〔他们认为〕它（事物）是变化的；我却在过去中寻找现在，因而知道它（事物）的不变。现在若能联系到过去，过去应包括现在；过去若能延续到现在，现在应该包括着过去，〔而事实上〕现在不包括着过去，可见过去没有延续到现在；过去不包括着现在，可见现在不会延续到将来。如果过去没有延续到现在，现在也不会回到过去，事物各自停留在一定的阶段（译者按：这是说过去的事物只存在于过去，现在的事物只存在于现在，将来的事物只存在于将来），还有什么事物可以说得上有过去和将来呢？那么，春夏秋冬的变化，日月星辰的运行，即使它们飞快地运动着，如果从本质上看，也可以说它们是不动的。因此，即使万世之后，佛的功业也是常存的；即使世界毁灭一百次，真理（道）将更加坚实而不可动摇。（转下页）

---

[1] 璇玑，北斗星座的第二颗叫作璇，第三颗叫作玑。北斗星的柄部是随着四时的推移而旋转的，这是人们部认为不必怀疑的常识。而僧肇硬说它们其实还是没有变化。

[2] 劫，佛经认为世界经历若干万年毁灭一次，重新再开始。这样一个周期叫作一"劫"。"劫"的时间长短，佛经有各种不同的说法。

续表

〔附〕《物不迁论》今译	
（接上页）成山假就于始篑，修途托至于初步，果以功业不可朽故也。功业不可朽，故虽在昔而不化，不化故不迁。不迁故，则湛然明矣。故经云：三灾[1]弥纶而行业[2]湛然，信其言也。	（接上页）造山由第一筐土堆起，长途旅行从第一步开始。就是说，佛的功业是不可毁坏的；功业不可毁坏，所以它虽然过去，也不会消逝（化）。不消逝，所以不变。事物不变化的道理，显而易见了。所以，佛经上说，尽管经历了水、火、风三灾，而每人所造下的"业"却永远抹不掉。这话是不错的。
何者？果不俱因，因因而果。因因而果，因不昔灭。果不俱因，因不来今。不灭不来，则不迁之致明矣。复何惑于去留，踟蹰于动静之间哉？然则乾坤倒覆，无谓不静，洪流滔天，无谓其动。苟能契神于即物，斯不远而可知矣。	为什么？果与因不同时存在。对因而言，叫它作果，〔所以〕因不会在从前就消灭；果与因不同时存在，〔所以过去的〕因不会延续到现在。既然过去的事物不会消灭，不会延续到现在，那么事物不变的道理就很明显了。对于去和留还有什么迷惑，对于动和不动〔的道理〕还有什么疑惑的呢？那么，〔即使〕天翻地覆，也不能认为不是静止；〔即使〕洪流滔天，也不能认为它在运动。如果能深入领会当前事物的实质，不变的道理就不难理解了。

[1] 三灾，佛经常讲到世界到了毁灭时期，会发生火灾、水灾、风灾。这里的"经云"没有说明是什么经。在后秦佛陀耶舍和竺佛念译的《长阿含经》卷二一，也讲到三灾。僧肇曾参加这次的翻译工作，并为此经写过序，这里可能指的是这部经。

[2] 行业，佛教认为一个人的活动（包括意识活动）一经发生，它就不会消除，它将引起善或恶的报应的后果。因果报应使人永远陷于轮回的灾难。只有相信佛教的教义，出家，能免于因果报应。

附记：关于事物发展、变化、运动的认识，古人往往有很精辟的见解，但是和现代人比起来，他们毕竟还是粗略了一些，没有我们今天了解得细致、精确。古人讲到变与不变、运动和静止，经常用"静"和"动"来表达；至于发展的观念，就更不明确了。《物不迁论》中用的"动""静"，有时译作变（动）与不变（静）。

原文中有省略的字或词，译文中用〔　〕中的字或词把它补足。

关于《不真空论》

任继愈谈汉唐佛教思想

关于《不真空论》

僧肇从宗教唯心主义观点否认事物的变化、发展，这一论点集中表现在他的《物不迁论》中。僧肇还不承认一切事物的物质性，认为客观世界是虚幻不实的。客观世界既然虚幻不实，人们即不应当对这一虚幻不实的世界有所取有所舍，应当放弃对客观世界的改造，教人以全力追求佛教的精神世界。

僧肇不同于当时一般拙劣的唯心主义流派，如小乘佛教那样，硬不承认外界的办法，他采取了比较隐蔽的办法，他先说世界的多种现象是"有"的；然后进一步分析，这些多种现象是不真实的，不过是虚假的现象。他说，如果认识现象界是虚假、不真实的，如果把它当作假的现象看，说它是"有"也是可以的。他认为，如果说连虚假的现象也没有，世界只是茫茫一片空虚，必然会与人们的生活经验发生抵触，这对引导人们接近佛教的真理反而不利。正如《不真空论》所说的："譬如幻化人，非无幻化人；幻化人非真人也。"唯心主义者把现象界的存在比作幻影，他们说，幻影的人物和故事情节还是有的，只是那些人物和故事不是真的，而是随时变幻着的影子而已。因此，我们说，僧肇的否认外物存在的手法是比较巧妙、细致的。它和《物不迁论》反对运动的那篇重要论文是互相配合的姊妹篇，都是对哲学的根本问题提出了和科学、常识相反的论证。《物不迁论》是宣扬形而上学的著作，这一篇则是一篇宣扬唯心主义的著作。

有些人望文生义，说《不真空论》是讲的"不真空"的原理，这是不对的。这一篇意思是说诸法只是假号，是"不真实"的，所以说它是"空"的。

在这一篇文章里也涉及名实关系的问题，他认为名不反映实，因为实本身就是不真实的。从而引导人们走向名与实没有关系的错误结论。它还认为一切事物的差别，不是事物本身具有的，事物本身无所谓差别（"即物之自虚"）"不假虚而虚物"。所谓差别，只是人们主观加给物的，是人们把物当作物，"物物"的结果。他的唯心主义认识论，集中表现在他另一篇文章《般若无知论》中，这里没有展开论证。

僧肇把一切现象都说成虚幻不实的，这是他的宣扬佛教宗教世界观的一种手法，他的最终目的并非真正教人"空"掉了一切。他否认了现象世界的一切，正是为了引导人走向一个永恒、不变、圆满、最真实的宗教精神世界，在那个彼岸世界是真实存在的，不是虚幻的；那个世界和现实世界恰恰相反，它是真实的，所以不是空的。也就是说：现实世界是不真实的，所以是空的；宗教精神世界是真实的，所以是不空的。如果认为僧肇主张一切完全空无，这是不对的。

关于《不真空论》

[附]《不真空论》今译

夫至虚无生者，盖是般若[1]玄鉴之妙趣，有物之宗极者也。自非圣明特达，何能契神于有无之间哉？是以至人通神心于无穷，穷所不能滞，极耳目于视听，声色所不能制者，岂不以其即万物之自虚，故物不能累其神明者也？是以圣人乘真心而理顺，则无滞而不通；审一气以观化，故所遇而顺适。无滞而不通，故能混杂致淳；所遇而顺适，故则触物而一，如此，则万象虽殊，而不能自异。不能自异，故知象非真象；象非真象，故则虽象而非象。	一切虚无，没有实体，这是般若深远的神妙宗旨，是万物的最高原则。如果不具有圣人超越的理解，怎能对有和无有深入的体会？因此，圣人以超人的智慧探究无限的领域，而不受任何障碍，〔圣人〕尽量接触外界，而外界的形象局限不了他的认识，〔圣人之所以能够如此〕难道不是由于他把万物看作本来就是虚无的，因而他的精神才不受外物的干扰吗？因此，圣人用真理去对待事物，就不会有所滞碍；从统一的原则观察万物的变化，就不会与外界发生抵触。不会有所滞碍，所以能透过复杂的现象达到纯一的真理；不与外界发生抵触，所以能泯除外界的差别。这样，世界万物虽表现差别，这种差别〔是人加给它们的〕不是万物自己本来具有的。〔既然〕万物自身本不具有差别，可见现象不真实。现象既不真实，所以现象不是〔真实的〕现象。

---

[1] 般若，是梵语的音译，是"智慧"的意思。佛经说这种智慧只有佛才能完全得到。它和一般人正常的认识完全相反。佛教抹杀了主客观的对立，这是一种宗教神秘主义的认识论原则。般若不是用来认识客观对象的知识（因为佛教不承认有所谓客观事物的存在），而是用来体验宗教神秘主义的本体的直观。

续表

[附]《不真空论》今译	
然则物我同根，是非一气，潜微幽隐，殆非群情之所尽。故顷尔谈论，至于虚宗，每有不同。夫以不同而适同，有何物而可同哉？故众论竞作而性莫同焉。何则？	那么〔现在说〕客观和主观、是和非都是一个根源，其深奥微妙，绝不是一般人所能理解的。所以近来的谈论，对于佛教空宗学说，经常存在着分歧。从不同的观点对待一个问题，那还有什么可以取得一致的地方呢？所以多种学说纷纷出现，而认识无法取得一致。为什么？
"心无"者[1]，无心于万物，万物未尝无。此得在于神静，失在于物虚。	"心无"这一派，他们只是主观方面排除万物对心的干扰，但没有否认万物的存在。这一派的优点在于使心神安静（不受外物的干扰），错误在于没有取消外界的存在。
"即色"者[2]，明色不自色，故虽色而非色也。（转下页）	"即色"这一派，论证物质不是自己形成的，所以它不是物质的。（转下页）

---

[1] 心无，南北朝时六家七宗中的一派，这一派具有唯物主义倾向，佛教正统派认为它是异端。《世说新语》："愍度道人始欲渡江，与一伧道人为侣。谋曰：用旧义，在江东恐不办得食，便共立心无义。既而此道人不成渡。愍度果讲义积年。后有伧人来，先道人寄语云：为我致意愍度，无义那可立。治此计，权救饥耳，无为遂负如来也。"这一段记载是正统派对心无派的挖苦，不可信。法汰传见《梁高僧传》卷五。

[2] 即色，六家七宗中的一派，以支遁为代表，主张"夫色之性也，不自有色，虽色而空"。

续表

[附]《不真空论》今译	
（接上页）夫言色者，但当色即色，岂待色而后为色哉？此直语色不自色，未领色之非色也。	（接上页）所谓物质，由于方便才把它看作物质的，何尝是把事物赋予物质性才算是物质呢？这一派只是说明了物质不是自己形成的，还没有认识到物质现象本来就是非物质性的。
"本无"者[1]，情尚于无多，触言以宾无。故非有，有即无；非无，无即无。寻夫立文之本旨者，直以非有非真有，非无非真无耳。何必非有无此有，非无无彼无？此直好无之谈，岂谓顺通事实，即物之情哉？ 夫以物物于物，则所物而可物；以物物非物，故虽物而非物。是以物不即名而就实，名不即物而履真。然则真谛独静于名教之外，岂曰文言之能辩哉？	"本无"这一派，偏重在"无"，从理论上抬高"无"的地位。所以〔它〕否认事物的有，〔认为〕有离不开无；否认事物的无，〔认为〕无也离不开无。探究〔圣人〕立教的本意，不过是告诉人们，非有，不是真有；非无，不是真无罢了。为什么一定说非有，就是没有这个"有"，非无，就是没有那个"无"？这乃是好无的言论，哪里算得上符合事实，符合事物实际情况呢？ 用物的名强加给物，那么凡是被指名的，都可被称为物；用物的名加给非物，那么它虽然被加上物之名，而实际上不是物。因此，物不是由于它有了物之名就符合于它的实；物之名也不是它加给了物它就是真实的。那么，真理乃是超然于名称概念之外的，哪里是文字、语言所能说得清楚的呢？

---

[1]　"本无"是六家七宗中的一派，势力最大，以道安为代表人物，主张"无在万化之先，空为众形之始"。

续表

[附]《不真空论》今译	
然不能杜默,聊复厝言以拟之。试论之曰:《摩诃衍论》[1]云:诸法亦非有相,亦非无相。《中论》[2]云,诸法不有不无者,第一真谛也。寻夫不有不无者,岂谓涤除万物,杜塞视听,寂寥虚豁,然后为真谛者乎?诚以即物顺通,故物莫之逆;即伪即真,故性莫之易。性莫之易,故虽无而有;物莫之逆,故虽有而无。虽有而无,所谓非有;虽无而有,所谓非无。如此,则非无物也,物非真物。物非真物,故于何而可物?(转下页)	但是,〔我〕不能沉默,姑且说几句来论证有无的关系。试作以下的议论:《大智度论》说,诸法既不是固定的形相;也不是非固定的形相。《中论》说,所以说诸法既不是有又不是无,因为这里说的是最后的真理(第一真谛)。我们探究不有不无,难道是说把万物从世界上清除掉,把耳目感官封闭起来,把世界看成空荡荡的,这样然后才算是体现了最后的真理吗?〔当然不是〕实际上是说顺应外物而不摒弃它,而外物也不会和我们的认识抵触;不脱离假象又不脱离真实,所以本性就不会有所丧失。本性不会丧失,所以虽然是无,却又是有;外物与认识不抵触,所以虽然是有,却又是无。虽然是有却又是无,这就是所谓"非有";虽然是无却又是有,这就是所谓"非无"。这样,并非说没有外物,〔只不过是〕外物不真实罢了。外物不真实,那么何从给物强加以物之名呢?(转下页)

---

[1]《元康疏》《大智度论》卷六:"若法因缘生,是法性实空。若此法不空,不从因缘有。譬如镜中像,非镜亦非面;亦非持镜人。非自非无因;非有亦非无;亦复非有无。此语亦不受,如是名中道。"

[2] "若使无有无,云何当有无。有无既已无,知有无者谁?"(《元康疏》)

	[附]《不真空论》今译
(接上页)故经[1]云:"色之性空,非色败空。"以明夫圣人之于物也,即万物之自虚,岂待宰割以求通哉?	(接上页)所以佛经说:"物质〔之作为物质〕本质就是不真实(空)的,并非物质毁灭后,它才是空的。"由此可见圣人对于物的态度,是认为本来就不真实,何尝机械地把世界分割为有无,然后才贯彻空无的原理呢?
是以寝疾[2]有不真之谈,《超日》[3]有即虚之称。然则三藏殊文,统之者一也。故《放光》[4]云,第一真谛,无成无得;世俗谛故,便有成有得。夫有得即是无得之伪号,无得即是有得之真名。真名,故虽真而非有;伪号,故虽伪而非无。(转下页)	因此,〔《维摩经》〕有患病不是真病的说法,《超日明三昧经》中有四大(地、水、火、风)是虚幻的说法。尽管佛经的词句不同,其原则是一样的。所以《放光般若经》说,从真谛的观点看,没有所谓各个修炼的阶段和成就;如果从俗谛的观点看,就有所谓各个修炼的阶段和成就。有成就是无成就的假号,无成就是有成就的真名。因为是真名,所以虽真实,而非有;假号,所以虽虚假,而非无。(转下页)

[1] 鸠摩罗什译《维摩诘经》卷中《人不二法门品》:"色色空为二。色即是空,非色灭空,色性自空。如是受、想、行、识,识空为二。"这一观点,僧肇在《维摩经注》中有解释。他说:"色即是空,不待色灭然后为空。是以见色异于空者,则二于法相也。"

[2] 寝疾《维摩经·文殊师利问疾品》:"如我此病非真、非有,众生病亦非真非有。"

[3] 《超日》《超日明三昧经》,西晋聂承远译。

[4] 《放光般若经》卷五:"须菩提言,有所逮,有所得,不以二世俗之事有逮有得。但以世事故有须陀洹、斯陀含、阿那含、阿罗汉、辟支佛,有佛。欲论最第一者,无有逮,无有得。从须陀洹上至佛,亦无逮,亦无得。"

续表

[附]《不真空论》今译	
（接上页）是以言真未尝有，言伪未尝无。二言未始一，二理未始殊。故经[1]云，真谛俗谛，谓有异耶？答曰，无异也。此经直辨真谛以明非有，俗谛以明非无。岂以谛二而二于物哉？	（接上页）因此，说〔它是〕真，却未尝实有，说〔它是〕假，却未尝空无。两种说法不同，其中道理一致。所以佛经说：真谛与俗谛，能说它们有差别吗？答曰：没有差别。这是佛经通过真谛以阐明非有；又通过俗谛以阐明非无的道理。哪里可以说有〔真谛、俗谛〕两种观点，便认为道理也有两种呢？
然则万物果有其所以不有，有其所以不无。有其所以不有，故虽有而非有；有其所以不无，故虽无而非无。虽无而非无，无者不绝虚；虽有而非有，有者非真有。若有不即真，无不夷迹，然则有无称异，其致一也。	那么，万物究竟有它所以不存在的一方面，也有它所以不是不存在的一方面。〔万物〕有它所以不存在的一方面，所以〔它〕虽然存在，而非存在；〔万物〕有它所以不是不存在的一方面，所以〔它〕虽然不存在，而非不存在。〔万物〕虽然是无，而又不是无，〔因为这里所谓〕无不是绝对的虚空；〔万物〕虽然是有，而又不是有，〔因为这里所谓〕有不是真正的有。如果说，有不就是真实，无不是消除形迹，那么，有和无称谓不同，归宿则一。

---

[1]《摩诃般若波罗蜜经》卷二二《道树品》："世尊，世谛、第一义谛有异耶？须菩提，世谛、第一义谛无异也。何以故？世谛如，即是第一义谛如。以众不知不见是如故。"

续表

〔附〕《不真空论》今译	
故童子[1]叹曰:"说法不有亦不无,以因缘故诸法生。"《璎珞经》[2]云:"转法轮者,亦非有转,亦非无转,是谓转无所转。"此乃众经之微言也。	所以童子慨叹说:"说法不是有也不是无,只是由于因缘的缘故,诸法才产生。"《璎珞经》说:"所谓转法轮,既不是有法轮在转,也不是无法轮在转,而是说转就是不转。"许多经典都是宣讲这个道理。
何者?谓物无耶,则邪见非惑;谓物有耶,则常见为得。(转下页)	为什么?如果说物是空无的,那么,〔相信世界是空无的〕邪说就不是错误的了;如果说物是实有的,那么,〔相信世界是〕永恒不变的错误学说就可以算作正确的了。(转下页)

---

[1]《维摩经·佛国品》:"长者子宝积作偈:说法不有亦不无,以因缘故诸法生。无我无造无受者,善恶之业亦不亡。"

又《注维摩经》卷一:肇曰:"欲言其有,有不自生。欲言其无,缘会即形。会形非谓无,非自非谓有。且有有故有无,无有何所无?有无故有有,无无何所有?然则自有则不有,自无则不无。此法王之正说也。有亦不由缘,无亦不由缘。以法非有无,故由因缘生。

"论曰:法从缘故不有,缘起故不无。诸法皆从缘生耳。无别有真主宰之者,故无我也。夫以有我,故能造善恶,受祸福法。既无我,故无造无受者也。若无造无受者,则不应有为善获福,为恶致殃也。然众生心识相传,善恶由起。报应之道,连环相袭。其犹声和响顺,形直影端。此自然之理无差毫分。复何假常我而主之哉?"

[2]《璎珞经》,即《菩萨璎珞经》(姚秦竺佛念译)卷一三:"文殊师利三白佛言,法有生灭,法无生灭?一切诸佛,所转法轮,为有转耶,为无转耶……诸佛正法亦不有转,亦不无转……诸法如空,故无有转,故无无转。"

续表

[附]《不真空论》今译	
（接上页）以物非无，故邪见为惑；以物非有，故常见不得。然则非有非无者，信真谛之谈也。故《道行》[1]云："心亦不有亦不无。"《中观》[2]云，物从因缘故不有，缘起故不无。寻理，即其然矣。所以然者，夫有若真有，有自常有，岂待缘而后有哉？譬彼真无，无自常无，岂待缘而后无也？若有不能自有，待缘而后有者，故知有非真有。有非真有，虽有，不可谓之有矣。不无者，夫无则湛然不动，可谓之无，万物若无，则不应起，起则非无，以明缘起，故不无也。	（接上页）正是由于物不是空无的，所以〔我们认为主张空无的〕邪说是错误的；正是由于物不是实在的，所以〔我们认为主张永恒不变的〕邪说没有得到真理。那么，〔只有认为事物〕非有、非无的观点才真是真理。所以《道行经》说："心既不是有，也不是无。"《中论》说，物从因缘产生的，所以不能说它是有；它又是由缘而起，所以不能说它是无。按照真理，就是如此的。其所以是如此，〔是由于〕有，如果是真有，〔那么〕有应当永远是有，哪里等待条件然后才有有？也正如真正的无，无应当永远是无，哪里待缘而后才成为无？如果说有不能自己构成有，需要有一定的条件〔而后构成有〕，可知有不是真有。有不是真有，虽然叫作有，也不能认为是有。〔所谓世界〕不是无，〔因为只有〕湛然不动，才可以叫作无。万物如果是无，就不应有万物的发生，有万物的发生，就不是无，万物既是由条件构成，所以不是无。

---

[1]《道行》，即《道行般若》（后汉支娄迦谶译）卷一："舍利弗谓须菩提，何而心亦不有亦不无，亦不能得？"

[2]《中论》卷四《观四谛品》："众因缘生法，我说即是空。何以故？众缘具足，和合而物生。是物属众因缘，故无自性。无自性故空。空亦复空。但为引导，故以假名说。离有无二边，故名中道。"

续表

	[附]《不真空论》今译
故《摩诃衍论》[1]云,一切诸法,一切因缘,故应有;一切诸法,一切因缘,故不应有;一切无法,一切因缘,故应有;一切有法,一切因缘,故不应有。寻此有无之言,岂直反论而已哉?	所以《大智度论》说:一切诸法,一切因缘,应当说有;一切诸法,一切因缘,所以不应有;一切无法,一切因缘,所以应有;一切有法,一切因缘,所以不应有。探究这些有和无的言论,哪里只是相反呢?
若应有即是有,不应言无;若应无即是无,不应言有。言有是为假有以明非无,借无以辨非有。此事一称二,其文有似不同。苟领其所同,则无异而不同。然则万法果有其所以不有,不可得而有;有其所以无,不可得而无。何则?欲言其有,有非真生;欲言其无,事象既形。形象不即无,非真非实有。然则不真空义显于兹矣。	如果认为世界万物是有,就不应说世界万物是无;若认为世界万物是无,就不应说世界万物是有。〔实际上〕说世界万物是有,为的是通过有,以表示〔世界万物〕不是空无;〔为的是〕通过无,以表明〔世界万物〕的非有。这是一回事的两种说法,字句上似乎有所不同。如果理解这个说法的相同部分,那就所有差异的东西都可以说是相同的。那么,一切的事物真能有它所以不有(存在)的根据,不能说它是有;同时又有它所不无的根据,不能说它是无。为什么?如果说它是有,有不是真正的存在;如果说它是无,事物却已出现。事物既已出现,不就是无,只是它不是真实的,不是实有罢了。那么,不真空的道理现在可以明白了。

[1]《大智度论》卷八〇:"一切法不自在,皆属因缘生。有人虽见一切法从因缘生,谓为从邪因缘生。邪因缘者微尘世性等。是故说不见法无因缘生,亦不见法从常因缘微尘世性生。"

续表

[附]《不真空论》今译	
故《放光》[1]云，诸法假号不真。譬如幻化人[2]，非无幻化人，幻化人非真人也。夫以名求物，物无当名之实。以物求名，名无得物之功。物无当名之实，非物也；名无得物之功，非名也。是以名不当实，实不当名。名实无当，万物安在？故《中观》[3]云：物无彼此[4]，而人以此为此，以彼为彼。彼亦以此为彼，以彼为此。此彼莫定乎一名，而惑者怀必然之志。然则彼此初非有，惑者初非无。（转下页）	所以《放光般若经》说：诸法是假的称号，不是真实的。譬如幻化人不是没有幻化人这回事，而是说幻化人不是真实的人罢了。那么，从物的概念（名）去认识物，物没有和名相当的实。从物去认识名，名没有表现实物的功能。物没有相当于它的名的实体，可见它不是〔名〕的物；名只能得到无物的结果，可见它不是〔物的〕名。因此，名不和它的实相当，实也不和它的名相当。名实既互不相当，哪里还有所谓万物？所以《中论》说：事物没有彼此的分别，只是人们把它当作此，或把它当作彼。同样，人们也可以把此当作彼，把彼当作此。此和彼不能由一个固定的名来决定，而糊涂人硬要认定它们有区别。而实际上，彼和此本来不能说是有（非有），糊涂人的见解也不能说是无。（转下页）

---

[1]《放光般若经》卷一八："佛告须菩提，名字者不真，假号为名，假号为五阴，假名为人为男为女。"

[2]《列子》："知幻化之不异生死也，始可与学幻矣。"

[3]《中论·观苦品》第七、第九偈："自作若不成，云何彼作苦？若彼人作苦，即亦名自作。"

[4] 彼此，"物无非彼，物无非是"（《庄子·齐物论》）。

〔附〕《不真空论》今译	
（接上页）既悟彼此之非有，有何物而可有哉？故知万物非真，假号久矣。是以《成具》[1]立强名之文，园林[2]托指马之况。如此，则深远之言，于何而不在？是以圣人乘千化而不变，履万惑而常通者，以其即万物之自虚，不假虚而虚物也。	（接上页）既然明白了彼和此是不存在，还有什么事物可以认为是有呢？可见万物不是真实的，〔叫作万物〕从来就是假的称号。因此，《成具光明定意经》有勉强建立"名"的说法，庄子有"指"和"马"的譬喻。这样，深远的理论，随处可见。因此圣人所以能通过千种变化，而他不变，经历无数的迷惑而不受其迷惑，正是由于他认识到万物本来是虚幻的，不是把万物说成虚幻它才是虚幻的。
故经[3]云：甚奇，世尊！不动真际为诸法立处，非离真而立处，立处即真也。然则道远乎哉？触事而真。圣远乎哉？体之即神！	所以佛经说：世尊，真是奇怪！不变的本体是诸法的依据，不是离开不变的本体另有所谓依据，因为所依据的即是不变的本体。那么，道〔离人们〕遥远吗？任何一件事物都有道，佛（圣）〔离人们〕遥远吗？随时体验，都可以显现出佛的神妙作用！

[1] 《成具光明定意经》："是法无所有法故，强为其名。"

[2] 庄子曾为蒙漆园吏，《齐物论》说："以指喻指之非指，不若以非指喻指之非指也。以马喻马之非马，不若以非马喻马之非马也。天地一指也，万物一马也。"

[3] 大意出于《摩诃般若波罗蜜多经》卷二五："须菩提白佛言，世尊，若实际即是众生际。菩萨则为建立实际于实际。世尊，若建立实际于实际，则为建立自性于自性。"

关于《般若无知论》

任继愈谈汉唐佛教思想

关于《般若无知论》

　　哲学的认识论，都是围绕主体与客体的关系开展的，都要回答主观认识能力与客观认识对象如何发生关系的，认识可能还是不可能。认识如果可能，有没有限度？认识如果不可能，又是如何不可能的？

　　哲学认识论问题，是建立在一定的哲学世界观的基础上的。世界是物质性的，还是非物质性的；这个世界是从来如此的、永恒不变的，还是发展变化的。对待上述这一系列的哲学根本问题，僧肇都站在唯物主义和辩证法的对立面。他的《物不迁论》，宣扬形而上学观点；他的《不真空论》，宣扬客观世界不真实，否认客观世界的物质性。僧肇与其他唯心主义者和形而上学者不同处在于他不是生硬地否认客观现象不存在，而是说世界上的东西存在，但是虚幻，不真实。他的形而上学也比过去的形而上学者圆滑，他不说事物没有变化，而是通过一些手法来论证出事物的变化不过是假象，实际上是不变的，从而得出，变正是体现了不变。

　　这一篇《般若无知论》是配合《不真空论》和《物不迁

论》，提出的一套比较精致的唯心主义认识论，反复论证人类认识是不可能的。

僧肇在《般若无知论》中，力图说明佛教般若（"圣智"）和通常人的认识（"惑智"）有本质的不同。他认为，通常人所讲的认识，只限于对现象世界片断的、虚幻对象的认识。而且这个现象世界本身就是虚幻不真实的，不过是人们主观意识造成的假象。僧肇生怕他的唯心主义发挥得不彻底，他一再反复申述，即使有人主张世界是虚无的，主张有一个最高的"无"这样的精神实体，这也不对。因为承认有这样一个实体的绝对存在，就有把世界独立于主观认识之外的嫌疑，连这样以无为本的观点也要破除，才能彻底奠立他的唯心主义神学认识论的基础。

根据以上的思想，僧肇提出了"般若无知"的说法。般若一词是印度佛教专用名词的音译。它是一种智慧，但不同于人们习惯理解的智慧。因为人们习惯的智慧用于认识、分析现实世界，与生活经验是一致的，承认主客观的存在，承认逻辑思维、推理作用。佛教的般若不是用来认识现实世界的，它是一种神秘的直观，译作智慧容易引起误解，不符合佛教的宗教哲学原义。僧肇和一些著名僧人都认为在中国语言里没有相当于印度般若的观念，主张不译。著名的翻译家玄奘曾提出"五不翻"的原则，"般若"即属于不翻之类。僧肇为了行文方便有时用"圣智"来表示"般若"，以区别世俗的"惑智"。与"般若"相当的最高精神是"真谛"。真谛虽然是最真实的，却不同于一般人认识上的任何一种实体。既不是有形相（"有"）的实体，也不是无形相（"无"）的实体。般若不同于通常人所谓的认识，这种认识是"无知"，却是"无所不知"。它是洞察一切、无所遗漏的"一切知"，即最全面最高的智慧，即"圣智"。

僧肇宣扬般若"无知"的目的，并不认为佛教智慧就像木石那样根本无知无觉，而是为了反对把客观物质世界看作真实的认识对象。符合科学实际的、经过千百万人实践所证明了的唯物主义反映论，在僧肇看来是颠倒，是"惑智"。正常的、符合科学的认识，是主体与客观对象的接触，通过感觉、思维才能得到的。僧肇极力反对这种唯物主义的认识论，他反复说明般若的对象不是任何具体的客观事物，不需要经过任何感觉和思维，不借助任何言语、文字，而是对无相的"真谛"（佛教的最高真理）的一种神秘直观。这样的神秘直观，只有圣人（佛）才能具备。圣人有异于常人的"神明"，他能"不知而自知，不为而自为"。

僧肇在这篇文章中采用了当时流行的自设问难和答辩的体裁。他站在宗教神学的立场，旗帜鲜明地向唯物主义认识论进攻。从他的九次反复答辩中，可以看到佛教唯心主义是如何论证其宗教教义的。

《般若无知论》向人们表明唯心主义是怎样设下陷阱的。如果按照他们指引的道路走去，必然被引到蒙昧主义。宗教神学与唯心主义一脉相通，相依为命。唯心主义哲学是精致的宗教，宗教是粗糙的唯心主义哲学。《般若无知论》给我们提供了生动的例证。

〔附〕《般若无知论》[1]	今译
夫般若[2]虚玄者，盖是三乘[3]之宗极也。诚真一之无差，然异端之论，纷然久矣。	般若〔这个〕虚寂的原理，可算得一切佛教徒公认的最高原理了，〔它〕是唯一的真理，但是长期以来〔对它〕有着各种错误的解释。
有天竺沙门鸠摩罗什者[4]，少践大方[5]，研几斯趣，独拔于言象之表，妙契于希夷之境。（转下页）	天竺沙门鸠摩罗什〔这个人〕，少年时就通达大道，钻研佛理，透过〔佛经〕语言文字的表面意义，深入体会〔佛教〕深奥的境界。（转下页）

---

[1] 原文据影印国家图书馆藏宋本《肇论中吴集解》。

[2] 般若，梵文Prajna的音译，旧译作"班若、波若、钵若、般罗若、钵剌若、波赖若"等，意译为"智"或"智慧"。佛教所谓智慧与一般所谓聪明智慧的意义根本不同。他们认为世界上有一种超越人类一般认识能力之上的神秘的直观认识能力，可以不依靠人们的感觉、思维、推理就可以得到最高的真理。佛教把这种神秘的认识叫作"般若"（智慧），而正常的认识，佛教叫作"惑"。他们为了区别于人们对智慧的含义，所以译为"般若"。

[3] 三乘，佛教认为信徒有三种达到不同解脱境界的修行途径，即所谓"声闻乘""缘觉乘""菩萨乘"。

[4] 鸠摩罗什（344—413），龟兹人（现属新疆）。天竺即印度不同的音译，鸠摩罗什留学印度，取了印度名字Kumārajiva，意为童寿。

[5] 大方，《老子》"大方无隅"，后人引申为"道"，庄子因之。《庄子·山木》"乃蹈乎大方"，又《庄子·徐无鬼》"知大方"，《庄子·秋水》"吾见笑于大方之家"。大方即大道。

续表

〔附〕《般若无知论》	今译
齐异学于迦夷,扬淳风以东扇。将爰烛殊方而匪耀凉土者,所以道不虚应,应必有由矣。	〔他〕在外国曾驳倒过异端邪说,〔如今〕又把佛教传播到东方来。他虽愿播佛教于远方,却〔不得不〕在凉国埋没着才智〔达十八年之久〕!〔可见〕佛教不是凭空传播的,要具备一定的条件。
弘始三年,岁次星纪[1],秦乘入国之谋[2],举师以来之。意也,北天之运,数其然矣。	弘始三年,正当辛丑年,秦国利用〔后凉〕入侵的时机,发兵把鸠摩罗什迎接了来。我想,佛教预言佛法将从北方转向东方,肯定要实现了。
大秦天王者[3],道契百王之端,德洽千载之下,游刃万机,弘道终日。信季俗苍生之所天,释迦遗法之所仗也。	大秦天王〔的〕道德符合以前百代圣王,他的恩惠〔能使〕千载后世受益。〔他〕每天〔既要〕处理繁忙的政事,〔又要〕宣扬佛法。乱世的百姓要靠他的保护,释迦遗教全靠他的支持。
时乃集义学沙门五百余人于逍遥观[4],躬执秦文与什公参定方等[5]。其所开拓者,岂唯当时之益,乃累劫之津梁矣。	当时在逍遥观召集通晓佛法的沙门五百余人,秦王与鸠摩罗什共同译述大乘经典。他们的贡献不只有益于当时,而且是永世渡人的桥梁。

[1] 弘始三年,后秦姚兴年号,即401年。星纪:是指岁星处于五位。弘始三年正当丑年,所以说"岁次星纪"。

[2] 僧肇不说姚秦对后凉进兵,却说后凉向姚秦侵略,秦才去应战,这是对姚秦统治者的阿谀奉承。

[3] 大秦天王,是对后秦王姚兴的尊称。

[4] 秦王有逍遥园,逍遥观是一所宫殿,在园中。

[5] 方等,泛指大乘经典。

续表

[附]《般若无知论》	今译
余以短乏，会厕嘉会，以为上闻异要，始于时也。	像才疏学浅的我，有幸参与译场盛会，听到罗什关于般若的异闻要义，是从这时开始的。
然则，圣智幽微，深隐难测。无相无名，乃非言象之所得。为试惘象[1]其怀，寄之狂言耳，岂曰圣心而可辨哉？	但是，圣（佛）智深奥，难以常情测度，〔它〕既无形象，又非概念，绝不是通过言语所能理解的。姑且以无心的态度，狂言的方式谈谈〔自己的看法〕。佛的智慧（圣心）哪能用言语讲得清楚呢？
试论之曰，《放光》[2]云"般若无所有相，无生灭相。"《道行》[3]云："般若无所知，无所见。"此辨智照之用，而目无相无知者何耶？果有无相之知，不知之照，明矣。	试作以下的论述：《放光般若经》说："〔对于〕般若，它不具有无相，也不具有生灭相。"《道行经》说，"般若没有〔世俗所谓〕知识，没有〔世俗所谓〕见闻。"明明说的是关于般若智照的作用，却说它没有实体，没知识，这是为什么？可见的确存在着没有实体的知识，存在着没知识的洞察（照），再明白不过了。

[1]《庄子·天地》："黄帝游乎赤水之北，登乎昆仑之丘，而南望还归，遗其玄珠。使知索之而不得，使离朱索之而不得，使吃诟索之而不得也。乃使象罔，象罔得之。黄帝曰：'异哉，象罔乃可以得之乎！'"此处"惘象"当为"象罔"，文小异而义同。庄子认为通过知识，通过感觉，通过语言都不可能得到真理（玄珠），通过无心（象罔）反而得到真理。僧肇借用了庄子的寓言。

[2]《放光般若经》卷一四："佛言，般若波罗蜜，如虚空相。亦非相，亦不作相。"

[3]《道行般若经》卷一："何所是菩萨般若波罗蜜，当何从说菩萨都不可得见，亦不可知处。"

续表

[附]《般若无知论》	今译
何者？夫有所知则有所不知。以圣心无知，故无所不知。不知之知，乃曰一切知。故经[1]云："圣心无所知，无所不知。"信矣。是以圣人虚其心而实其照，终日知而未尝知也。故能默耀韬光，虚心玄鉴，闭智塞聪，而独觉冥冥[2]者矣。	为什么？〔因为〕有所知就有所不知。因为圣人（佛）无知，所以〔它才〕无所不知。〔这种〕不知的知，才算得上一切知。所以佛经说："圣心是无所知〔的，它才〕无所不知。"这话一点不假。因此，圣人（佛）使自己的心思〔保持〕虚静而使自己的洞察〔保持〕充实，〔佛〕虽有认识（知）活动，但未尝进行认识（知）。所以〔佛〕能隐蔽着聪明，用虚静之心进行深远的直观，闭目塞听，却能得到最高的觉悟。
然则，智有穷幽之鉴，而无知焉；神有应会之用，而无虑焉。神无虑，故能独王于世表；智无知，故能玄照于事外。智虽事外，未始无事；神虽世表，终日域中。（转下页）	那么，〔般若〕有洞察一切的直观，却没有知识；佛的智慧（神）具有反应的作用，却不用思考。它不用思考，所以超越于现实世界之上；〔般若〕没有〔世俗所谓〕知识，所以洞察于万事之外。〔佛的智慧〕虽洞察万事之外，并不排斥万事；〔它〕虽超越于现实世界之上，而毕竟在现实世界之中。（转下页）

---

[1]《思益梵天所问经》卷一："如来坐道场时，唯得虚妄颠倒所起烦恼，毕竟性空。以无所得，故得；以无所知，故知。"

[2]《庄子·天地》："视乎冥冥，听乎无声。冥冥之中，独见晓焉；无声之中，独闻和焉。"又《庄子·知北游》："昭昭生于冥冥，有伦生于无形。"

续表

〔附〕《般若无知论》	今译
（接上页）所以俯仰顺化，应接无穷，无幽不察，而无照功。斯则无知之所知，圣神之所会也。然其为物也，实而不有，虚而不无，存而不可论[1]者，其唯圣智乎！	（接上页）所以〔佛〕能随顺世俗，反应一切，没有洞察不到的，却看不出洞察的功绩。这就是〔般若〕无知的〔最大〕的知，〔也正是〕佛的最高精神境界。但是〔必须懂得〕般若的特点是：真实而非〔具体的〕实有，虚寂而非空无。它存在着，却无法对它进行任何描述，恐怕就是这个圣智（般若）了吧！
何者？欲言其有，无状无名；欲言其无，圣以之灵。圣以之灵，故虚不失照；无状无名，故照不失虚。照不失虚，故混而不渝；虚不失照，故动以接麤（粗）。	为什么？要是说它（般若）存在（有）；它又无形相，非概念；说它（般若）不存在（无），佛靠它才能洞察一切。佛靠它洞察一切，故虽虚寂而不失其洞察；〔它〕无形相、非概念，故虽洞察而不失其虚寂。洞察而不失其虚寂，所以它随顺世俗而又不背离佛教原则；虚寂而不失其洞察，所以〔它的〕活动不脱离外境（粗）。
是以圣智之用未始暂废。求之形相未暂可得。（转下页）	因此，圣智（般若）没有一刻不在起作用。若从形相上去寻求它，那是永远找不到的。（转下页）

---

[1]《庄子·齐物论》："六合之外，圣人存而不论；六合之内，圣人论而不议；春秋经世先王之志，圣人议而不辩。"僧肇这里以《庄》解佛，实际上庄子的意思与佛教观点不一样。

续表

〔附〕《般若无知论》	今译
（接上页）故宝积[1]曰："以无心意而现行。"《放光》[2]云："不动等觉而建立诸法。"所以圣迹万端，其致一而已矣。	（接上页）所以《维摩经》说："以无意识的活动为活动。"《放光般若经》说："以般若智慧而建立起世界万物。"所以佛有种种说法（迹），其最终原则是一致的。
是以般若可虚而照，真谛可亡而知，万动可即而静，圣应可无而为。斯则不知而自知，不为而自为矣。复何知哉？复何为哉？	因此，般若虽虚静而能洞察，真谛虽无相而能鉴知，现象虽变化而能不动，佛〔对外界〕虽无为而能有为。这正是所谓〔般若〕不进行认识（知）而〔它〕自有真知，不行动而自有行动。〔此外〕还有什么认识，还有什么行动呢？
难曰：夫圣人真心独朗，物物斯照，应接无方，动与事会。物物斯照，故知无所遗；动与事会，故会不失机。会不失机，故必有会于可会；知无所遗，故必有知于可知。（转下页）	诘难曰：圣人（佛）有超人的智慧，万物都在他的洞察之中，与外界多方接触，无时不与外界事物接触。万物都在〔佛的〕洞察之内，所以〔佛的〕认识无所遗漏；〔佛〕无时不与外界事物接触，所以没有差错。接触外界事物没有差错，所以必然接触其应当接触的。（转下页）

[1]《维摩诘经》：支谦译，卷一，童子宝事偈赞云："始在佛树力降魔，得甘露灭觉道成，以无心意而现行。"罗什译《维摩诘所说经》长者童子宝积偈赞云："始在佛树力降魔，得甘露灭觉道成，已无心意、无受行，而悉摧伏诸外道。"

[2]《放光般若经》卷二〇："凡夫声闻辟支佛于等正觉，亦复不动。"

续表

[附]《般若无知论》	今译
（接上页）必有知于可知，故圣不虚知；必有会于可会，故圣不虚会。既知既会，而曰无知无会者，何耶？若夫忘知遗会者，则是圣人无私于知会，以成其私耳。斯可谓不自有其知，安得无知哉？	（接上页）〔佛的〕认识无所遗漏，所以必然认识其应当认识的，所以圣人（佛）不做虚妄的认识；〔圣人〕必然接触其应当接触的，所以圣人（佛）不做虚妄的接触。已经认识，已经接触了，却说没有认识、没有接触，这是为什么？至于忘掉认识，抛弃接触，无非是说圣人（佛）不带偏见地进行认识和接触，以达到他的偏见罢了。只能认为他（佛）不以有知自居，怎能谓佛〔主张〕无知呢？
答曰：夫圣人功高二仪而不仁，明逾日月而弥昏。岂曰木石瞽[1]其怀，其于无知而已哉？诚以异于人者神明，故不可以事相求之耳。子意欲令圣人不自有其知，而圣人未尝不有知，无乃乖于圣心，失于文旨者乎？	答曰：圣人（佛）的功德大于天地，而不自以为仁慈，〔圣人〕的明智超过日月，而不自以为聪明。哪里是说圣人（佛）的心思像木石一样无知呢？实际上圣人（佛）与世俗人不同处就在于精神方面，所以不能从表面现象上去理解圣人。你的意思是想论证佛不自以为有认识，而佛未尝不进行认识活动，这岂不背离了佛教的原意，失去经文的宗旨吗？

---

[1] 元康疏作"鼓"。

续表

[附]《般若无知论》	今译
何者？经[1]云："真般若者，清净如虚空，无知无见，无作无缘。"斯则知自无知矣，岂待返照而后无知哉？若有知性空而称净者，则不辨于惑智。三毒[2]四倒[3]皆亦清净，有何独尊净于般若？	为什么〔说是背离了佛教的原意〕？〔因为〕佛经指出："真般若，清净如虚空，无知觉，无见闻，无造作，无感触"，这表明般若本来是无知的。何尝要等待反复考查〔以后〕才得出结论说〔般若〕是无知呢？如果认为有一个被称为清净的实体存在着，那就无法分辨世俗认识（惑智）〔与般若圣智〕的区别，〔甚至把〕"三毒""四倒"〔这种坏东西〕看作清净〔的东西〕，那么般若的清净还有什么可贵呢？
若以所知美般若，所知非般若。所知自常净，故般若未尝净，亦无缘致净叹于般若。	如果当作一种认识对象去赞美般若，认识对象并不是般若。如果说它（世俗认识）是清净的，那么，般若反倒无所谓清净，这就无从赞美般若的清净了。

[1]《大品般若经》卷六《等空品》："说摩诃衍与空等，如虚空无见无闻，无觉无识。"

[2] 三毒，佛教认为"贪、嗔、痴"三者是众生解脱的主要障碍，称为"三毒"。

[3] 四倒，佛教认为人们对于佛教关于涅槃（常、乐、我、净）神秘境界抱有错误的态度，或以为这四种神秘境界不存在，或以为不具有这四种神秘性质，都称作"四倒"。

续表

[附]《般若无知论》	今译
然经[1]云:"般若清净"者,将无以般若体性真净,本无惑取之知。本无惑取之知,不可以知名哉?岂唯无知名,无知知,自无知矣!	可是佛经〔分明〕说,般若清净,那岂不意味着般若本质是清净的,本来不像世俗的认识,〔因而〕不可以称为认识吗?〔般若〕不仅没有知(认识)的称号,〔也没有知(认识)的〕作用,当然它是无知了。
是以圣人以无知之般若,照彼无相之真谛。真谛无兔马之遗[2];般若无不穷之鉴。所以会而不差,当而无是,寂怕无知,而无不知者矣。	因此,圣人(佛)用无知的般若来洞察无相的真谛。不论深浅〔一切真理〕没有不被真谛所包括的;不论远近,没有不被般若所洞察的。所以〔在般若指导下〕接触外界而没有差错,正确而没有偏见,虚寂无知而无所不知。
难曰:夫物无以自通,故立名以通物。物虽非名,果有可名之物,当于此名矣。是以即名求物,物不能隐。而论云"圣心无知",又云"无所不知"。(转下页)	诘难曰:事物不能自己表达自己,所以建立名来表达。事物虽不等于名,而毕竟有与名相当的事物。因此,按照名寻求事物,事物不能隐藏。可是你说"圣心无知",又说"〔圣心〕无所不知"。(转下页)

[1] 不确定。

[2] 昙无谶译《优婆塞戒经》卷一:"如恒河水,三兽俱渡,兔、马、香象。兔不至底,浮水而过,马或至底,或不至底;象则尽底。恒河水者即是十二因缘河也。声闻渡时,犹如彼兔。缘觉渡时,犹如彼马。如来渡时,犹如香象。"(参照《大般涅槃经》)这里是说佛教的真理(真谛)所包括的道理十全十美,针对不同的对象,讲的道理虽有深有浅,它总是无所不包,没有遗漏。

续表

[附]《般若无知论》	今译
（接上页）意谓，无知未尝知；知未尝无知。斯则名教之所通，立言之本意也。然论者欲一于圣心，异于文旨，寻文求实，未见其当。	（接上页）我的理解是〔既说它〕无知，就不可能有知；〔既说它〕有知，就不可能无知。这是逻辑的通例，立言的依据。但是你力图符合圣心，却背离了〔佛经〕明文规定的含义。根据文句探求实际涵义，〔你的论据〕显然不妥当的。
何者？若知得于圣心，无知无所辨；若无知得于圣心，知亦无所辨；若二都无得，无所复论哉？	为什么？如果说〔般若有〕知符合佛教宗旨，〔那么〕说〔般若〕无知就不对了；如果说〔般若〕无知符合佛教宗旨，说〔般若〕有知就不对了；如果说这两种说法不符合佛教宗旨，那还有什么可以讨论的呢？
答曰：经[1]云，般若义者，无名无说，非有非无，非实非虚。虚不失照，照不失虚，斯则无名之法。故非言所能言也。言虽不能言，然非言无以传。是以圣人终日言，而未尝言也。今试为子狂言[2]辨之。	答曰：佛经说，般若的含义是：〔它〕既没有名称，也无需论证；既不是有也不是无，既非实体，也非虚寂。虚寂不失其洞察；洞察不失其虚寂。它是无名的东西，所以不是语言所能表达的。语言虽不能表达，若不通过语言又无从把这层意思表达出来。因此，圣人（佛）终日讲说，实际上等于没有说什么。现在试图尽量给你讲清楚。

[1]《般若经》《三假品》《等空品》大意。这种说法，大乘空宗的著作中到处都是。

[2]《庄子·知北游》："夫子，无所发予之狂言，而死矣夫……而犹知藏其狂言而死。"

续表

〔附〕《般若无知论》	今译
夫圣心者，微妙无相，不可为有；用之弥勤[1]，不可为无。不可为无，故圣智存焉；不可为有，故名教绝焉。是以言知不为知，欲以通其鉴；不知非不知，欲以辨其相。辨相不为无，通鉴不为有。非有，故知而无知；非无，故无知而知。是以知即无知，无知即知。无以言异而异于圣心也！	圣心微妙，没有实体，不能说〔它〕是有；它的作用无穷，不能说〔它〕是无。不能说〔它〕是无，所以有圣智存在；不能说〔它〕是有，所以名教〔对它〕不起作用。因此，讲到〔关于〕知〔的问题〕，目的不在于求知，而在于洞达〔般若〕直观；不求知，目的不在无知而在于体认〔般若〕实相。体认实相，它不是无；洞达直观，它不是有。不是有，所以它（般若）知而无知；不是无，所以它（般若）无知而知。因此，知离不开无知，无知离不开知。不要由于说法的不同而背离了佛教的宗旨啊！
难曰：夫真谛深玄，非智不测。圣智之能，在兹而显。故经[2]云："不得般若，不见真谛。"真谛则般若之缘也。以缘求智，智则知矣。	诘难曰：真谛深奥玄远，不用〔圣〕智就无从探测，这里恰好显示出圣智的本领。所以《般若经》说，得不到般若就见不到真谛。〔可见〕真谛就是般若〔认识〕的对象。根据对象去寻求智慧，〔这个〕智慧就是认识（知）了。

---

[1]《老子》六章："谷神不死，是谓玄牝；玄牝之门，是谓天地根。绵绵若存，用之不勤。"《老子》原意是说，道（玄牝）虽看不见，它的作用是无穷的。这句话用意译，不是直译。

[2]《大智度论》卷一八："解脱涅槃道，皆从般若得。"

续表

[附]《般若无知论》	今译
答曰：以缘求智，智非知也。何者？《放光》[1]云：不缘色生识，是名不见色。又云：五阴清净故般若清净。般若即能知也。五阴即所知也，所知即缘也。夫知与所知，相与而有，相与而无。相与而无，故物莫之有；相与而有，故物莫之无。物莫之无，故为缘之所起；物莫之有，故则缘所不能生。缘所不能生，故照缘而非知。为缘之所起，故知缘相因而生。是以知与无知生于所知矣。	答曰：以缘求智慧，智慧不是知觉。为什么？《放光般若经》说：不是由于接触外物才产生认识，是名不见色。又说，五阴（五蕴）清净，故般若清净。般若即能认识的主体，五阴即认识的对象。认识的对象即缘。认识与对象，相互存在，又相互不存在。相互不存在，所以万物不存在；相互存在，所以万物非不存在。万物非不存在，所以说万物是认识对象形成的；万物不存在，所以说万物又不是认识对象形成的。认识对象所不能生，所以说对于认识对象（缘）只能洞察它而不能认识它。由于〔事物〕是认识对象所形成，所以认识（知）和认识对象互相依存。因此，不论有知和无知都是由所认识的对象引起的。
何者？夫智以知所知取相，故名知。真谛自无相，真智何由知？所以然者，夫所知非所知，所知生于知。所知既生知，知亦生所知。（转下页）	为什么？因为一般人的智是认识它的对象，所以叫作认识。而真谛本来没有形相，真智（般若）又从哪里取得认识？所以是这样，就在于〔人们〕所认识的并非所认识的对象，对象是认识产生的。认识对象既产生认识，认识也产生认识对象。（转下页）

---

[1]《放光般若经》卷一一，《问相品》："须菩提问佛言，世尊，云何不见五阴为世间导？须菩提，不以五阴因缘起识者，是为不见五阴。"

续表

〔附〕《般若无知论》	今译
（接上页）所知既相生，相生即缘法。缘法故非真，非真故非真谛也。故《中观》[1]云：物以因缘有，故不真；不从因缘有，故即真。今真谛曰真，真则非缘。真非缘，故无物从缘而生也。故《经》[2]云：不见有法无缘而生。是以真智观真谛，未尝取所知；智不取所知，此智何由知？	（接上页）对象之间既然互相产生，它们不过是条件构成的东西。条件构成的东西是不真实的。不真实的东西当然不是真谛（真理）。所以《中观》说，事物是条件构成的，所以它不真实；不属于条件构成的才真实。现在真谛指出的真实，〔这样的真实〕不靠条件。真谛不靠条件，所以〔说到底〕没有事物是从条件产生的，所以《般若经》指出不曾看到有什么东西是无条件而产生的。因此，通过真智（般若）体认真谛，不同于一般地掌握认识对象；〔真〕智不从对象取得知识，这个智又何从有知？
然智非无知，但真谛非所知，故真智亦非知。而子欲以缘求智，故以智为知。缘自非缘，于何而求知？	但是一般人的智慧不是无知，但真谛不是认识的对象。所以真正的智（般若）不是知识。现在你以条件来寻求智慧，才把智慧当作知识。认识对象本来就不是认识对象，你从哪里求得知识呢？
难曰：论云，不取者为无知，故不取为知，然后不取耶？（转下页）	诘难曰：照此说来，你认为不进行认识是由于没有可认识的，所以以不进行认识为有知识，然后才不进行认识吗？（转下页）

---

[1]《中论》卷四《观四谛品》："众因缘生法，我说即是无，亦为是假名，亦是中道义。"

[2]《般若经》。

续表

[附]《般若无知论》	今译
（接上页）若无知故不取，圣人则冥若夜游，不辨缁素之异耶？若知然后不取，知则异于不取矣。	（接上页）如根本没有可认识的，所以不进行认识，〔难道〕圣人（佛）只能像盲目夜游，黑白不分吗？如果认为有可认识的然后不进行认识，那么知识和不进行认识是两回事。
答曰：非无知故不取，又非知然后不取。知即不取，故能不取而知。	答曰：不是由于没有可认识的才不进行认识，也不是有可认识的才不进行认识。认识本身就是不进行认识。所以能够不进行认识而有认识。
难曰：不取者，诚以圣人不物于物，故无惑取也。无取则无是，无是则无当，谁当圣心？而云圣心无所不知耶？	诘难曰：不进行认识，实际上由于圣人（佛）不被外界所支配，才避免错误的认识。不进行认识，就无所肯定，无所肯定就没有和认识相对应的东西，如何与佛教精神符合？能说佛教精神无所不知吗？
答曰：然无是无当者，夫无当则物无不当，无是则物无不是。物无不是，故是而无是。物无不当，故当而无当。故《经》[1]云，尽见诸法而无所见。	答曰：无所肯定，无所对应〔的认识对象〕，〔就是说〕无所对应就没有事物不与它对应，无所肯定就没有事物不予以肯定。事物非无所肯定，就是说既肯定又不肯定；与事物没有不对应，就是说既对应又不对应。所以佛经说，看见了万物却又不曾看见万物。

---

[1]《放光般若经》卷二："菩萨作是行般若波罗蜜。于诸法无所见……一切诸法悉不见。"

续表

[附]《般若无知论》	今译
难曰：圣心非不能是，诚以无是可是。虽无是可是，故当是于无是矣。是以《经》云：真谛无相故般若无知者，诚以般若无有有相之知，若以无相为无相，有何累于真谛耶？	诘难曰：圣心并非不能肯定，实在是没有可肯定的东西。虽然没有可肯定的东西，所以应该肯定其不肯定。因此佛经说，真谛无相而般若无知。所以这样说，确实由于般若没有有相认识作用。如果把无相看作无相，对于真谛有什么妨害呢？
答曰：圣人无无相也。何者？若以无相为无相，无相即为相。舍有而之无，譬犹逃峰而赴壑，俱不免于患矣。是以至人处有而不有，居无而不无。虽不取于有无，然亦不舍于有无。所以和光尘劳，周旋五趣[1]，寂然而往，怕尔[2]而来，恬淡无为而无不为。	答曰：圣人连"无相"也认为是无的。为什么？如果以无相作为〔一种〕相看待，这个无相就成了相。抛弃了有，而投弃了无，好像逃离高峰进入沟底，都没有避免〔片面的〕毛病。因此至人（圣人）站在有这一方面而不陷于有，站在无这一方面而不陷于无。虽然他（至人）对有无不固执，但对有无也不舍弃，他能够与现实事物共处，在世间轮回中应付，他的行动是那样的往来自如，他自然无为而无不为。
难曰：圣心虽无知，然其应会之道不差。是以可应者应之，不可应者存之。然则圣心有时而生，有时而灭，可得然乎？	诘难曰：圣心虽无知，但他对事物的反应没有差错，因此，应该反应的就反应，不应该反应的就放在一边。那就是说圣心有时存在（生），有时不存在（灭），能够这样吗？

---

[1] 五趣，又称五恶趣或五道，即地狱、饿鬼、畜生、人、天。

[2] 怕尔，即泊尔，恬淡无为的样子。

关于《般若无知论》

续表

〔附〕《般若无知论》	今译
答曰：生灭者，生灭心也。圣人无心，生灭焉起？然非无心，但是无心心耳。又非不应，但是不应应耳。是以圣人应会之道，则信若四时之质，直以虚无为体，斯不可得而生，不可得而灭也。	答曰：所谓生灭，指的是心的生灭。圣人无心，生灭心又哪里产生？〔圣人〕也不能说无心，只是〔他〕不把这个心当作他的心罢了。〔圣人〕也不是对外界不做出反应，只是〔他〕不把这反应当作反应罢了。因此，圣人的应付外界的原则活像一年四季那样〔变动着〕，简直以虚无为根据，不能使它生，不能使它灭。
难曰：圣智之无，惑智之无，俱无生灭，何以异之？	诘难曰：圣智（般若）也讲无，惑智（世俗智）也讲无，它们都没有生灭，怎样区别它们？
答曰：圣智之无者无知，惑智之无者知无。其无虽同，所以无者异也。何者？夫圣心虚静，无知可无。可曰无知，非谓知无。惑智有知，故有知可无，可谓知无，非曰无知也。无知即般若之无也。（转下页）	答：圣智讲的无，是无认识（无知）；惑智讲的无是认识无（知无）。它们"无"的名称虽同，所主张的根据不同。为什么？圣人是虚静的，根本没有什么认识可以被否定的，可以称作"无知"，不是"知无"。惑智承认认识作用，所以有一个认识作用可以被否定，这可以叫作知无，不能叫作无知。无知（否认认识作用）即般若讲的无，真正体认无的道理这是真谛所指的无。（转下页）

续表

〔附〕《般若无知论》	今译
（接上页）知无[1]即真谛之无也。是以般若之与真谛，言用即同而异，言寂即异而同。同，故无心于彼此，异，故不失于照功。是以辨同者同于异，辨异者异于同。斯则不可得而异，不可得而同也。	（接上页）因此，般若与真谛这两者，就其作用来说相同而异；就两者的本质来说相异而同。〔两者〕相同，所以不必过分看重彼此的差别；〔两者〕相异，所以不能不注意彼此的作用。因此，明确两者的相同，在于着眼相异的地方；明确两者的相异，在于着眼于相同的地方。这就是〔般若、真谛〕不能强使它们相异，不能强使它们相同。
何者？内有独鉴之明，外有万法之实，万法虽实，然非照不得，内外相与以成其照功。此则圣所不能同用也；内虽照而无知，外虽实而无相，内外寂然，相与俱无。此则圣所不能异寂也。是以《经》[2]云：诸法不异者，岂曰续凫截鹤[3]，夷岳盈壑，然后无异哉？（转下页）	为什么？对主观（内）有独鉴的观照，对客观（外）有万物之存在。万法虽存在然非观照不得。内外互相配合才构成观照的效果。就是圣人（佛）不同于世俗的地方。主观方面虽然用观照，但是无知；客观方面虽实有而没有形相。主观和客观寂然不动，主观客观一齐消除，这就是圣人（佛）所不能与本体相异的地方。因此，《般若经》说，一切事物没有差别，何尝是接长野鸭的短脚，截短仙鹤的长脚，削平山峰填充山谷，这样才算作没有差别呢？（转下页）

---

[1] 这里的"知无"指真谛的虚无，不同于上句的惑者的"知无"（认识无）。因此，（把它）译为"体认无的道理"。

[2] 《般若波罗蜜经》卷二二："诸法无相，非一相，非异相。"

[3] 《庄子·骈拇》："凫胫虽短，续之则忧；鹤胫虽长，断之则悲。"

续表

[附]《般若无知论》	今译
(接上页)诚以不异于异,故异而不异也。故《经》[1]云,甚奇世尊,于无异法中而说诸法异。又云[2],般若与诸法,亦不一相,亦不异相,信矣。	(接上页)实际上是说,不把差别当差别,所以虽有差别等于没有差别。所以《般若经》说,太奇妙了,世尊,〔您能〕在没有差别的事物中来说出事物的差别来!〔般若经〕又说,般若与万物,既不有着相同的相,也不有着相异的相,这话不假。
难曰:论云,言用则异,言寂则同,未详般若之内,则有用寂之异乎?	诘难曰:你说,就用(作用)说〔事物之间〕有差别;就本体(寂)说〔事物之间〕没有差别,不知道般若内部有作用和本体的差别吗?
答曰:用即寂,寂即用。用寂体一,同出而异名[3]。更无无用之寂而主于用也。是以智弥昧,照逾明;神弥静,应逾动。(转下页)	答曰:用离不开体,体离不开用。用和体是一回事,"同出而异名"。并没有个离开用的本体来给用作主宰。因此,智越是不起作用,它观照作用越强;精神越寂静,它对外界的反应越主动。(转下页)

---

[1]《摩诃般若波罗蜜经》卷二三,《六喻品》:"云何无异法中而分别说异相。"

[2]《摩诃般若蜜多经》卷二二《遍学品》:"诸法无相,非一相,非异相。"

[3] "同出而异名"(《老子》),同一个来源名称不同。

续表

〔附〕《般若无知论》	今译
（接上页）岂曰明、昧、动、静之异哉？故《成具》[1]云，不为而过为。宝积[2]曰：无心无识，无不觉知。斯则穷神尽智，极象外之谈也。即之明文，圣心可知矣。	（接上页）怎能说明与昧、动与静有差别呢？《成具经》说，虽不作为超过了有作为。《维摩经》说，取消心意、取消知识，〔反而〕无所不知。这才是最深刻、最高明、最超越的理论啊。对照佛经的指示，佛教精神不难理解了。

---

[1]《成具光明定意经》："不为而过为。"

[2]《维摩经》卷上长者宝积说偈曰："已无心意无受行，而悉摧伏诸外道。"译曰："心者何也，染有以生，受者何也，苦乐是行。至人冥真体寂，空虚其怀，虽复万法并照，而心未尝有。苦乐是径，而不为受。物我永寂，岂心受之可得。受者三受也，苦受、乐受、不苦不乐受也。无心伏于物，而物无不伏。"

关于《神灭论》

范缜生于450年，约死于507年以后。他是中国哲学史上最有力的反对佛教的哲学家。他那个时代，佛教的影响极为广泛，皇帝曾经颁布命令，宣布以佛教为国教。梁武帝常年吃斋信佛，后来有三次还把自己舍给寺院当服役的人，朝廷百官花了许多钱把他赎回来。范缜就是在这样一个顽固、迷信的皇帝底下做官的。

　　范缜一生坚持无神论。他认为人死了，灵魂不会单独存在；灵魂不会转世投胎，变成别的生物。当时的佛教徒所宣扬的是人的灵魂是不会消灭的，人死了，只要他今生信佛，来生可以托生在富贵人家，可以享福；如果不信佛，死后要入地狱，或者变猫、变狗，不再成为人。范缜《神灭论》所说的"神"，就是指的当时社会上那些宗教迷信家所说的灵魂。当时那些迷信的人认为人活着，能思想，能行动，有感情，必有一个发号施令的主持者，这个主持者就是灵魂（神）。死人为什么不能思想、行动呢？就是因为失去了灵魂，灵魂离开了他的身体跑到另外的地方去了。

　　范缜的《神灭论》针对这种思想展开了战斗。

当时在南朝占统治地位的是门阀士族地主阶级。门阀士族地主阶级的成员世世代代占有广大土地,有的占有山和湖,拥有大批农奴。他们在政治上也有特权,凡是门阀士族的家庭里出身的人,哪怕文墨不通,甚至又笨又呆,也能做大官。那些出身寒门的读书人,哪怕有天大的本领,也只能做个小官,甚至做不到官。范缜代表寒门庶族地主阶层的利益。他的祖先曾做过大官,也是"世代书香"的门第,但到了范缜父亲的时代已经衰落了。范缜对当时那些门阀士族地主阶级的专横、享有特权,很不满意。这种不满情绪是和他的无神论思想有关系的。

当时那些享有特权的门阀士族地主阶级,为了说明他们的特权"有根据",就利用佛教灵魂不灭的说法,说自己今生享有特权,是因为前生做了好事。他们说这是"因果报应"。可是范缜却不信这一套。他曾经和当时皇帝的本家——萧子良——进行过一场辩论。

萧子良对范缜说,你不相信有鬼神因果报应,那么你说世界上为什么有人富贵,有人贫贱?有人享福,有人受苦呢?

范缜就指着庭前盛开的花树说,人生就好像这棵树上的花。有些花瓣被风吹到了厅堂上,落在坐垫上;也有些花瓣被风吹落到厕所里。这完全是偶然的,哪里有什么因果报应呢?像您,生在皇族,就像飘落在坐垫上的花瓣;像我一生倒霉,就像飘落在厕所里的花瓣。

范缜这个生动的比喻,把萧子良驳得张口结舌。今天我们看来,范缜这种说法的确很机智,但不能从根本上说明社会上的富贵贫贱的现象。我们知道,世界上只要有阶级,就有贫富,有贫富就有贵贱;这里没有什么偶然性。

这个故事使我们明白,佛教宣传灵魂不死,实际上是对当时享有特权的门阀士族特别有利的。因此,范缜的神灭论的意义,不仅有科学理论的意义,也有现实的意义。

《神灭论》这一篇文章主要贡献有以下几个方面:

第一,它正确地指出了精神与物质的关系。物质(身体)是第一性的,精神是派生的、第二性的。所以精神不能单独存在,只能依靠身体的存在而存在。身体消灭了,精神也就消灭了。

第二,神灭论正确地指出思维作用产生于思维的器官。思维的器官就是"心"。他把人心当作思维的器官,这一点是错的,但是他坚持了唯物主义的原则,否认思维作用的基础是灵魂,这是一大进步。这种卓越的见解,和他所采取的路线,值得特别重视,因为他把心理的活动,安放在生理的基础上。

第三,神灭论批判了灵魂不灭的说法,直接揭露了当时门阀士族地主阶级的剥削特权是由前生命定的谎言。当时有人劝范缜说:"你如果放弃了你的神灭论的主张,哪还怕做不到中书郎?"范缜真不愧为坚持真理的战士,他笑道:"假如我肯出卖我的神灭论主张换官做的话,早已做到宰相了。"

范缜的无神论坚决地批判了灵魂不死的说法。他的学说的弱点是(也是古代无神论的共同弱点)陷于物质结构的机械论,认为"圣人"和有天才的人是由于体质构造的不同。这当然不能科学地说明问题。他还不能够辩证地认识精神对身体的作用。由于范缜是站在地主阶级的立场上对佛教攻击的,因而他对儒家的经典中提到鬼神的记载不敢公开怀疑,这就相对地削弱了他的无神论的力量。他只看到佛教徒是剥削者,不生产,但他没有,也不可能认识到世俗地主阶级也是不劳而食的剥削者。这是他的阶级偏见给他的局限。

哲学历史的发展表明,无神论在理论上战胜了,并不意味着宗教的传播就因此停止了。因为宗教的存在有它的阶级根源,只要剥削制度存在,宗教就有它的社会基础,它就不可能消灭;甚至剥削阶级被打倒的社会里,旧思想的残余还存在时,宗教思想还会存在。范缜神灭论的成就,可以作为我们今天宣传无神论的借鉴。

范缜有许多著作都失散了,现存的《神灭论》是他全部著作中残存的一部分,发表在507年。就在这些断简残篇中,已透露出耀眼的光芒,这篇论文奠定了范缜在哲学史上不朽的地位。这是一篇充满了战斗性、宣扬无神论的论文,它有论证、有分析,逻辑性也相当强。

论文是用自己设问,自己答复的方式写的,这是南北朝时流行的辩论文的体裁,叫作"自设宾主"。文章中的"问曰"(宾)代表反面的意见,"答曰"(主)代表作者正面的主张。

这篇论文也有一些弱点,比如说,在个别问题上唯物主义的观点不够彻底,在论证方法上有时不够严密。有些问题读者自己会辨别,也有些问题要进一步来研究、分析。

本文是根据《四部丛刊》本《弘明集》的原文译出的。

《弘明集》有错误时，就参照《梁书·范缜传》引用的《神灭论》原文做了一些校正。

[附]《神灭论》今译	
问曰：子云神[1]灭，何以知其灭耶？	问：您说精神会消灭，怎样知道它会消灭呢？
答曰：神即形也，形即神也。是以形存则神存，形谢则神灭也。	答：精神离不开形体，形体离不开精神。因此，形体存在，精神才存在，形体衰亡，精神也就消灭。
问曰：形者无知之称，神者有知之名。知与无知，即事有异，神之与形，理不容一。形神相即，非所闻也。	问：无知，才叫作形体，有知，才叫作精神。有知和无知根本是两回事，精神和形体，原则上不能混为一谈。形体和精神不可分离的说法，不是我所能同意的。
答曰：形者神之质[2]，神者形之用。是则形称其质，神言其用；形之与神不得相异。	答：形体是精神的质体，精神是形体的作用。所以形体是指的它的质体，精神是指的它的作用。形体和精神不能割裂。

---

　　[1]　译者按：这篇论文中所用的"神"字，固然指的"精神"，但也指的"灵魂"。当时主张"神不灭"的人，认为使人产生精神作用的是灵魂，灵魂可以附在人的身体上，人死后，灵魂又转移到其他的地方，但不会消灭。范缜的神灭论就是针对当时流行的这种"灵魂不灭"的迷信思想展开斗争的。译作"灵魂"不太妥当，译作"精神"也和今天我们常用的精神的含义有差别。

　　[2]　按："质"有"物质"的意义，又有"实体"的意义，现在把它译为"质体"。"质"和"用"是范缜提出的一对重要的哲学范畴。

续表

[附]《神灭论》今译	
问曰：神故非质，形故非用；不得为异，其义安在？	问：精神既不是质体，形体又不是作用，但二者又不能割裂，它的理论根据在哪里？
答曰：名殊而体一也。	答：〔精神和形体〕名称不同，而实质上是一回事。
问曰：名既已殊，体何得一？	问：〔精神和形体〕名称既然不同，如何能说有不可分的关系？
答曰：神之于质犹利之于刃[1]，形之于用犹刃之于利。（转下页）	答：精神和身体之关系，恰如锋和和刀刃的关系一样。（转下页）

---

[1]"刃"字，据宋、元、明及金陵本《弘明集》，均作"刃"，唯《梁书》及高丽本《弘明集》作"刀"。《广弘明集》卷二二，沈约《难神灭论》引范缜说，是"刀"字。沈约云："刀之与利既不同矣，形之与神岂可妄合耶？又昔日之刀，今铸为剑，剑利即是刀利，而刀形非剑形。于利之用弗改，而质之形已移。与夫前生为甲，后生为丙；天人之道或异，往识之神犹传，与夫剑之为刀，刀之为剑有何异哉？又以一刀之质，分为二刀，形已分矣，而各有其利。今取一牛之身而剖之为两，则饮齕之生即谢，任重之用不分，又何得以刀之与利，譬形之与神耶？"沈约利用刀可以改为剑，剑仍有其利，由此论证利和刀可以脱离以论证精神可以脱离身体。沈约的错误在于相信一个脱离任何具体物质的"利"，这个"利"可以附在刀上，也可以附在剑上。而范缜所用的刀和利的比喻也的确有不妥的地方。可能在辩论中，感到"刀"字不如"刃"字好，他自己改正的。《弘明集》的编者，从佛教神不灭的立场，把《神灭论》作为反面资料，不会替范缜改正这个有缺点的例子。

续表

[附]《神灭论》今译	
（接上页）利之名非刃也，刃之名非利也，然而舍利无刃，舍刃无利；未闻刃没而利存，岂容形亡而神在？	（接上页）身体和作用的关系，恰如刀刃和锋利的关系一样。既叫作锋利，当然不是刀刃；既叫作刀刃，当然不是锋利。但是离开了锋利就无所谓刀刃，离开了刀刃就无所谓锋利。从来没有听说过刀刃不存在而锋利单独存在的，哪能说形体死亡而精神能单独存在？
问曰：刃之与利，或如来说，形之与神，其义不然。何以言之？木之质，无知也；人之质，有知也。人既有如木之质，而有异木之知，岂非木有其一，人有其二耶？	问：刀刃和锋利的关系，可能像您所说的那样，但是形体和精神，它的道理却不是这样。为什么这样说呢？树木的质体是没有知觉的，人类的质体是有知觉的。人类既有相同于树木的质体，却有不同于树木的知觉。岂不是树木只有一种特性，人类有两种特性吗？
答曰：异哉言乎！人若有如木之质以为形，又有异木之知以为神，则可如来论也。今人之质，质有知也，木之质，质无知也；人之质非木质也，木之质非人质也。安在有如木之质而复有异木之知？	答：这话可奇怪了！人类若有以相同于树木的质体作为形体，又有以相异于树木的知觉作为精神，倒可以照您的说法；事实上人类的质体，〔就在于它〕有知觉，树木的质体，〔就在于它〕没有知觉。人类的质体不是树木的质体，树木的质体也不是人类的质体。〔人类〕怎么可能既有同于树木的质体，又有异于树木的知觉呢？

续表

[附]《神灭论》今译	
问曰：人之质所以异木质者，以其有知耳；人而无知，与木何异？	问：人类的质体之所以不同于树木的质体，就在于它有知觉。人类若是没有知觉，它和树木有什么区别呢？
答曰：人无无知之质，犹木无有知之形。	答：人类没有无知觉的质体，恰如树木没有有知觉的形体一样。
问曰：死者之形骸，岂非无知之质耶？	问：死人的形体岂不就是没有知觉的质体吗？
答曰：是无知之质也。	答：这（死人）是没有知觉的质体。
问曰：若然者，人果有如木之质而有异木之知矣。	问：既然这样，可见人类确实既有相同于树木的质体又有不同于树木的知觉。
答曰：死者有如木之质而无异木之知；生者有异木之知而无如木之质。	答：死人虽然有相同于树木的质体却没有不同于树木的知觉；活人虽有不同于树木的知觉，却没有相同于树木的质体。
问曰：死者之骨骼，非生者之形骸耶？	问：死人的骨骼不就是活人的形体吗？
答曰：生形之非死形，死形之非生形，区已革矣；安有生人之形骸而有死人之骨骼哉？	答：活的形体不是死的形体，死的形体也不是活的形体。这根本是不同的两类，怎能有活人的形体却具有死人的骨骼呢？

续表

[附]《神灭论》今译	
问曰：若生者之形骸，非死者之骨骼，死者之骨骼则应不由生者之形骸。不由生者之形骸，则此骨骼从何而至？	问：如果活人的形体根本不是死人的骨骼，死人的骨骼也就应当不从活人的形体产生。既然不从活人的形体产生，那么这（死人的）骨骼是从哪里来的？
答曰：是生者之形骸，变为死者之骨骼也。	答：这是活人的形体变成了死人的骨骼的啊！
问曰：生者之形骸，虽变为死者之骨骼，岂不因生而有死？则知死体犹生体也。	问：活人的形体能变为死人的骨骼，岂不正是因为有了生才有死，可见死人的形体也就是活人的形体了。
答曰：如因荣木变为枯木，枯木之质宁是荣木之体？	答：如果根据活的树变成枯的树木〔来推论〕，枯树的质体怎能说就是活树的形体？
问曰：荣体变为枯体，枯体即是荣体；如丝体变为缕体，缕体即是丝体，有何别焉？	问：活树的形体既能变成枯树的形体，可见枯树的形体也就是活树的形体。好像一条一条的丝的形体变成了线的形体，线的形体也就是丝的形体。这有什么不同呢？
答曰：若枯即是荣，荣即是枯，则应荣时凋零，枯时结实；又荣木不应变为枯木，以荣即是枯，无所复变也。又荣枯是一，何不先枯后荣？要先荣后枯何也？丝缕同时，不得为喻。	答：若〔照你的说法〕枯树就是活树，活树就是枯树，就应当在树活的时候凋零，树枯的时候结果。活树不应当变成枯树，因为〔照你的说法〕活树即是枯树，所以枯树不必从活树变来了。〔照你的说法〕活树枯树既然一样，为什么不先从枯树变成活树，一定先从活树变成枯树，这是什么道理呢？至于丝和缕是同时存在的〔不是丝消灭后才成为缕〕，不能用来作为这个辩论的比喻。

[附]《神灭论》今译	
问曰：生形之谢便应豁然都尽，何故方受死形，绵历未已耶？	问：当活人形体衰亡时，应当立刻死去，为什么人总是逐渐地死去呢？
答曰：生灭之体要有其次故也。夫歘而生者必歘而灭，渐而生者必渐而灭。歘而生者，飘骤是也；渐而生者，动植是也。有歘有渐，物之理也。	答：〔这是因为〕凡是生灭的形体，必须有一定程序的缘故。突然发生的，必然突然消灭；逐渐发生的，必然逐渐消灭。突然发生的，像狂风暴雨就是；逐渐发生的，像动物植物就是。有突然发生的，也有逐渐发生的，这是事物的规律。
问曰：形即神者，手等亦是神耶？	问：您说"形体离不开精神"，那么像"手"这些器官也是精神吗？
答曰：皆是神分。	答：都有它的精神方面。
问曰：若皆是神分，神应能虑，手等亦应能虑也。	问：如果说手这类肢体都有它的精神方面，精神能思虑，手这类肢体也应当能思虑了。
答曰：手等有痛痒之知，而无是非之虑。	答：手这类肢体有痛痒的感觉，但不能辨别是非的思虑。
问曰：知之与虑，为一为异？	问：感觉和思虑是一回事，还是两回事？
答曰：知即是虑。浅则为知，深则为虑。	答：感觉也就是思虑，粗浅的叫作感觉，深刻的叫作思虑。
问曰：若尔，应有二虑；虑既有二，神有二乎？	问：既是这样，应当有两种思虑了。思虑有两种，难道精神也有两种吗？

续表

[附]《神灭论》今译	
答曰：人体唯一，神何得二？	答：人的形体只有一个，精神哪能有两种呢？
问曰：若不得二，安有痛痒之知而复有是非之虑？	问：如果不能有两种精神，怎么能够既有知痛知痒的感觉又有辨别是非的思虑？
答曰：如手足虽异，总为一人，是非痛痒，虽复有异，亦总为一神矣。	答：比如手足虽然不同，但总归是一个人的肢体；辨别是非、感知痛痒虽不相同，也总归是一个人的精神。
问曰：是非之虑，不关手足，当关何处？	问：辨别是非的思虑和手足无关，和什么〔机构〕有关呢？
答曰：是非之虑，心器所主。	答：辨别是非的思虑是由心这个器官主宰的。
问曰：心器是五脏之心，非耶？	问：心器官是五脏的心，不是吗？
答曰：是也。	答：是的。
问曰：五脏有何殊别，而心独有是非之虑？	问：五脏有什么不同，而单单心有辨别是非的思虑作用呢？
答曰：七窍亦复何殊，而司用不均何也？	答：七窍又有什么不同，而所担任的职能并不一样，这是什么缘故呢？
问曰：虑思无方，何以知是心器所主？	问：思虑作用不受任何局限，何以知道是心器官所主宰的？
答曰：心病则思乖，是以知心为虑本。	答：心有疾病就会使思虑作用失常，因此知道心器官是思虑的基础。

续表

[附]《神灭论》今译	
问曰：何〔虑〕不寄在眼等分中？	问：怎样知道思虑不寄托于眼这些器官呢？
答曰：若虑可寄于眼分，眼何故不寄于耳分耶？	答：假若思虑作用可寄托于眼这些器官，眼的作用为什么不寄托于耳呢？
问曰：虑体无本，故可寄之于眼分；眼有本，不假寄于他分也。	问：思虑自身没有基础，所以可寄托于眼这一方面。眼自有它的基础，所以不寄托于其他感官方面。
答曰：眼何故有本而虑无本？苟无本于我形，而可遍寄于异地，亦可张甲之情，寄王乙之躯，李丙之性，托赵丁之体，然乎哉？不然也。	答：眼为什么有它的基础而思虑没有呢？假如思虑在我的形体上没有基础，可寄托于任何地方，那么张大的情感可以寄托在王二的身上；李三的性格可以寄托在赵四的身上。是这样吗？不是。
问曰：圣人之形犹凡人之形，而有凡圣之殊，故知形神异矣。	问："圣人"的形体也恰如一般人的形体，而究竟有一般人和"圣人"的差别，所以知道形体和精神是两回事。
答曰：不然。金之精者能照，秽者不能照。能照之精金宁有不照之秽质？又岂有圣人之神而寄凡人之器？亦无凡人之神而托圣人之体。（转下页）	答：不然，纯金有光泽，杂质的金没有光泽。有光泽的纯金怎会有无光泽的杂质？由此看来，怎会有"圣人"的精神反而寄托在一般人的形体之中？自然也不会有一般人的精神寄托在"圣人"的形体之中。（转下页）

续表

[附]《神灭论》今译	
（接上页）是以八彩重瞳，勋华之容，龙颜马口，轩噢之状，此形表之异也。比干之心，七窍并列，伯约之胆，其大如拳，此心器之殊也。是以知圣人区分，每绝常品；非唯道革群生，乃亦形超万有。凡圣均体，所未敢安。	（接上页）因此，尧有八彩的眉毛，舜有双瞳孔的眼睛，黄帝的前额像龙，皋陶的口形像马，这些都是身体外形特殊；比干的心，七个孔窍并列，姜维的胆有拳头那样大，这些都是内部器官的特别。由此可见，"圣人"的特殊，常常和普通人不一样；"圣人"不仅在道德上超出众人，就在形体上也是与众不同的。所谓一般人和"圣人"形体一样的说法，我认为不妥当。
问曰：子云圣人之形必异于凡。敢问，阳货类仲尼，项籍似帝舜，舜、项、孔、阳智革形同，其故何耶？	问：您说"圣人"的形体一定不同于一般人，那么请问阳货的相貌像孔子，项羽的眼睛像舜。舜、项羽、孔子、阳货，他们的才智不同而形貌相似，这是什么缘故？
答曰：珉似玉而非玉，鹢类凤而非凤，物诚有之，人故宜尔。项、阳貌似而非实似，心器不均，虽貌无益也。	答：珉像玉却不是玉，鸡像凤却不是凤，事物中确有这种现象，人类也不例外。项羽、阳货的相貌〔和舜、孔子〕相似，却不真相似，他们的内部器官不同，虽外形类似，也是枉然。
问曰：凡圣之殊，形器不一可也。圣人圆极，理无有二，而丘、旦殊姿，汤、文异状，神不系色，于此益明。	问：一般人和"圣人"有差别，而形体不一致，这是说得通的。"圣人"都是圆满的，照道理讲没有两样，但是孔子和周公的相貌不同，汤和文王的相貌也两样，因此更可以证明，精神不依赖于形体了。

续表

[附]《神灭论》今译	
答曰：圣与圣同，同于心器，而形不必同也，犹马殊毛而齐逸，玉异色而均美。是以晋棘、楚和等价连城，骅、骝、騄、骊俱致千里。	答："圣人"和"圣人"之所以相同，在于他们都有"圣人"的心器官，但他们的形体不必相同。如同马的毛色不同却都可以是骏马，玉的色泽不同而都可以是美玉一样。因此，晋国的棘氏璧、楚国的和氏璧都价值连城，骅、骝、騄、骊都能远行千里。
问曰：形神不二，既闻之矣。形谢神灭，理固宜然。敢问经云"为之宗庙，以鬼享之"，何谓也？	问：形体和精神不是两回事，已经领教了。形体衰亡精神也随着消灭，道理确也应当这样。请问古书上说"为〔鬼神〕建立宗庙，鬼神飨受它"，这是什么意思呢？
答曰：圣人之教然也。所以从孝子之心而厉偷薄之意，神而明之，此之谓矣。	答：这是"圣人"的教化方法啊。目的在于顺从孝子的情感，并纠正偷惰和轻浮的倾向。所谓神而明之，就是这个意思。
问曰：伯有被甲，彭生豕见，"坟""索"著其事，宁是设教而已耶？[1]	问：伯有的鬼披着甲，惊扰郑国，彭生的鬼化为野猪出现。在经典中写得清清楚楚，怎能认为这仅仅是利用神道来教化人们呢？

---

[1] 按：《左传》昭公七年，郑国贵族伯有在内战中被杀，后来郑国的人民常常有人自相惊扰，有人喊"伯有来了"，于是全城的人吓得乱跑。彭生事见《左传》桓公十八年及庄公八年彭生被杀事，书上记载彭生死后化为野猪出现。

续表

[附]《神灭论》今译	
答曰：妖怪茫茫，或存或亡；强死者众，不皆为鬼，彭生、伯有何独能然？乍人乍豕，未必齐、郑之公子也。	答：奇怪的事情是渺茫的，或真或假；遭到凶死的太多了，没有听说都变成鬼，为什么单单彭生、伯有就会变成了鬼呢？忽然是人，忽然又是猪，未必就是齐国的彭生、郑国的伯有公子啊。
问曰：《易》称"故知鬼神之情状，与天地相似而不违"，又曰"载鬼一车"，其义云何？	问：《周易》说："因此认识鬼神的情况和天地相似而不违背"，又说"装满了一车鬼"，这些话的意义何在呢？
答曰：有禽焉，有兽焉，飞走之别也；有人焉，有鬼焉，幽明之别也。人灭而为鬼，鬼灭而为人，则吾未知也。	答：有〔的叫作〕禽，有〔的叫作〕兽，〔它们的〕区别是，〔前者〕能飞，〔后者〕能走；有〔的叫作〕人，有〔的叫作〕鬼，〔它们的〕区别是，〔前者〕显露，〔后者〕隐蔽。至于人死变成鬼，鬼消灭了又变成人，这是我无法理解的。
问曰：知此神灭，有何利用耶？	问：认识了精神消灭的道理，有什么实际意义呢？
答曰：浮屠害政，桑门蠹俗，风惊雾起，驰荡不休。吾哀其弊，思拯其溺。夫竭财以赴僧，破产以趋佛，而不恤亲戚，不怜穷匮者何耶？良由厚我之情深，济物之意浅。（转下页）	答：佛教对政治的危害，和尚对风俗的腐蚀，就像狂风迷雾一样，广泛地传播着。我痛心社会上这种弊端，想要挽救它的沉沦。人们宁可倾家荡产去求僧拜佛，但是不照顾亲戚，不怜惜穷困，这是什么原因呢？就是由于自私的打算过多，救人的意思太少。（转下页）

续表

[附]《神灭论》今译	
（接上页）是以圭撮涉于贫友，吝情动于颜色；千钟委于富僧，欢怀畅于容发。岂不以僧有多涂之期，友无遗秉之报；务施不关周急，归德必于在己，又惑以茫昧之言，惧以阿鼻之苦，诱以虚诞之词，欣以兜率之乐；故舍逢掖，袭横衣，废俎豆，列瓶钵[1]；家家弃其亲爱，人人绝其嗣续。至使兵挫于行间，吏空于官府，粟罄于惰游，货殚于土木，所以奸宄弗胜，颂声尚拥。唯此之故。其流莫已，其病无垠！	（接上页）因此，送给穷朋友一把米，吝惜的情绪就流露在脸上；捐赠给豪富的和尚上千石粮食，从内心到汗毛也感到舒畅。岂不是因为和尚有夸大的预偿的诺言（按：指和尚用布施可以进天堂的诺言），而穷朋友没有一升半斗的报答吗？帮助人，却不在于救人急难，做好事仅仅为了自私。〔佛教〕用渺茫的谎言迷惑人，用地狱的痛苦吓唬人，用夸大的言辞引诱人，用天堂的快乐招引人。所以使得人们抛弃了儒者的服装，披上僧人的袈裟；废掉了传统的礼器，摆上了水瓶饭钵；家家骨肉分离，人人子嗣绝灭！以至于使得士兵丧失战斗力，吏役在机关中缺额；粮食被游手好闲的僧众吃光，财富被奢侈的寺院建筑耗尽！坏人充斥，不能禁止，却高颂"阿弥陀佛"！这都是佛教所造成的。它的源流不加遏止，它的祸害就没有边际。

---

[1] 袈裟和瓶、钵都是和尚的衣服和用具，是从印度传来的，和当时中国民族习惯不一样。

续表

〔附〕《神灭论》今译	
若知陶甄禀于自然，森罗均于独化，忽焉自有，恍尔而无，来也不御，去也不追，乘夫天理，各安其性：小人甘其垄亩，君子保其恬素；耕而食，食不可穷也，蚕而衣，衣不可尽也。下有余以奉其上，上无为以待其下，可以全生，可以养亲，可以为己，可以为人，可以匡国，可以霸君，用此道也。	如果能够认识到万物的生成是由于它自己的原因，复杂的现象完全是它自己在变化，忽然自己发生了，忽然自己消灭了。对它的发生既不能防止，对它的消灭也无须留恋。顺从着自然的法则，各人满足自己的本性：劳动者安于他们的田野，统治者保持他们的朴素。种了田然后吃饭，粮食是吃不完的；养了蚕然后制衣，衣服是穿不尽的。在下者把多余的产品奉养在上者，在上者以不干涉的态度对待在下者。这样，就可以保全生命，可以赡养父母，可以满足自己，可以满足大家，可以使国家安定，可以使君主称霸，都是由于这个原则啊！

关于《杜阳杂编》

佛教以南北朝及隋唐初期为最盛。唐代武宗于会昌五年（845）下令消灭佛教，虽然后来的皇帝下令恢复，由于寺院经济遭到严重的打击，佛教从此便一蹶不振。《杜阳杂编》的作者根据亲身经历，把长安一次迎佛骨的过程记录下来。通过这一记载，我们可以想见唐代佛教虽在会昌毁佛之后遭到打击，但它还拥有广大群众，迷信思想仍然深入人心。这里生动、具体地描绘了统治集团是怎样豪奢浪费为个人祈福，被压迫者为了祈求来生幸福，有的甚至不惜残毁肢体！知道了这些情况，我们再来看范缜《神灭论》所说的"浮屠害政，桑门蠹俗""竭财以赴僧，破产以趋佛"，就能理解他的战斗的积极意义，也更明白佛教对社会的危害作用了。今天的青年读者对古代佛教的传播情况、宗教生活以及宗教信仰者的精神状态，已相当隔膜，甚至完全不了解。这篇附录，就是提供一些关于唐代佛教生活的一些感性知识的记录材料的。

杜阳杂编

十四年[1]春,诏大德僧数十辈,于凤翔法门寺迎佛骨。百官上疏谏,有言宪宗故事者。上[2]曰:"但生得见,殁而无恨也。"

遂以金银为宝刹,以珠玉为宝帐、香舁,仍用孔雀氄毛饰其宝刹。小者高一丈,大者二丈。刻香檀为飞帘花槛瓦木阶砌之类,其上遍以金银复之。舁一刹,则用夫数百。其宝帐香舆,不可胜纪。工巧辉焕,与日争丽。又悉珊瑚、玛瑙、真珠瑟瑟缀为幡幢。计用珍宝,则不啻百斛。其剪彩为幡为伞,约以万队。

四月八日,佛骨入长安。自开远门[3]安福楼,夹道佛声振地。士女瞻礼,僧徒道从。上御安福寺,亲自顶礼,泣下霑臆。即召两街供奉僧,赐金帛各有差。仍〔命〕京师耆老,元和[4]迎真体者,迎真身来,悉赐银椀锦彩。长安豪家,竞饰车服,驾肩

---

[1] 唐懿宗咸通十四年,为873年。
[2] 上,指懿宗皇帝。
[3] 开远门,长安城西面有三个城门,开远门在最北面。
[4] 元和(806—820),唐宪宗年号。元和十四年(819)自凤翔迎佛骨入禁中。

弥路。四方挈老扶幼，来观者莫不蔬素，以待恩福。时有军卒，断左臂于佛前，以手执之，一步一礼，血流洒地，至于肘行膝步，嚯指截发〔者〕不可算数。又有僧以艾复顶上，谓之"炼顶"。火发，痛作，即掉其首呼叫。坊市少年擒之，不令动摇，而痛不可忍，乃号哭卧于道上，头顶焦烂，举止苍迫。凡见者无不大哂焉。

上迎佛骨入内，道场即设金花帐，温清床，龙麟之席，凤毛之褥，焚玉髓之香，荐琼膏之乳，皆九年诃陵国[1]所贡献也。

初，迎佛骨，有诏令京城及畿甸于路傍垒土为香刹，或高一二丈，迨八九尺，悉以金翠饰之。京城之内，约及万数。是时妖言香刹摇动，有佛光庆云现路衢，说者迭相为异。又坊市豪家，相为无遮斋大会，通衢间结彩为楼阁台殿，或水银以为池，金玉以为树，竞聚僧徒，广设佛像，吹螺击钹，灯烛相继。又令小儿玉带金额白脚，呵唱于其间，恣为嬉戏。又结锦绣为小车，与以载歌舞。如是充于辇毂之下，而延寿里[2]推为繁华之最。是岁秋七月，

---

[1] 诃陵国，"在南方海中洲上居，东与婆利、西与堕婆登、北与真腊接，南临大海"（《旧唐书》卷一九七）。

[2] 延寿里，位于长安北门，化门与芳林门之间，由北面数第五坊。

天子晏驾（识者以为物极为妖）……

僖宗皇帝即位，诏归佛骨于法门。其道从威仪，十无其一，具体而已。然京城耄耋士女，争为送别，执手相谓曰："六十年一度迎真身，不知再见复在何时！"即俯首于前，呜咽流涕……

——节录《历代小史》卷二五（明万历赵氏刊本），苏鹗

汉—唐佛教简明年表

汉—唐佛教简明年表

朝代	帝号	年号	年代	干支	公元	事　记
东汉	明帝	永平	十	丁卯	67	据说佛教开始传入中国。
	桓帝	建和	元	丁亥	147	月氏国沙门支谶至雒（洛）阳，译《般舟三昧阿閦佛经》等二十一部。
	桓帝	建和	二	戊子	148	安息国沙门安世高等至雒阳译经。
	桓帝	永寿	元	乙未	155	帝于宫中立浮屠老子之祠。
	献帝	兴平	二	乙亥	195	下邳相笮融起佛祠，课人诵经，浴佛设斋，时会者五千余人。
魏	文帝	黄初	五	甲辰	224	月支国优婆塞支谦来雒（洛）阳受业于支亮。亮受业于支谶。世称"天下三博，无出三支"。
	齐王曹芳	正始	二	辛酉	241	时吴赤乌四年，康居沙门康僧会来吴。佛法最初传至吴以此始。
晋	武帝	太康	七	丙午	286	月支沙门竺法护至长安译《正法华经》。

续表

朝代	帝号	年号	年代	干支	公元	事　记
晋	元帝	永昌	元	壬午	322	西竺沙门尸黎密（晋言吉友）至建康。丞相王导见之曰："我辈人也。"一时名士皆造门结友。
	成帝	咸康	六	庚子	340	庾冰辅政，议沙门对王者行跪拜礼。尚书何充等谏止，议不行。此夷夏之论交诤之端。
	哀帝	兴宁	二	甲子	364	诏竺潜讲《般若》于宫中。潜辞还剡山，诏支遁相继讲法。
	废帝	太和	二	丁卯	367	支遁表求还山，诏建沃洲寺以居之。遁每讲多会宗遗文，为守文者所陋。谢安曰："此九方歅之相马，略玄黄而取神骏也。"尝讲《维摩》于山阴。处士许询为都讲。支通一义，四座莫不厌心，许送一难，众人莫不抃舞。
	孝武帝	太元	四	己卯	379	苻秦攻拔襄阳，获道安、习凿齿送长安。苻坚喜曰："今破襄阳获士裁一人半。"一人谓道安，半人即习凿齿。

续表

朝代	帝号	年号	年代	干支	公元	事　记
	孝武帝	太元	六	辛巳	381	慧远至庐山立龙泉精舍。慧远为道安之弟子。
	孝武帝	太元	十	乙酉	385	道安逝世。道安创僧律，制众经目录，精于戒行佛法，是晋代佛教的重要传播者。
晋	安帝	隆安	三	己亥	399	法显与同学慧景、道整，慧应、慧嵬等发自长安，西渡流沙，经印度求佛经，历时十五年，经三十余国。携回佛经多种。律藏及《阿含》的介绍传播，法显起过重要作用。归国后译佛经百余万言。并记载旅途见闻为《佛国记》，保存当时印度情况，有极重要的史料价值，受到世界史学家的重视。
	安帝	隆安	五	辛丑	401	秦王灭凉，迎鸠摩罗什（秦言童寿）至长安，馆于逍遥园，开始译经。
	（后秦弘始三年）					
	安帝	元兴	二	癸卯	403	慧远作《沙门不敬王者论》以论证佛教实际上是支持王者的。

续表

朝代	帝号	年号	年代	干支	公元	事　记
晋	安帝	义熙	二	丙午	406	罗什译出《法华》等经。罽宾佛陀跋陀罗（觉贤）来长安，传小乘佛教。
	安帝	义熙	九	癸丑	413	鸠摩罗什逝世，寿七十。什得印度龙树空宗之嫡传。旧译佛经，多滞文格义，传译失旨，多不与梵本相应。罗什译经，义皆圆通，众心惬伏。罗什在长安共译出大、小品《般若》《十住》《法华》《维摩》《思益》《首楞严》《十诵律》《成实论》《中论》《百论》《十二门论》等，凡三百余卷。自什以后，中国有了比较系统的翻译的佛经。
宋	安帝	义熙	十	甲寅	414	僧肇（384—414）逝世。僧肇是中国南北朝时期最著名的佛教哲学理论家，是罗什的四大弟子之一。
	安帝	义熙	十二	丙辰	416	庐山慧远（334—416）逝世。慧远尝著《法性论》有云："至极以不变为性，得性以体极为宗。"罗什叹其未见经论，谙于理合。

续表

朝代	帝号	年号	年代	干支	公元	事　记
宋	文帝	元嘉	八	辛未	431	宋帝诏求那跋摩赴京，问持斋不杀之义。对曰："帝王所修，与匹夫异。出一嘉言，则士庶咸悦，布一善政，则人神以和。刑不夭命，役不劳力。以此持斋，斋亦大矣。安在辍半日之食，全一禽之命？"
	文帝	元嘉	十一	甲戌	434	求那跋摩于南林寺，立戒坛为僧尼授戒，此为中国戒坛之始。道生卒。道生为鸠摩罗什门下四大弟子之一。立"善不受报""佛无净土"……诸义。又倡《涅槃经》"一阐提人皆能成佛"的学说，为守带文句之徒所摈。《涅槃》后分译出，众乃叹服（或曰元嘉九年）。
	文帝	元嘉	二十二	乙酉	445	北魏太武征盖吴，至长安，见僧寺有兵仗。太武帝大怒，司徒崔浩与道士寇谦之劝太武尽诛沙门，毁经像寺院。佛教受到一次严重的打击。
	（北魏太平真君六年）					
	明帝	泰始	三	丁未	467	道士顾欢作《夷夏论》，从种族立场反对佛教。

续表

朝代	帝号	年号	年代	干支	公元	事　记
齐	武帝	永明	七	己巳	489	僧伽跋摩于广州竹林寺译成《善见毗婆娑律》，自佛逝世后，弟子优波离即时结集律藏，以其年七月十五日夏安居终了时，于众前以香花供养，于书后记一点。师师相传，年年不断。至齐永明七年共约九百七十五点。循此上推，知佛逝世当在周敬王三十五年，鲁哀公十年，公元前485年，较孔子早卒六年。
梁	武帝	天监	六	丁亥	507	无神论者范缜发表《神灭论》，与梁武帝为首的皇室贵族展开辩论。
	武帝	天监	八	己丑	509 （魏永平二年）	魏国洛阳除中国沙门以外，西域僧三千余人，延昌（512—514）时郡州佛寺一万三千余所，僧至二百万。

续表

朝代	帝号	年号	年代	干支	公元	事　记
梁	武帝	天监	十五	丙申	516	魏世宗宣武帝作瑶光寺未就，胡太后作永宁寺，又开凿伊阙，两工程皆壮丽奇伟。菩提达磨至洛阳，见永宁寺建筑，叹未曾有。永宁寺于533年毁于雷火，大火三月不息。伊阙石像今仍存。
			（魏熙平元年）			
	武帝	天监	十七	戊戌	518	僧祐逝世，寿七十四。僧祐是梁代最博学的僧人，有《出三藏记集》《释伽谱》《弘明集》等关于佛教史籍方面等著作。
	武帝	天监	十八	己亥	519	会稽沙门慧皎著《高僧传》，始汉永平，终于是岁。凡四百五十余年，二百五十七人，附见者二百余人，分为十科，后之僧传永以为式。是研究佛教史的直接史料。
	武帝	普通	元	庚子	520	北魏明帝正光以后，约略计之，僧尼大众约二百万，佛寺三万余所。

续表

朝代	帝号	年号	年代	干支	公元	事　记
梁	武帝	中大通	元	己酉	529	梁武帝到同泰寺，设四部无遮大会，并舍身（为寺院服役）。公卿以下以钱一亿万把武帝赎回。武帝当政期间，共三次舍身，三次被赎回。
	武帝	大同	六	庚申	540	北齐慧文禅师于河南与慧思禅师说三观口诀。
	元帝	承圣	元	壬申	552	真谛三藏以侯景之乱泛舶而归，大风飘还广州，译《起信》《俱舍》诸论。
陈	废帝	光大	二	戊子	568	慧思禅师入南岳，故称南岳大师，后被天台宗追认为天台二祖。
	宣帝	大建	五	癸巳	573	海东沙门玄光受《法华》于南岳慧思后归国演教，是为海东诸国传教之始。

续表

朝代	帝号	年号	年代	干支	公元	事 记
陈	宣帝	大建	六	甲午	574	周武帝纳道士张宾之建议，废佛教。后三年（周建德六年，北齐承光二年）灭北齐，下诏曰："六经儒教于世有宜，故须存立。佛教徒费民财，皆当毁灭。"僧尼并令还俗，籍三百万人并充军民，财产入官。时沙门靖嵩等三百人逃往南朝。
			（周建德三年）			
	宣帝	大建	九	丁酉	577	六月二十二日南岳慧思逝世。
隋	文帝	开皇	十一	辛亥	591	晋王杨广（即后来的隋炀帝）为扬州总管，迎智颉大师至镇，设千僧会，受菩萨戒。颉赐晋王法号总持。晋王尊颉为智者大师。
	文帝	开皇	十二	壬子	592	禅宗二祖慧可逝世，寿一百又七岁。
	文帝	开皇	十七	丁巳	597	天台智者大师逝世，寿六十七。以久住天台山，故称天台大师，开后灵天台宗。翻经学士费长房进《开皇三宝录》十五卷。

续表

朝代	帝号	年号	年代	干支	公元	事 记
隋	文帝	仁寿	二	壬戌	602	玄奘生。
	炀帝	大业	二	丙寅	606	禅宗三祖僧粲逝世。
唐	太宗	贞观	三	己丑	629	玄奘上表请求出国赴印度求经,未允。八月私自越境西去。时玄奘三十岁。
	太宗	贞观	六	壬辰	632	诏终南山杜顺入见,锡号帝心。八月天台宗章安灌顶禅师逝世,寿七十二。灌顶是智者的弟子,智者讲法的笔记,多半是他整理编辑的。
	太宗	贞观	十二	戊戌	638	禅宗六祖惠能生。
	太宗	贞观	十三	己亥	639	诏国子祭酒孔颖达、沙门慧净、道士蔡晃入弘文殿谈论三教。 十月杜顺和尚逝世于义善寺,后来被推奉为华严宗初祖。
	太宗	贞观	十九	乙巳	645	玄奘由印度还长安,诏就弘福寺同道宣等翻经。

续表

朝代	帝号	年号	年代	干支	公元	事 记
唐	太宗	贞观	二十二	戊申	648	太宗为玄奘新译经制圣教序。太宗令玄奘翻道德经为梵文以遗西竺。玄奘辞曰："佛老二教，其致大殊。安用佛言，用通老义。且老子立义肤浅，五竺观之适足见薄。"终不译。
	高宗	永徽	二	辛亥	651	九月禅宗四祖道信逝世于东山黄梅寺，寿七十二。
	高宗	永徽	四	癸丑	653	日本遣沙门道照入中国，从玄奘学。
	高宗	永徽	五	甲寅	654	特旨度沙门窥基为大僧，入大慈恩寺。窥基是玄奘的大弟子，他和玄奘同为法相宗的创始人。
	高宗	显庆	二	丁巳	657	道宣居西明寺作《续高僧传》，起梁天监讫唐贞观。
	高宗	显庆	三	戊午	658	诏沙门义褒、道士黄颐等入宫谈论。日本遣沙门智通来求大乘佛教。
	高宗	显庆	四	己未	659	诏僧道入合璧宫论议，法师会隐立"五蕴"义，神泰立"九断知"义。

续表

朝代	帝号	年号	年代	干支	公元	事　记
唐	高宗	麟德	元	甲子	664	玄奘逝世。奘归国所翻经论七十四部，一千三百三十五卷，自罗什以后推为第一。师创立法相宗。弟子有窥基、圆测等。又著《大唐西域记》为研究七世纪印度历史的重要史料。经地下考古发掘证实，玄奘记录确实可信。
	高宗	乾封	二	丁卯	667	十月三日道宣于终南山逝世。宣学识渊博，著《唐高僧传》，是继慧皎《高僧传》后研究佛教史的重要资料。
	高宗	咸亨	二	辛未	671	沙门义净自南海附舶往印度求经。
	高宗	咸亨	五	甲戌	674	禅宗五祖弘忍逝世，寿七十四。
			（改上元元年）			
	高宗	仪凤	元	丙子	676	惠能至广州法性寺，印宗禅师为其落发，智光律师临坛为授满分戒。惠能翌年归韶州曹溪宝林寺。

续表

朝代	帝号	年号	年代	干支	公元	事　记
唐	高宗	永隆	元	庚辰	680	沙门智运于洛阳龙门山镌石为佛像一万五千。
	高宗	永淳	元	壬午	682	十一月慈恩法师窥基逝世，寿五十一。基禀玄奘法师瑜伽师地唯识宗旨，著疏甚多，号"百部论主"，后世称法相宗为慈恩教。
	高宗	弘道	元	癸未	683	西明寺沙门道世（道宣之弟子）撰《法苑珠林》一百卷，分门类事，是佛教的一部资料、工具书。
	武后	垂拱	三	丁亥	687	天竺沙门地婆诃罗（日照）于仪凤初至长安译《密严》等经，至是共译十八部凡三十四卷。
	武后	天授	元	庚寅	690	昔后凉昙无谶所译大方等大云经中有女主威伏天下的宗教预言。武则天即皇帝位，特表扬此经，以合符命。

续表

朝代	帝号	年号	年代	干支	公元	事 记
唐	武后	天授	二	辛卯	691	三月诏释教在道教之上。诏曰:"朕先蒙金口之记,又承宝偈之文。大云阐奥,明王国之祯符;方等发扬(即《大云经》),显自在之丕业。虽实际如如,理忘于先后,而翘心恳恳,思展于勤诚。今后释教宜在道法之上,缁服处黄冠之前。"贞观十一年道士在僧尼之前之制不行。
	武后	证圣	元	乙未	695	以晋译六十卷《华严》未备,遣使往于阗国迎实义难陀与菩提流志重译。沙门复礼缀文,法藏笔受,弘景证义,成八十卷译本。
		(又称天册万岁)				
	武后	万岁	元	丙申	696	武则天遣使赐惠能水精钵、摩纳衣、白氍、香茶,敕韶州守臣安抚山门。诏法藏于太原寺开华严宗旨,赐号贤首法师,华严宗又称贤首宗。
		登封 (又改万岁通天)				

续表

朝代	帝号	年号	年代	干支	公元	事　记
唐	武后	圣历	元	戊戌	698	五月义净三藏自印度还。义净三十七岁赴印度，经二十五年，历三十余国，携回梵本四百余部。译出佛经五十六部二百三十卷，著有《大唐西域求法高僧传》《南海寄归内法传》，有史料价值。
	武后	圣历	二	己亥	699	十月敕法藏法师于佛授记寺讲新译《华严经》，至《华严世界品》，地皆震动。即日引对长生殿，敷宣玄义。指殿前金师子为譬，后豁然领解。封师为菩萨戒师。集其言曰《金师子章》。
	中宗	神龙	元	乙巳	705	诏惠能禅师入京，辞，不赴。令道观毁除化胡成佛之像，僧寺毁除老君之形，令两教不可互辱。

续表

朝代	帝号	年号	年代	干支	公元	事　记
唐	睿宗	景云	二	辛亥	711	自贞观十一年诏供斋行立道士女冠宜在僧尼之前，经过了五十四年，至武后天授二年（691）又有释教在道教之上的规定，又经过了二十年（睿宗景云二年）复敕僧道斋行并进，终唐一世，遂为定制。
	玄宗	先天	元	壬子	712	十一月华严宗法藏逝世，寿七十（643—712）。
	玄宗	先天	二	癸丑	713	八月，禅宗惠能（638—713）于新州国恩寺逝世。反葬韶州曹溪，世称禅宗六祖。
			（改开元）			
	玄宗	开元	四	丙辰	716	西天无畏三藏来中国，译出《毗卢遮那》等经，"密教一宗于兹为盛"。日本国遣元昉入中国求法。

续表

朝代	帝号	年号	年代	干支	公元	事　记
唐	玄宗	开元	七	己未	719	金刚智至广州，来京，敕居慈恩寺，传龙树瑜伽密教。李通玄造《华严经论》，三年乃成。日食十枣柏叶饼一枚，世号枣柏大士。
	玄宗	开元	八	庚申	720	北天竺不空三藏循南海至京师，于慈恩寺受瑜伽法于金刚智。
	玄宗	开元	十四	丙寅	726	菩提流支逝世，谥一切遍知三藏。
	玄宗	开元	十八	庚午	730	天台宗左溪玄朗为荆溪湛然说《止观法门》。西京崇福寺沙门智昇进《开元释教录》二十卷，以五千四十八卷为定数，附入大藏。这是唐代编制精详的一部佛教全书的目录。
	玄宗	开元	二十	壬申	732	金刚智三藏亡，谥灌顶国师。弟子不空三藏奉遗教复返天竺求法及经论五百余部。
	玄宗	开元	二十三	乙亥	735	无畏三藏逝世。

续表

朝代	帝号	年号	年代	干支	公元	事　记
唐	玄宗	开元	二十四	丙子	736	吴道玄，字道子，妙穷丹青，大略宗张僧繇。玄宗召入供奉，于景公寺画地狱变，都人咸观，皆惧罪修善。两市屠沽不售。
	玄宗	开元	二十八	庚辰	740	禅宗吉州青原行思禅师逝世。
	玄宗	天宝	十二	癸巳	753	日本国沙门荣睿、普照至扬州，奉其主命，以僧伽黎十领施中国高行律师，鉴真（688—763）受其衣。鉴真认为日本国主信奉佛教，有传法机缘，遂至日本传戒法。日本律教自此始。
	肃宗	至德	元	丙申	756	正月范阳节度使安禄山起兵叛乱。肃宗在灵武以军需不足，宰相裴冕请鬻僧道度牒谓之"香水钱"，菏泽神会最积极卖力。神会（648—758），据1983年12月洛阳龙门出土《神会塔铭》。

续表

朝代	帝号	年号	年代	干支	公元	事　记
唐	代宗	大历	三	戊申	768	诏南阳慧忠入宫,号称国师。代宗正便殿,指宦者鱼朝恩谓师曰:"朝恩亦解佛法。"朝恩进问师曰:"何谓无明?从何而起?"师曰:"衰相现前,奴才也解问佛法!"朝恩大怒。师曰:"此即是无明,无明从此起。"诏径山法钦禅师入见,待以师礼,赐号国一禅师。天台宗荆溪湛然于天台佛陇为道邃说《止观法门》。
唐	代宗	大历	九	甲寅	774	不空三藏告病,诏加开府仪同三司,封肃国公,食邑三千户,及逝世,赠司空,谥大辩正广智三藏。
唐	德宗	建中	三	壬戌	782	翰林学士梁肃学天台教于荆溪湛然,以《止观》文义弘博,览者费日,乃删定为六卷行于世。吏部郎中李华尝从荆溪湛然学止观。湛然为述止观大意一篇,时士大夫同学于荆溪者极多。

续表

朝代	帝号	年号	年代	干支	公元	事　记
唐	德宗	贞元	四	戊辰	788	禅宗江西马祖道一逝世。道一得法于南岳怀让。其后有临济、沩仰诸宗，风行天下。
	德宗	贞元	六	庚午	790	正月南岳石头希迁师逝世。希迁得法于青原行思，其后分为三家：五传而为洞山，七传而为云门，九传而为法眼。
	德宗	贞元	八	壬申	792	径山道钦禅师逝世，寿七十九。
	德宗	贞元	十二	丙子	796	于内殿集诸禅师详定传法旁正。四月诞节，御麟德殿，敕给事中徐岱等与沙门覃延道士葛参成讲论三教。翌年敕沙门端甫入内殿与儒道论议。
	德宗	贞元	二十	甲申	804	日本国遣使者来华，其学者橘免势、沙门空海入中国学秘密教于不空弟子慧果。
	顺宗	永贞	元	乙酉	805	日本国沙门最澄来学天台教于道邃法师，尽写一宗论疏以归。
	宪宗	元和	二	丁亥	807	河中府沙门慧琳撰《一切经音义》一百三卷。

续表

朝代	帝号	年号	年代	干支	公元	事　记
唐	宪宗	元和	五	庚寅	810	华严宗澄观为帝讲华严法界义。
	宪宗	元和	九	甲午	814	百丈怀海禅师逝世。
	宪宗	元和	十	乙未	815	南海经略使马总上疏请谥曹溪六祖敕谥大鉴禅师，柳宗元为撰碑文。
	宪宗	元和	十四	己亥	819	正月敕迎凤翔法门寺佛骨入禁中，敬礼三日，历送京城十寺。王公士庶瞻礼施舍，百姓士庶炼顶灼肤以为供养，刑部侍郎韩愈上表谏，贬潮州刺史。
	穆宗	长庆	二	壬寅	822	中书舍人白居易知杭州，往问道于鸟窠禅师。师曰诸恶莫做众善奉行。居易曰："三岁孩儿也恁么道。"师曰："三岁孩儿虽道得，八十老翁行不得。"
	文宗	大和	元	丁未	827	十月诞节诏秘书监白居易、安国寺义林、上清宫道士杨弘元于麟德殿讲论三教。
	文宗	大和	八	甲寅	834	禅宗池州南泉普愿禅师逝世。禅宗沣州药山惟俨禅师逝世。

续表

朝代	帝号	年号	年代	干支	公元	事　记
唐	文宗	大和	九	乙卯	835	八月诏华严宗沙门宗密入内殿问佛法，赐紫方服。
	文宗	开成	五	庚申	840	正月华严宗圭峰宗密逝世，宰相裴休撰碑文。
	武宗	会昌	五	乙丑	845	正月道士赵归真请与释氏辩论。诏僧道会辩于麟德殿。归真荐引罗浮邓元超等谋毁佛法。四月诏检校天下寺院僧尼数。五月敕两都左右街留寺四所，僧各三十人。天下诸郡各留一寺，上寺二十人，中寺十人，下寺五人。八月敕诸寺立期毁拆，括天下寺四千六百所、兰若四万所寺材以葺廨驿，金银像以付度支，铁像以铸农器，铜像钟磬以铸钱。收良田数千万亩，奴婢十五万人。僧尼归俗者二十六万五百人。穆护火袄并勒还俗凡二千余人。宰相李德裕率百官上表称贺。

续表

朝代	帝号	年号	年代	干支	公元	事　记
唐	宣宗	大中	七	癸酉	853	禅宗潭州沩山灵祐逝世,谥大圆禅师。沩山灵祐与仰山慧寂是禅宗"沩仰宗"的创始人。
	宣宗	大中	九	乙亥	855	禅宗洪州黄檗希运逝世,谥断际禅师。
	懿宗	咸通	六	乙酉	865	禅宗朗州德山宣鉴逝世,谥见性禅师。
	懿宗	咸通	七	丙戌	866	禅宗临济义玄逝世,谥慧照禅师,他是禅宗"临济宗"的开创人。
	懿宗	咸通	十	己丑	869	禅宗瑞州洞山良价逝世,谥悟本禅师。
	懿宗	咸通	十四	癸巳	873	皇帝下令于凤翔法门寺迎佛骨。四月八日,佛骨入长安。车马骈阗,举国若狂。
	僖宗	乾符	二	乙未	875	黄巢起义。
	僖宗	中和	元	辛丑	881	黄巢起义军攻克长安。
	昭宗	大顺	二	辛亥	891	禅宗袁州仰山慧寂逝世。
	昭宗	乾宁	四	丁巳	897	禅宗赵州观音院从谂逝世。

续表

朝代	帝号	年号	年代	干支	公元	事 记
唐	昭宗	天复	二	壬戌	902	禅宗洪州云居道膺逝世,谥弘觉。
	昭宗	天复	三	癸亥	903	禅宗抚州曹山本寂逝世,师得法于洞山,这一流派世称"曹洞宗"。禅宗韶州云门文偃聚徒千人,汉主刘氏召问法要,师得法于雪峰,号"云门宗"。
(五代)梁	太祖	开平	二	戊辰	908	二月禅宗雪峰义存逝世。十一月禅宗玄沙师备逝世。
周	世宗	显德	五	戊午	958	七月禅宗金陵清凉文益逝世(初,南唐后主待以师礼),谥"大法眼",这一流派学者称为"法眼宗"。

后　记

　　这里收集了1955年到1962年发表的关于佛教思想的论文七篇，其中《南朝晋宋间佛教"般若""涅槃"学说的政治作用》一文是汤用彤先生和我合写的，征得汤先生同意，也收集在这里。

　　佛教典籍浩繁，又有它自己的一套宗教哲学术语，它的道理虽然说不上怎么深奥，但它以艰深文其浅陋，自古号称难治。佛教宗教哲学坚决与唯物主义为敌，为了论证现实世界剥削制度的"合理"，它挖空心思，讲了一些歪道理。由于佛教唯心主义宗教哲学讲得比较精致，体系也比较庞杂，确也使一些唯心主义者为之心折，俘虏了一些人。

　　这里收集的这几篇文章，是"略论"性质的，只是对某一宗派的思想评论了它的主要方面，今后还要继续对它进行系统的批判。马克思的指示，是我们研究宗教史的原则：

　　　宗教的苦难既是现实苦难的表现，又是对这种现实苦难的抗议。

　　　废除作为人民幻想的幸福的宗教，也就是要求实现人民的现实的幸福。

> 彼岸世界的真理消逝以后,历史的任务就是确立此岸世界的真理。[1]

这些文章不是一时写的,其中有不少的重复。这次付印前,对于重复部分做了一些必要删节,对于已经发现的一些错误也做了改正。希望能得到读者的指教,以便进一步改正。

有些篇,不算论文,仅供参考,作为附录。

作者

1962年国庆节

---

[1]《黑格尔法哲学批判》,《马克思恩格斯全集》第1卷。

再版附言

这个论文集(原名《汉—唐中国佛教思想论集》,1963年三联书店出版)出版后,得到读者及同志们的鼓励和帮助,提出了不少宝贵意见。借此再版的机会,对书中某些错误和不妥当的地方进行了改正。《从佛教经典的翻译看上层建筑与基础的关系》一文是1964年写成的,现在也收在这里,一并请读者指正。

作者

1972年国庆节

三版附记

这一部论文集出版到现在近二十年。二十年间，中国经历了一场空前浩劫，我们的社会主义祖国几乎被"四人帮"断送掉。从思想上找根源，深感在中国这块古老的土地上，被各种宗教的灵光圈笼罩得太久了。商、周时代天命神学统治着人间，春秋战国面临着社会的大变革，思想得到一次大解放，天命、天道的争论，推动了哲学思想的前进，宗教神学有所削弱。秦汉统一，随着政治上的中央封建专制主义的加强，神权又抬头了，出现了宣扬封建宗法制的神学目的论。西汉末到东汉初年，传入了佛教，东汉末又孳长起土生土长的道教。到了隋唐，佛、道、儒并称三教。唐以后儒教逐渐形成，宋代正式建立。儒教不同于佛、道两教，它避免了宗教的形式，甚至打着反宗教的旗号，但它吸收了佛道的宗教精神和宗教修养方法，成为中国封建社会后期的一种特殊宗教。宋以后，佛教势力不及隋唐时期那样强大，原因之一是佛教的内在精神被儒教所吸收，宗教社会化、世俗化，把俗人变成了僧侣。

多年来从事教学与科学研究工作，又由于主客观多种因素，对佛教的研究没有机会进行系统地论述，这些文章都是业余时间写的。"文化大革命"，横扫一切"旧文化"，1974年以后，全国演出"儒法斗争"的闹剧，到处"以阶级斗争为纲"，科学研究已无从说起，历史人物、历史事件被抓来作为政治斗争的筹码。学术界一片荒寒，没有研究，没有自由，只有"四人帮"的口号。哲学史不能讲，佛教史也不能讲。偏偏在1972年到1974年患眼病，右目丧明，左目视力减退到正常视力的三分之一，生活条件既艰难，心情也十分苦闷。蕴积多年的一些成型的关于佛教史和中国哲学史的思想体系，没有机会写出来。日迈月征，人已渐老，总想给后人提供一点思想资料或工具知识，打算编一部佛教辞典。因为这是一部工具书，不涉及"儒法斗争"，可免于文网，辞典条目分条进行，不必连续写作，适于一个人在病榻上进行。已拟定了辞目，并已开始着手。

1976年，"四人帮"被人民粉碎，全国人民为之欢欣鼓舞，学术界也得到复苏，宗教研究工作又提到国家规划的日程上来。科学工作者的思想得到前所未有的解放，人们不再担心学术问题招来文字灾祸，摆在面前有做不完的工作。我身体更差了，视力日渐减退，但精神舒畅了，工作和生活的信心比过去增强了。今后，将系统地把中国佛教史写出来，把佛教与中国文化思潮的关系清理出来。今后数年将致力于《中国佛教史》的研究写作，《佛教辞典》只好暂时放一放。因为，与佛教史写作的同时，还在进行《中国哲学史》的写作。自己深知这两项工作同时进行，相当吃力；但是在大好形势下，我又得到几位中青年助手的帮助，从目前工作进行的情况看，任务虽重，还是可以完成的。

论文集第三版付印时，又把1979年《世界宗教研究》第一期发表的《般若无知论》今译作为附录。这样，僧肇的三篇主要论文都收在这里了。

本书第一、二版出版时，由于忙及其他原因，没有能够写一篇序言，借第三版的机会，用《中国佛教史》的序作为本书的代序，表达我对中国佛教发展的总的看法。这个论文集收集的文章，只限于汉唐，对汉唐佛教思想的看法，实际上是对中国佛教史、道教史、中国哲学史的总看法的一部分。

这些想法尽管反复考虑了多年，仍然很不成熟，希望读者批评指正。

1981年4月4日　北京

四版附记

中华民族的文化有深厚的根基,它有能力融解、吸收外来文化,接受其中的有用的东西,排除其糟粕。中华民族的生命力也恰恰在这里。当它发挥它的文化优势,容纳百川众流时,就兴旺发达;当它封闭自锢,安于现状,排斥外来文化时,它就衰退。佛教文化的兴衰过程,从一个侧面反映了中国文化发展过程。

佛教传入中国的过程,还使人发现文化交流的势差现象。高层次的文化与低层次的文化相接触时,总是高层次的影响低层次的,低层次的处在被影响的地位。佛教文化传到中国时,由于印度次大陆地区文化层次与中国文化的层次大体相当,分不出显著的高下,所以用了很长时间才融为一体。今天的世界文化交流比两千年前的交流广泛而深入,西方文化与中国文化交流中又发生了撞击,也会发生冲突,到相容、相安、相补最后融合无间的结局。所不同的是今天的中国文化已不限于传统的儒释道三教合一的格局,今天的中国已是社会主义的中国,中国文化既有老的传统,又有崭新的中国化了的马克思主义。中华民族面临着更大规模、前所未有的文化交融新局面。

了解汉唐，正是为了瞻望未来。盖房子可以平地起楼台，文化不能从中割断。历史经验已经证明，凡是有作为有远见的民族，都是善于批判继承过去文化和外来文化的精华而又不失去自己的品格。

这本论文集第三版出版于1981年，到现在整十年。这一段时间里，由于参加学术性会议，陆续发表了一些短文章，现在把有关汉唐佛教的文章汇集在一起，合并编入这本论文集。

在"四人帮"横行时，学术界长期沉默，真正关心祖国传统文化的学者们，对这本书还是很关心的，我收到不少老、中、青年学者的来信，有鼓励、有慰勉。吕叔湘先生，把这本书从头到尾看过一遍，以他专家学者的细心，挑出排版、标点中的错误几十处，列表寄给我，希望再版时改正。季羡林教授除指出排印的错误外，还提醒有触犯当时"评法批儒"的地方，希望注意。他提意见时书已出版。即使在"文化大革命"时期，许多老专家和广大读者仍然对这本书给予了热诚的关心和支持，我在此向他们表示敬意。

十年来，撰写的专题不多，因为主要精力都用于编写三部书：《中国佛教史》（已出第1、2、3卷），《中国哲学发展史》（已出先秦、秦汉、魏晋南北朝3卷），还主持编辑《中华大藏经》（汉文部分）（已出版37卷）。《论文集》中所反映的只是汉唐佛教思想的一鳞半爪。这一次补进的论文都是"文化大革命"以后陆续写成的。在学术著作出版极端困难的情况下，人民出版社编辑同志的大力支持，使它有机会出第四版，对他们表示感谢之忱。

1991年1月于北京

附录

《汉唐佛教思想论集》日译本序 *

---

* 据《任继愈学术论著自选集》。

中日两国由沧海相接，结为紧邻，两国人民之间有悠久的传统友谊。中日两国的文化交流的历史源远流长，自汉唐到今天，从未间断过。在双方交往中，隋唐以来佛教成为两国文化交流的一个重要内容和渠道。唐朝鉴真和尚六次东渡日本终于成功的事迹，传为中日友谊史上的佳话。佛教自西方传入中国后，适应于新的历史条件，内容和形式都有极大的变化，逐渐形成了具有中国特色的佛教流派。这些重要流派，随着中日文化交流的发展对日本佛教的兴起曾有相当影响，这种影响

的程度其至远远超过和中国土地相连的亚洲诸邻国。佛教在日本的发展也具有日本民族的特色，其中天台宗、真言宗、禅宗（临济、曹洞、黄檗）虽来自中国，但已与中国的这些宗派的原有面貌不尽相同。其他如净土真宗、日莲宗等则具有日本的独创性。尽管如此，中日两国佛教的亲缘关系还是十分密切的。有些中国佛教宗派的著作曾在国内一度失传，由于得到日本学者的帮助又回到了中国。日本近代出版的佛教典籍比较齐全，给中国以及世界佛教文化研究者以很大方便。

佛教文化是中国传统文化的一个组成部分，同样，它也是日本传统文化的一部分。要想全面地理解中国和日本的历史与文化，都不能不研究佛教。在这方面中日两国之间有许多重要的共同研究课题。研究的立场、观点和方法可以各不相同，研究的角度和侧重点也必然互有所异。这是正常的现象，它可以使两国学者有比较、有借鉴，开阔眼界，相互促进，这样，对两国的学术发展都有好处。

日本研究中国佛教的著作很多，有些学者早已为中国学者所熟悉，他们的著作深受中国研究者的重视，从日文译为汉文的研究著作也正在增多。今后，随着两国外交关系在中日和平友好条约基础上的新发展，中日学术界的友谊也将与日俱增，双方相互学习，取长补短，以期对亚洲和人类文化的进步做出较多的贡献。这是我们两国学者共同瞩望的前景，也是我们两国人民共同的责任。

《汉唐佛教思想论集》初版于1963年。1973年再版时著者正患眼病，卧床经年，引文未能进一步核对，第一版的错误也未及全部改正，只写了一百多字的再版附言。再版后，得到国内外读者关心，并提出过宝贵意见，使我在病中受到极大鼓舞。有些需要改正的地方，准备第三版时修改。

僧肇的重要哲学论著共有三篇，本书附录中已有《物不迁论》和《不真空论》今译二篇。《般若无知论》今译，发表于1979年《世界宗教研究》第一期，打算本书第三版时收入附录。现在本书第三版尚未付印，我愿在日译本上先把它发表。这也算是打破惯例的一个做法。为中日两国人民的友谊，为两国文化的广泛交流，我们就先开创这样一个先例吧。

日本花园大学友人古贺英彦、冲本克己、西尾贤隆、盐见敦郎四位先生，致力于日中两国文化的交流，三年前开始翻译《汉唐佛教思想论集》，现在日译稿已完成。[1]著者对他们的劳动深为敬佩，对他们几位加强两大民族的相互了解做出的贡献表示感谢。

---

[1]《汉唐佛教思想论集》日译本名为《中国佛教思想论集》，日本东方书店，1980年版。